W0045546

Katharina Nickoleit

bolivien
kompakt

E-Mail-Adresse des Verlags:
verlag@rkh-reisefuehrer.de

www.reise-know-how.de

› Ergänzungen nach Redaktionsschluss
› kostenlose Zusatzinfos und Downloads
› das komplette Verlagsprogramm
› aktuelle Erscheinungstermine
› Newsletter abonnieren

Direkt einkaufen im Verlagsshop mit Sonderangeboten

Katharina Nickoleit

bolivien
kompakt

Katharina Nickoleit
Bolivien kompakt
erschienen im
REISE KNOW-HOW Verlag
ISBN 978-3-89662-362-1

© Helmut Hermann
Untere Mühle
D - 71706 Markgröningen

2008 · 2009
3. Auflage 2012

Alle Rechte vorbehalten

– Printed in Germany –

eMail-Adresse des Verlags:
verlag@rkh-reisefuehrer.de

Website von Reise Know-How:
www.reise-know-how.de

Gestaltung und Herstellung
Umschlag- und Inhaltkonzept: Carsten Blind
Lektorat: Dr. María Alvarado de Schröder, Malena Alderete
Karten: Helmut Hermann
Druck: Wilhelm & Adam, Heusenstamm
Fotos: siehe Anhang

Dieses Buch ist erhältlich in jeder Buchhandlung in
Deutschland, Österreich, Schweiz, Niederlande und Belgien
Bitte informieren Sie Ihren Buchhändler über
folgende Bezugsadressen:
D: PROLIT GmbH, Postfach 9, 35461 Fernwald
(sowie alle Barsortimente)
CH: AVA-Verlagsauslieferung AG, Postfach 27, 8910 Affoltern
A: Mohr Morawa Buchvertrieb GmbH, Postfach 260, 1011 Wien
Niederlande, Belgien: Willems Adventure, NL – 2676 LT Maasdijk,
www.willemsadventure.nl

Wer im Buchhandel trotzdem kein Glück hat, bekommt
unsere Bücher auch über unsere Büchershops im Internet (s.o.)

Wir freuen uns über Kritik, Kommentare und Verbesserungsvorschläge.
Alle Informationen und Daten in diesem Buch sind mit größter Sorgfalt
gesammelt und vom Lektorat des Verlags gewissenhaft bearbeitet und
überprüft worden. Da inhaltliche und sachliche Fehler nicht ausgeschlossen
werden können, erklärt der Verlag, daß alle Angaben im Sinne der Produkt-
haftung ohne Garantie erfolgen und daß Verlag wie Autor keinerlei Verantwortung
und Haftung für inhaltliche und sachliche Fehler übernehmen. Die Nennung
von Firmen und ihren Produkten und ihre Reihenfolge sind als Beispiel ohne
Wertung gegenüber anderen anzusehen. Qualitätsangaben sind subjektive
Einschätzungen der Autoren.

Vorwort

Liebe Leserin, lieber Leser

„Bolivia, un país donde lo auténtico aún existe – Bolivien, ein Land, wo die Ursprünglichkeit noch existiert". Selten hat eine touristische Werbeparole auf ein Land besser gepasst wie diese auf Bolivien.

Für Touristen steht Bolivien ein wenig im Schatten des Nachbarlandes Peru, das mit seinen zahlreichen Zeugnissen vergangener Hochkulturen bedeutendere Sehenswürdigkeiten abbekommen hat. So ist vielen Reisenden Bolivien nur einen Abstecher zum Titicacasee wert.

Das ist ein Jammer, denn mag Bolivien auch keines der neuen sieben Weltwunder besitzen, so vermag es Besuchern etwas ganz anderes, mindestens ebenso Einzigartiges zu bieten: Echtes Reiseabenteuer, dass jederzeit ganz unvermittelt über den Reisenden „hereinbrechen" kann. Bolivien ist „wild" und eigenwillig, das gilt ebenso für die grandiosen Landschaften wie für die Bevölkerung, die, von den Härten der andinen Lebensumstände geprägt, nicht zu Kompromissen neigt. Ein Land der Extreme mit zahlreichen Superlativen, wie etwa dem größten Salzsee, der höchstgelegenen Großstadt La Paz, der gefährlichsten Straße, den meisten Staatsstreichen und dem bizarrsten Strafvollzugssystem. Und immer dann, wenn man glaubt, nichts könne einen noch überraschen, kommt doch noch irgendetwas völlig Unerwartetes.

Dieses Buch führt Sie nicht nur zu allen Sehenswürdigkeiten Boliviens, sondern versucht auch das Hintergrundwissen zu vermitteln, das man braucht, um Bolivien und seine Menschen zu verstehen. Ein Reise-ABC gibt Auskunft zu Fragen, die sich vor und während der Reise stellen, und am Ende jedes Kapitels steht ein Serviceteil, in dem Sie aktuelle Informationen zu Hotels, Restaurants, Einkaufen und Unterhaltung finden. Detaillierte Karten, mit dem Text eng verzahnt, sorgen dafür, dass Sie das Gesuchte auch finden.

Dieser Führer wendet sich in erster Linie an Reisende, die entweder in einer geführten Reisegruppe das Land kennenlernen oder mit einem etwas großzügigeren Budget ausgestattet sind und vor Ort für Extratouren die Hilfe von Reisebüros in Anspruch nehmen wollen. Wer vollständig unabhängig und zudem mit kleinem Budget durch Bolivien reisen möchte, dem sei das ebenfalls im Reise Know-How Verlag erschienene und umfangreiche Handbuch „Peru/Bolivien" empfohlen.

Ich wünsche Ihnen eine Reise mit aufregenden und spannenden Begegnungen und Eindrücken. Und ich freue mich, wenn Sie uns schreiben oder mailen, wo Ihnen dieses Buch eine Hilfe war, an welchen Stellen die Informationen überholt sind oder wenn Sie Neues entdeckt haben.

Ihre Katharina Nickoleit

Inhaltsverzeichnis

☐ Exkurs

A-Z Reisevorbereitung

🌐 Land und Leute

Reiseteil

1 Andenmetropole La Paz

2 An den Ufern des Titicacasees

3 Die Yungas

4 Boliviens großer Südwesten

Bitte schreiben oder mailen Sie (verlag@rkh-reisefuehrer.de),
wenn sich in Bolivien Dinge verändert haben oder
Sie Neues wissen. Wir beantworten jede Zuschrift. Danke!

Die Reisehöhepunkte Boliviens

La Paz (S. 80)
In der höchstgelegenen Großstadt der Welt mischen sich alte
prähispanische Traditionen mit
dem Leben der Moderne.

Titicacasee (S. 101)
Der eiskalte, tiefblaue See gilt
als die Wiege der Inkakultur und
zieht mit seinem Bergpanorama
Besucher in den Bann.

**Trekking in
den Hochanden** (S. 44)
Fernab vom Touristenstrom
führen einsame Trekkingrouten
auf alten Inkapfaden durch
atemberaubend wilde Land-
schaften.

Fahrt in die Yungas (S. 115)
Die einst gefährlichste Straße
der Welt ist auch heute noch
eine abenteuerliche Strecke,
die Nervenkitzel garantiert.

Karneval in Oruro (S. 124)

Beim ausgelassenen Karneval von Oruro ist in der sonst eher verschlafenen Stadt im wahrsten Sinn des Wortes der Teufel los.

Salar de Uyuni (S. 127)

Gleißendes Weiß, Luftspiegelungen, meterhohe Kakteen und Häuser, die aus Salz gebaut sind – der größte Salzsee der Erde ist in vielerlei Hinsicht einzigartig.

Bunte Lagunen (S. 128)

Eine Tour in den Südwesten Boliviens verspricht Natur pur: Rosa Flamingos, kochende Geysire, rauchende Vulkane und farbschillernde Lagunen.

Potosí (S. 136) Die einst reichste Stadt der Welt besticht durch den Charme verfallender Pracht. Ein Besuch in den Minen ist ebenso unheimlich wie unvergesslich.
Sucre (S. 149) Die weiße Stadt gilt als die schönste Kolonialstadt Südamerikas und lädt mit ihrem milden Klima zum Erholen ein.

Nationalpark Madidi (S. 191)
Im unberührten Regenwald
dieses riesigen Nationalparks
kann man tagelang auf Exkur-
sion gehen und bei einem
Indianerstamm unterkommen.

Die Pampa bei Rurrenabaque
(S. 193)
An den Flussläufen in der
Pampa gibt es eine Garantie
dafür, Affen, Wasserschweine,
Flussdelphine und Kaimane
zu sehen.

Che-Guevara Tour (S. 208)
Wer auf den Spuren des berühmtesten Revolutionärs
Lateinamerikas wandert, erlebt
einsame Bergdörfer und eine
wilde Natur.

Missionskirchen Chiquitania
(S. 212)
Die für die Region Chiquitania
charakteristischen Holzkirchen
der Jesuiten zeichnen sich wunderschönes Schnitzwerk aus und
sind Teil des UNESCO-Weltkultur-
erbes.

**Reise-ABC,
Land & Leute**

Reisevorbereitung

Rundreisen

Die klassischen achttägigen Rundreisen der Reiseveranstalter beginnen meistens in La Paz und führen von dort zunächst zum Titicacasee, dann weiter nach Potosí und über Sucre zurück nach La Paz. Eine 14tägige Reise schließt außerdem einen Besuch des Salar de Uyuni, der Stadt Santa Cruz und der Region Chiquitania ein. Wer eine dreiwöchige Rundreise wählt, besucht außerdem auch einen der Nationalparks im Tiefland.

Gruppenreise Am einfachsten und bequemsten reist es sich in einer **geführten Gruppe.** Der Reiseleiter kann alles erklären, Hotels und Restaurants sind im Voraus gebucht und das Reisen innerhalb Boliviens ist durchorganisiert. Allerdings muss man sich dem meist starren Zeitkorsett des Veranstalters anpassen und hat nur wenig Möglichkeit, auf eigene Faust loszuziehen. So können einem viele abseits der üblichen Reiseroute gelegene Sehenswürdigkeiten entgehen. Außerdem ist es in einer Gruppe immer schwerer, mit Einheimischen ins Gespräch zu kommen, als wenn man alleine oder zu zweit unterwegs ist.

Rundreise Bei einer **eigenorganisierten** Rundreise durch Bolivien empfiehlt es sich, als Ausgangspunkt die Städte Cochabamba oder Santa Cruz zu wählen. Beide verfügen über einen internationalen Flughafen und liegen in gemäßigten Höhen, so dass man sich langsam in die Höhen der Anden vorarbeiten kann. Von Cochabamba aus können Abstecher in das tropische Tiefland unternommen werden und man erreicht von hier aus auch mit dem Bus La Paz, um dann von dort der klassischen Route der Reiseanbieter zu folgen. Santa Cruz ist der Ausgangspunkt für Touren in die Chiquitania und zum Nationalpark Noel Kempff Mercado. Nach Santa Cruz zurückgekehrt, bietet es sich an, nach Sucre zu fliegen, das noch in gemäßigter Höhe liegt, und sich dann langsam über Potosí und Uyuni nach La Paz hochzuarbeiten. Boliviens größte Stadt ist ein guter Endpunkt der Reise, wenn man von Bolivien direkt nach Deutschland zurück will. Mit

dem Flugzeug ist von La Paz aus auch das Urwaldstädtchen Rurrenabaque gut zu erreichen, von wo
aus der Nationalpark Madidi besucht werden kann.

Wer weiter nach Peru reisen möchte, kann von
Copacabana aus in wenigen Stunden mit dem Bus
die Stadt Puno auf der peruanischen Seite des Titicacasees erreichen. Wer hingegen von Peru kommt,
besucht auf der bolivianischen Seite des Sees un-
weigerlich als erstes diese alte Wallfahrtstadt.

A-Z

Praktisches Reise-ABC

An-, Ein- und Ausreise

Wer nicht zuvor ein anderes Land in Südamerika besucht, dem steht ab Europa eine zweitägige Anreise bevor, denn es gibt keine Direktflüge nach Bolivien. Eine gute und verhältnismäßig preiswerte Verbindung besteht über São Paulo in Brasilien. Dorthin fliegen zahlreiche europäische Fluglinien hin und zurück ab ca. 800 Euro. Von São Paulo fliegen erst am folgenden Tag die brasilianische TAM (www.tamairlines.com), Aero Sur und BOA für etwa 200 US$ weiter nach Bolivien, so dass in einem der Flughafenhotels übernachtet werden muss. Dafür kommt man aber umso entspannter in Bolivien an. Einfacher und schneller ist es, gleich mit der TAM via Paris, São Paulo und Asunción nach Santa Cruz durchzufliegen. Diese dann wirklich lange Reise kostet hin und zurück ab 1000 Euro. Noch etwas schneller, aber deutlich teurer, geht es mit der Lufthansa (www.lufthansa.de) über Caracas und von dort aus weiter mit TACA (www.aviateca .com) über Lima nach La Paz. Diese Verbindung ist aber kaum unter rund 2000 Euro buchbar. Abzuraten ist von Flugverbindungen über die USA, auch wenn sie recht günstig sind: durch die langwierigen Einreiseformalitäten besteht die Gefahr, seinen Anschlussflug zu verpassen.

Auf dem **Landweg** kann man von Peru aus über die Grenzorte Copacabana oder Desaguadero nach Bolivien einreisen. Von Chile/Calama kommend kann die Grenze nahe der Laguna Verde überquert werden, außerdem weiter nördlich bei Avaroa und Pisiga, und von Arica aus über den Lauca-Nationalpark (Tambo Quemado). Von Argentinien gelangt man über die Städte Villazón oder Yacuiba nach Bolivien. Die Grenzübergänge mit Paraguay liegen nahe der Städtchen Puesto Sucre und Hito Villazón. Mit Brasilien hat Bolivien die längste gemeinsame Grenze, die bei Puerto Suárez, San Matias, Guayaramerín und Cobija überquert werden kann.

Für die **Einreise** nach Bolivien genügt für Europäer der Reisepass, der noch sechs Monate über das

Einreisedatum hinaus gültig sein sollte. Für einen Aufenthalt von bis zu 90 Tagen ist kein Visum notwendig, allerdings werden bei der Einreise in der Regel nur 30 Tage genehmigt, die aber verlängert werden können. Bei der Ausreise wird am Flughafen eine Steuer von derzeit 25 US$ erhoben. Wer sich länger als 90 Tage in Bolivien aufgehalten hat, muss außerdem eine Ausreisesteuer von 33 US$ zahlen.

A–Z

Ausrüstung

In den Höhenlagen der Anden wird es zu jeder Jahreszeit spätestens mit Sonnenuntergang sehr frisch bis kalt, so dass auf jeden Fall ausreichend warme Kleidung mitgenommen werden sollte! Im Tiefland hingegen herrschen das ganze Jahr über tropische Temperaturen, wobei für den Dschungel unbedingt lange Hosen und langärmlige Hemden zu empfehlen sind. Für Wanderungen ist festes und bequemes Schuhwerk Voraussetzung. Wer zum Salar de Uyuni will, braucht einen Schlafsack und Thermo-Unterwäsche. Wichtig sind in jedem Fall Sonnenschutzcreme mit hohem Lichtschutzfaktor, eine Kopfbedeckung sowie eine gute Sonnenbrille. Wertvolle Dinge wie Schmuck und teure Uhren lässt man am besten zuhause. Um Ausweispapiere und Geld sicher zu verstauen, empfiehlt sich ein unter der Hose zu tragender Geldgürtel.

Botschaften

Deutschland	Avenida Arce 2395, La Paz, Tel. 244-0066, Fax 244-1441, www.la-paz.diplo.de
Österreich	Honorar-Generalkonsulat La Paz, Calle Montevideo 130, Edificio Requima, Tel. 244-2094, Fax 244-2035, austroko@acelerate.com
Schweiz	La Paz, Calle 13, esqu. Av. 14 de Septiembre, Obrajes, Tel. 275-1225, Fax 214-0885, www.eda.admin.ch/lapaz
In Dtld.	Botschaft von Bolivien in Deutschland: Wichmannstr. 6, 10787 Berlin, Tel. 030-2639150, Fax 030-26391515, www.bolivia.de

Drogen

Auch wenn Kokain im Land leicht zu bekommen ist, sollte man in jedem Fall die Finger davon lassen. Denn wer mit Drogen erwischt wird, wandert je nach

Schwere des Umstandes für geraume Zeit ins Gefängnis. Weder Freilassung auf Kaution noch schiebung nach Deutschland sind vorgesehen. Die Botschaft vermittelt Rechtsbeistand, kann aber außer moralischer Unterstützung recht wenig erreichen.

Finanzen

Währung

Die Währung Boliviens heißt *Boliviano (Bs)*. Im Umlauf sind Banknoten von 10, 20, 50, 100 und 200 Bolivianos und Münzen zu 1, 2 und 5 BS sowie zu 10, 20 und 50 Centavos. Kleine Banknoten sind knapp, wer mit einem etwas größeren Schein zahlt, erntet einen genervten Blick und den Satz „No tiene cambio? – Haben Sie kein Kleingeld?" und muss ziemlich sicher eine Weile warten, bis es dem Verkäufer oder einem Taxifahrer gelingt, das Wechselgeld zusammenzubekommen. Also immer ausreichend Kleingeld parat haben.

Geldwechsel

Euro- und US-Dollarnoten werden gleichermaßen in den meisten Banken und Wechselstuben *(Casas de cambio)* gewechselt, wobei es für den Euro sehr schlechte Kurse gibt. Geldscheine, die auch nur leicht beschädigt sind, werden nicht angenommen. Vom Geldwechsel auf der Straße ist eher abzuraten,

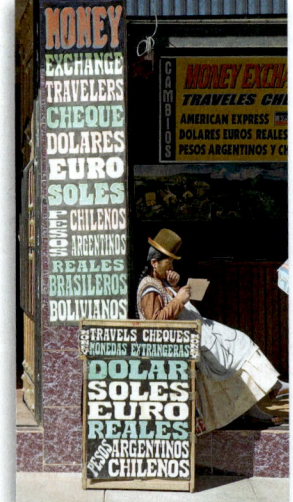

hier ist die Gefahr, an gefälschte Scheine zu geraten, größer. Die Kurse auf der Straße sind ohnehin fast immer dieselben wie in den Wechselstuben.

1 Euro = ca. 9 Bolivianos
(bei Drucklegung)

In allen größeren Städten und touristischen Orten können an Geldautomaten (spanisch: *Bancomático, Cajero permanente* oder *Caja automática;* englisch: ATM) bei Banken mit der Kreditkarte oder kostengünstiger mit einer EC-Karte mit Maestro-Logo wahlweise Bolivianos oder US-Dollar gezogen werde. Geheimzahl und für alle Fälle die Telefonnummer zum Sperren der Karte nicht vergessen (s.u.). Die Standorte der Geldauto-

maten in bolivianischen Städten finden Sie bei www.mastercard.com („ATM-Locator") oder auf www.visa.de. Reiseschecks zu wechseln wird zunehmend schwieriger.

Alle gehobenen Hotels und Restaurants, alle Reisebüros und Fluggesellschaften akzeptieren *Kreditkarten*, wobei MasterCard und VISA am weitesten verbreitet sind. Allerdings ist es üblich, dass bei der Bezahlung mit einer Kreditkarte fünf Prozent auf die Rechnung aufgeschlagen werden. Für den Fall, dass Kreditkarten oder Reiseschecks abhanden kommen, sind folgende Nummern rund um die Uhr kostenfrei oder per R-Gespräch erreichbar:

- Euro Card/MasterCard, Tel. 001-800-3077309, www.mastercard.de
- VISA, Tel. 001-8004281858, www.visa.de
- American Express, Tel. 001-5253262660 (Reiseschecks 001-800-8602908), www.americanexpress.de

Ersatz für Ihre Karte bekommen Sie in den Vertretungen des jeweiligen Unternehmens in La Paz.

- Mastercard: Avenida Camacho 1448, Tel. 36-1468
- Visa: Avenida Camacho 1448, Tel. 36-9975.

Flüge ▶ s.S. 25

Fotografieren

Wer digital fotografiert, kann in größeren Städten problemlos in Internetcafés seine Bilddaten auf CDs brennen. Filme sind in Bolivien zwar erhältlich, jedoch deutlich teurer als in Europa und nicht immer von bester Qualität. Deshalb ist es sinnvoll, sie in ausreichender Menge von zuhause mitzubringen, wobei für den eher dunklen Urwald lichtempfindlichere Filme ab 200 ASA zu empfehlen sind.

Besonders die indigenen Frauen im Hochland sind Kameras gegenüber misstrauisch. Sie glauben, dass jedes Foto ein Stück der Seele raubt. Deswegen sollte man immer fragen, bevor man Menschen fotografiert und ein „Nein" akzeptieren. Manchmal wird für die Erlaubnis, sich fotografieren zu lassen, Geld verlangt, zumal viele glauben, dass man ihre Bilder gewinnbringend verkaufen werde.

Bowlerhüte

Einige Lagen bunter Röcke, ein dicker Pullover, darüber noch eine Strickjacke, eine Manta und ein Bowlerhut – das ist die Kleidung der *cholitas*, der indigenen Frauen mit ihren langen dicken Zöpfen in Boliviens Anden. Bowlerhüte? Vermutlich wurde diese klassische europäische Kopfbedeckung Teil der indigenen Tracht, nachdem einst eine größere Lieferung Hüte für die Eisenbahnarbeiter zu klein ausfiel und sie deshalb an die lokale Bevölkerung verteilt wurde. Heute besitzt jede Indígena in den Anden mindestens einen *bombín* und signalisiert damit auch ihren Status: wird der Hut gerade aufgesetzt, ist die Trägerin verheiratet, sitzt er hingegen schief, ist sie ledig.

Geschäftszeiten

An Wochentagen meist 9 bis 14 Uhr, manchmal auch bis 17 Uhr. Geschäfte öffnen unter der Woche gegen 9 Uhr, sind über Mittag geschlossen und ab 14 Uhr wieder bis 20 Uhr geöffnet. In kleineren Läden und Souvenirshops ist meistens auch noch später am Abend und am Sonntag jemand da. Banken sind Wochentags von 9.15 bis 16 Uhr geöffnet.

Gesundheit

Impfschutz   Der übliche Impfschutz gegen Tetanus, Polio und Diphtherie sollte unbedingt vorhanden sein, daneben ist ein Schutz gegen Typhus und Hepatitis A sinnvoll. Damit die Ärzte in Bolivien im Notfall wissen, wogegen man geimpft ist, sollte der Internationale Impfpass mitgenommen werden. Auch wer nicht in das Tiefland Boliviens reisen möchte, muss außerdem gegen Gelbfieber geimpft sein. Für das Tiefland Malariaprophylaxe vorsehen. Die Deutsche Gesellschaft für Tropenmedizin hält auf ihrer Webseite www.dtg.org nähere Informationen zu Schutzimpfungen und zur Malariaprophylaxe bereit. Eine andere Internetseite mit umfassenden Gesundheitshinweisen für Reisende ist www.travelmed.de. Grundsätzlich gilt nach einer Tropenreise, dass man bei unklaren Krankheitssymptomen beim Arzt auf seine Reise hinweisen und im Zweifel einen Tropenmediziner aufsuchen sollte.

Chagas-Erreger

Die bis zu zwei Zentimeter große *vinchuca,* auch *Chagas-Wanze* genannt, überträgt den gefährlichen Chagas-Erreger, der das Nervensystem, den Darm und das Herz angreift. Die Raubwanze versteckt sich tagsüber in den Wandritzen von Adobemauern und in Stroh- oder Palmblattdächern und lässt sich nachts auf Schlafende fallen, um Blut zu saugen. Wer in einer äußerst einfachen Unterkunft übernachten muss, sollte ein Moskitonetz verwenden oder die Decke mit einer Plastikfolie abhängen.

Reise-apotheke

Um Magenproblemen vorzubeugen, gilt der Grundsatz: Essen Sie nichts, was nicht geschält, gekocht oder gebraten wurde und trinken Sie kein Leitungswasser. Doch auch wer diese Grundregel beherzigt, ist nicht vor Durchfall geschützt, entsprechende Medikamente gehören auf jeden Fall in die Reiseapotheke. Sinnvoll ist außerdem eine leichte Fettcreme für Lippen und Nasenschleimhaut, die in der trockenen Höhenluft schnell austrocknen.

Auslands-kranken-versicherung

Vor der Abreise sollte unbedingt eine Auslandskrankenversicherung abgeschlossen werden, die in Notfällen nicht nur für die Behandlung in einer Privatklinik, sondern auch für den Rücktransport nach Europa aufkommt.

Höhenkrankheit

Vorboten einer beginnenden Höhenkrankheit *(soroche oder sorojchi)* sind Kopfschmerzen, Müdigkeit, Übelkeit, Atemnot, Kreislaufbeschwerden, erhöhter Pulsschlag und Schlafstörungen. In schweren Fällen kann es zu Bewusstlosigkeit kommen. Erste Anzeichen können bereits ab 2000 Meter Höhe auftreten. Pro 1000 Höhenmeter sinkt der Luftdruck um etwa zehn Prozent. Dies führt dazu, dass das Blut in der Lunge weniger Sauerstoff aufnehmen kann. Zwei Drittel aller Menschen, die auf einer Höhe von mehr als 4000 Metern übernachten, werden höhenkrank.

Um vorzubeugen ist es sinnvoll, sich nicht gleich in extreme Höhen zu begeben, sondern stufenweise, beispielsweise über Cochabamba ins Hochland zu reisen. Nach einer Anpassungszeit von zwei bis drei Tagen verschwinden die Symptome wieder. Bis dahin größere Anstrengungen vermeiden und viel trinken – aber keinen Alkohol. Wenn möglich, in niedere Höhen absteigen, wenige hundert Meter können schon viel bewirken. Ein gutes Mittel gegen die Symptome der Höhenkrankheit ist ein Tee aus Cocablättern *(Mate de Coca),* denn Coca fördert den Sauerstofftransport im Blut. In Bolivien gibt es auch in jeder Apotheke die cocahaltigen *Sorojchi tabletas.* Von Medikamenten gegen die Höhenkrankheit ist abzuraten, diese verschleiern oft nur die Warnsignale.

Informationen

Die offizielle Internetseite Boliviens ist www.bolivia.de. Hier finden sich sowohl offiziellen Daten und Fakten über Bolivien, als auch Informationen für Touristen. Die Seite www.bolivia-online.net bietet ausführliche Informationen zu den Städten La Paz, Cochabamba und Santa Cruz. Umfassender, aber nur auf Spanisch, sind die Informationen auf www.gbtbolivia.com; www.latina-press.com berichtet über aktuelle Geschehnisse nicht nur in Bolivien, sondern in ganz Lateinamerika.

Karten

Eine gute Landkarte von Bolivien ist im Reise Know-How Verlag erschienen (Maßstab 1:1,3 Mio.). Diese und andere Karten sind in Bolivien nur schwer zu bekommen, am ehesten findet man sie in den

Buchhandlungen von *Amigos del Libro* oder im *Spitting Lama* in Cochabamba, Adresse siehe dort.

Knigge

A-Z

Eines vorweg: In Bolivien gibt es keinen speziellen Verhaltenskodex, der dazu führen könnte, dass man ständig Gefahr läuft ins Fettnäpfchen zu treten. Wer sich einfach höflich und freundlich verhält, macht automatisch alles richtig.

Zum höflichen Verhalten gehört auch, Menschen nicht ungefragt zu fotografieren. Indígenas als *indios* oder *cholos* zu bezeichnen, kann beleidigend sein. Beide Begriffe werden von der Oberschicht meist in abfälliger Weise verwendet.

Freundlichkeit und vor allem Geduld sind auch dann gefragt, wenn manche Dinge länger dauern, als man es aus Europa gewohnt ist. Wer in so einem Fall laut wird, erntet nur mitleidiges Kopfschütteln und beschleunigt nichts.

Die Frage, ob man bettelnden Kindern etwas geben sollte, stellt sich in Bolivien ebenso wie in allen anderen Ländern der Dritten Welt. Dabei gilt der Grundsatz: einem hungrigen Kind etwas zu Essen zu kaufen, ist nie verkehrt, aber Geld sollte man ihm nicht geben, denn es wird nicht zur Schule gehen, wenn es mit Betteln gut verdient. Anders ist es bei alten oder behinderten Menschen, sie sind oft auf Almosen angewiesen.

Die bolivianische Gesellschaft ist geprägt von einer praktischen Solidarität, die in der indigenen Kultur wurzelt. Es ist zum Beispiel selbstverständlich zu teilen, wenn man in der Gruppe isst. Besuchern gegenüber sind die Menschen sehr hilfsbereit und gastfreundlich.

Kommunikation

Post
Eine Karte oder ein Brief per Luftpost nach Europa kostet umgerechnet etwa einen Euro und benötigt ein bis zwei Wochen. Da es in Bolivien keine Postbriefkästen gibt, müssen Karten und Briefe direkt bei der Post oder im Hotel abgegeben werden.

Telefon
Ein dreiminütiges Telefongespräch von einem Telefonbüro nach Deutschland kostet etwa 2,60 Euro,

eine Faxseite rund 3,50 Euro. Überall in Bolivien gibt es jede Menge preiswerter Internet-Cafés.

Die Telefon-Vorwahl für Bolivien von Deutschland aus ist 00591 (die anschließende „0" vor der Stadt-Vorwahl entfällt). Wer nach Deutschland telefonieren will, wählt 0049 (Schweiz 0041, Österreich 0043) und lässt dann die 0 vor der Stadtvorwahl weg.

Bolivien hat nur drei Vorwahlen, die sich die verschiedenen Departamentos je nach geografischer Lage aufteilen:

- La Paz, Oruro, Potosí: 02
- Pando, Beni, Santa Cruz: 03
- Cochabamba, Tarija, Chuquisaca: 04

Wer in Bolivien erreichbar sein möchte, kann sich in jeder größeren Stadt in den Filialen von *Entel* problemlos eine bolivianische SIM-Karte für sein Handy kaufen.

Maßeinheiten

In Bolivien gilt das metrische System. Kraftstoff wird in Gallonen (etwa 3,8 Liter) verkauft. Die Gewichtsmenge *libra* entspricht etwa 450 Gramm.

Naturschutz

Alle wilden Tiere und Pflanzen sind in Bolivien gesetzlich geschützt, dürfen weder beschafft noch gekauft werden. Die Ausfuhr von Fellen und Federn wilder Tiere sowie geschützter Pflanzen ist verboten.

Reisen im Land

Busse

Bolivien lässt sich gut mit öffentlichen Verkehrsmitteln erkunden: klapprige Linienbusse und kleinere, oft überfüllte Kleinbusse, *Micros* genannt, fahren selbst bis in entlegene Gebiete. Komfortabel sind die bis zu 24 Stunden dauernden Busfahrten auf durchgesessenen Sitzen aber nicht, zumal nur 3000 Kilometer des bolivianischen Straßennetzes asphaltiert sind. Der Rest besteht aus mehr oder weniger holprigen Pisten. Eine große, universelle Buslinie mit gutem Komfort gibt es in Bolivien nicht, jede Region wird von anderen Busunternehmen

In einer
Busstation

bedient. Die große Konkurrenz führt zu niedrigen Preise, aber nicht zu besserem Service.

Wer in abgelegene Gebiete fährt, muss unter Umständen mit der Ladefläche eines Lkw vorlieb nehmen. Dort, wo es keine Busverbindungen gibt, sind *camiones* – nicht nur für die Landbevölkerung – ein gängiges Verkehrsmittel, wie etwa bei Fahrten vom Dorf in die Städte.

Flüge

Für längere Strecken empfiehlt es sich deshalb, die zahlreichen Flugverbindungen zu nutzen. Allerdings sind die Flüge oft sehr unpünktlich, vor allem die Linie Amaszonas verspätet sich immer wieder. Auf den Seiten von Boliviana de Aviación (BOA, www.boa.bo), Aerocon (www.aerocon.bo), Amaszonas (www.amaszonas.com) und Aerosur (www.aerosur.com) können sowohl Flugpläne eingesehen als auch direkt Flüge gebucht werden. Daneben gibt es noch die TAM. Der recht umfangreiche Flugplan ist unter www.tam.bo zu finden.

Zugverbindungen

In Bolivien gibt es nur wenige Bahnstrecken, die regelmäßig bedient werden. Zwischen Santa Cruz und Puerto Suárez an der brasilianischen Grenze verkehrt täglich der legendäre „Todeszug", der deshalb als solcher bezeichnet wird, weil er häufig aus den Schienen springt. Die Strecke führt durch bizarre Berge und der Zug fährt vor Puerto Suárez durch die Sümpfe des Pantanals – vorausgesetzt, dass die Gleise nicht gerade vom Hochwasser unterspült werden. Außerdem ist die Strecke von Oruru nach Uyuni für Reisende interessant, denn sie bietet wöchtlich drei Verbindungen. Nähere Informationen zu den Zugstrecken und -verbindungen finden sich unter www.fca.com.bo.

Mietwagen In allen größeren Städten Boliviens können bei den internationalen Mietwagenfirmen wie Rent-a-Car und Avis Autos gemietet werden. Die Adressen der Mietstationen sind jeweils angegeben. Günstige Angebote finden sich bei www.billiger-mietwagen.de u.a. Man benötigt einen internationalen Führerschein. Mancherorts wird an sogenannten *trancas* eine geringe Straßennutzungsgebühr erhoben. Für Überlandfahrten sollten Wagen mit Allradantrieb oder zumindest hoher Bodenfreiheit gewählt werden. Detaillierte Informationen finden Sie auf den Internetseiten der Anbieter.

Verkehrs-vorschriften Die Verkehrsvorschriften in Bolivien gleichen im Wesentlichen den unseren – Fahrstil und Auslegung der Regeln sind jedoch oft anders, wobei die Devise gilt „der Stärkere hat Vorfahrt". Nur ein Teil der Straßen Boliviens ist asphaltiert, und auch da ist der Belag streckenweise sehr löchrig. Im Tiefland gibt es fast ausschließlich Schotter- oder Erdpisten, die sich in der Regenzeit schnell in unpassierbare Schlammstrecken verwandeln.

Fluss-schifffahrt Zumindest theoretisch besteht in Bolivien die Möglichkeit, mit dem Schiff auf einem der Amazonaszuflüsse durch das Tiefland zu reisen. So fahren beispielsweise von Puerto Villarroel nach Trinidad Lastkähne, die auch Passagiere mitnehmen. Von Trinidad aus kann man außerdem mit dem stilvollen Touristenschiff „Reina de Enin" viertägige Flusskreuzfahrten auf dem Río Mamoré machen.

Reisezeit

Für die Andenregionen ist die ideale Reisezeit April bis Oktober. Im bolivianischen Winter ist es zwar in der Höhe, vor allem nachts, bitterkalt, aber dafür regnet es so gut wie nicht, die Tage sind klar und trocken. Aber auch während der Regenzeit von November bis April kann man gut im Hochland reisen. Es ist weniger kalt und regnet nicht täglich und auch nur für ein paar Stunden, und der leichte Grünschimmer, der sich über das Land legt, ist wunderschön. Im Tiefland ist es das ganze Jahr über tropisch heiß. Hier kann die Regenzeit allerdings zu einem echten Problem werden, denn die im Tiefland oft sehr heftigen Regenfälle überschwemmen oft ganz Landstriche.

Reiseveranstalter

Viele Reiseveranstalter für süd- bzw. lateinamerikanische Länder haben sich zur *Arbeitsgemeinschaft (ARGE) Lateinamerika* zusammengeschlossen:

ARGE Lateinamerika ARGE Lateinamerika, An der Ruhbank 26, D – 61138 Niederdorfelden, Tel. 06101-987712, www.lateinamerika.org.

Wer kleinere lokale Reiseagenturen bzw. Touranbieter bevorzugt, sollte diese schon vor Abreise kontaktieren. Aus eigener Erfahrung kann z.B. empfohlen werden:

Andean Venture, www.andeanventure.com, Tel. Bolivien: +591-2-242-0013, Tel. Peru +51-993-292-750. Der deutsche Touranbieter mit Sitzen in Peru und Bolivien bietet maßgeschneiderte Touren an und begleitet seine Gäste persönlich.

Weitere Veranstalter Beachten Sie bitte auch die Anzeigen der Reiseveranstalter auf den letzten Seiten dieses Buches. Adressen von Tour-Veranstaltern vor Ort finden Sie im Serviceteil der jeweiligen Kapitel.

Restaurants

Die in diesem Reiseführer empfohlenen Restaurants zeichnen sich durch ihre schmackhafte Küche und ihr Ambiente aus – doch Veränderungen können vorkommen. Gehobene Restaurants schlagen ein Bedienungsgeld von zehn Prozent auf die Rechnung. Wo das nicht der Fall ist, lässt man ein entsprechendes Trinkgeld auf dem Tisch liegen.

Neben Restaurants gibt es auf den Märkten die äußerst günstigen *comedores,* in denen auf roh

Eisverkäuferin
in La Paz

gezimmerten Tischen schmackhafte typische Gerichte serviert werden. Auch die *puestos de comida*, mobile Garküchen, sind weit verbreitet. Anzutreffen sind sie auf Märkten, Busterminals und überall dort wo Menschen zusammenkommen.

Sicherheit

Die weitaus größte Gefahr dürfte in Bolivien von Taschendieben drohen. Sie arbeiten bevorzugt im Gedränge und mit Ablenkungsmanövern. Deshalb nicht nur auf Märkten, bei Festen und in überfüllten Stadtbussen auf der Hut sein, sondern auch dann, wenn man „versehentlich" angerempelt oder in ein Gespräch verwickelt wird. Beliebt ist auch der Trick, mit einer Rasierklinge Handtaschen oder Rucksäcke aufzuschlitzen. Bei Einbruch der Dunkelheit sollte man dunkle und einsame Straßen meiden. Um seine Dokumente ersetzt zu bekommen, benötigt man ein Polizeiprotokoll, wobei die Aufgabe der Anzeige dann etwas langwierig sein kann. Dazu ein Tipp: Scannen Sie Ihre wichtigsten Dokumente ein und hinterlegen Sie diese im Internet. So haben Sie im Notfall Zugriff auf Kopien.

Aus La Paz, Cochabamba und Santa Cruz wurden in der Vergangenheit Überfälle gemeldet, bei denen Touristen gezwungen wurden, mit ihrer Kreditkarte so lange Geld am Automaten zu ziehen und dieses auszuhändigen, bis das Limit ausgeschöpft war. Deshalb sollte man grundsätzlich

nur soviel Bargeld bei sich tragen, wie man voraus-
sichtlich für den Tag braucht und seine Karte im
Hotelsafe deponieren. Gelegentlich kommt es vor,
dass sich Diebe als Polizisten ausgeben und Ihre
Banknoten auf Fälschungen kontrollieren wollen
oder vorgeben, Drogenfahnder zu sein. Zeigen Sie
Ihren Pass oder, noch besser, nur eine Kopie davon,
aber steigen Sie keinesfalls in ein angeblich ziviles
Polizeifahrzeug ein und bestehen Sie darauf, alles
weitere auf dem Polizeirevier zu klären.

Außerdem passiert es immer wieder, dass Wanderer auf den beliebten Trekkingrouten in den
Yungas überfallen werden. Deshalb sollten solche
Touren nur in größeren Gruppen unternommen
werden. Da gelegentlich von sexuellen Übergriffen
zu hören ist, sei Frauen angeraten, sich nicht alleine
– auch nicht alleine mit einem Führer – in ansonsten menschenleeren Gegenden aufzuhalten, sei
es eine kleine Wanderung in den Bergen oder ein
Streifzug durch die Pampa.

Souvenirs

Bolivien ist ein wahres Paradies für jeden Anden-
kensammler. Dabei hat jede Region ihre eigene
Spezialität. In den Anden findet man auf den
Märkten und in Souvenirläden Webereien, Musik-
instrumente und Töpferwaren, Schnitzereien aus
tropischem Holz hingegen im Tiefland. Auf den
Märkten ist Handeln möglich, bei den herstellenden
Künstlern oder direkt bei Campesinos besser nicht.

Souvenirstand
in La Paz

Sprache

Amtssprachen von Bolivien sind neben Spanisch Aymara und die Inkasprache Quechua. Ohne zumindest ein paar Sätze Spanisch wird es in Bolivien sehr schwer, auf eigene Faust auch nur ein Busticket zu kaufen. Englisch hilft nur ganz selten weiter. Tröstlich: In Bolivien wird Spanisch generell etwas langsam gesprochen, auch die Grammatik ist in der gesprochenen Sprache leicht vereinfacht (s. Grammatik im Anhang) und der täglich benötigte Wortschatz schnell erlernbar. Im Allgemeinen sind die Menschen aufgeschlossen und gehen auf fremde Besucher ein. Im Hochland ist Spanisch für viele Menschen nicht die Muttersprache, sie sprechen Quechua oder Aymara. Selbst gutes Spanisch hilft dann kaum weiter.

Im Anhang dieses Buches finden Sie eine Sprachhilfe. Redewendungen, die man typischerweise während einer Reise braucht, finden Sie in den „Kauderwelsch"-Bänden „Spanisch für Lateinamerika" und „Quechua" von Reise Know-How.

Streiks und Unruhen

„Bolivien ist das einzige Land der Welt, dass jedem Touristen mindestens einen Streik oder eine Straßensperre pro Reise garantieren kann", sagen die Bolivianer, und meinen das nur halb im Scherz. Tatsächlich ist Bolivien ein unruhiges Land, es kommt immer wieder zu Generalstreiks (spanisch: *huelga general* oder *huelga total*) und Ausnahmezuständen *(estado de sitio)*, während denen auch Ausgangssperren *(toque de queda)* verhängt werden können. Oft riegeln dann Straßensperren *(bloqueos)* einzelne Städte ab oder legen gar ganze Landstriche lahm. Touristen sind nicht das Ziel dieser Aktionen, werden jedoch in Mitleidenschaft gezogen, weil es dann oft unmöglich ist, sein Ziel in der geplanten Zeit zu erreichen oder Reisepläne umgestellt werden müssen. Die Streiks werden meistens für 24 Stunden angesetzt, um eine bestimmte Forderung durchzusetzen, und dauern je nach Verhandlungsergebnis kürzer oder länger. Immerhin werden Streiks und Straßenblockaden immer ein paar Tage vorher angekündigt, so dass man in der Regel noch Zeit hat, sich auf den Weg zu machen. Dennoch empfiehlt es sich, ein zeitliches Sicherheitspolster zu lassen und nicht auf den letzten Drücker in der Stadt ankommen zu wollen, von der aus der Rückflug nach Deutschland geplant ist.

A-Z

Strom

Die Spannung beträgt in Bolivien 220 Volt (60 Hz), in La Paz manchmal auch 110 V. Hotels haben im Bad oft nur Steckdosen für Flachstecker. Zwischenadapter sind auf den Abflughäfen Europas oder vorab im Fachhandel erhältlich.

Taxi

Nehmen Sie immer Funk- bzw. Radio-Taxis mit dem Leuchtschild auf dem Dach mit Name und Telefonnummer der Gesellschaft. Teilen Sie sich das Taxi nicht mit Unbekannten und lassen Sie keine weitere Person zusteigen! Taxis haben in Bolivien keine Taxameter, so dass der Preis Verhandlungssache ist und unbedingt vor Abfahrt geklärt werden sollte. Erkundigen Sie sich vorher im Hotel, was eine Fahrt maximal kosten darf, um nicht den überhöhten „Gringopreis" zu bezahlen. In größeren Städten sollte man nach Einbruch der Dunkelheit kein Taxi an der Straße anhalten, sondern sich vom Hotel oder Restaurant einen lizenzierten Wagen rufen lassen.

Straßensperre mit Steinbrocken

Unterkunft

Einfache Unterkünfte werden auf Spanisch *albergues, hospederías, pensiones, alojamientos* oder *residenciales* genannt. Ein *Hostal* ist in der Regel ein preiswertes Hostel, kann aber manchmal auch ein sehr teures Hotel sein! Die in diesem Buch empfohlenen Unterkünfte entsprechen mittlerem bis gehobenem Standard – soweit solche Hotels verfügbar sind (in manchen Gegenden, wie zum Beispiel am Salar de Uyuni, muss man mit einfacheren Unterkünften vorlieb nehmen). Ausgewählt habe ich Häuser, die mich in ihrer jeweiligen Preiskategorie überzeugt haben. Alle hier aufgeführten Übernachtungspreise beziehen sich auf Doppelzimmer mit eigenem Bad und inklusive Frühstück. In der günstigen Kategorie verfügen jedoch nicht alle Hotels über Heizung beziehungsweise Klimaanlage. Meistens sind an die empfohlenen Hotels Restaurants angeschlossen, in denen neben der traditionellen bolivianischen Küche auch internationale Gerichte serviert werden.

In den Stadtplänen finden Sie außerdem Lagepositionen von Hotels, die nicht explizit im jeweiligen Serviceteil beschrieben werden. Diese Hinweise dienen hauptsächlich zur Orientierung, wenn man zu Fuß in der Stadt unterwegs ist. Gleichzeitig ist auch mit Sternchen (***) vermerkt, welcher Preiskategorie diese Hotels zuzuordnen sind, damit Sie notfalls schnell eine alternative Unterkunft finden, wenn einmal alle empfohlenen Hotels ausgebucht sein sollten.

Ein *Stern entspricht einem Preis von **15 bis 35** US$, **zwei **Sterne** bedeuten, dass ein Doppelzimmer zwischen **35 und 70** US$ kostet und mit **drei ***Sternen** sind all die Hotels versehen, die über **70 US$** pro Nacht liegen.

Zeitdifferenz

Der Zeitunterschied zwischen Bolivien und Deutschland bzw. zur mitteleuropäischen Zeit (MEZ) beträgt in unserer Winterzeit minus fünf Stunden, im Sommer sind es sechs Stunden Differenz.

Zoll

Nach den deutschen Zollbestimmungen dürfen aus Nicht-EU-Ländern 200 Zigaretten oder 50 Zigarren, ein Liter Spirituosen oder zwei Liter Wein oder Sekt, 500 Gramm Röstkaffee, 50 Gramm Parfüm und Souvenirs bis zu einem Warenwert von 175 Euro zollfrei eingeführt werden. Die Einfuhr von Coca-Tee ist nach den geltenden Bestimmungen des deutschen Betäubungsmittelgesetzes verboten und strafbar.

A-Z

Zugverbindungen ▸ s.S. 25

Land und Leute

Zahlen & Fakten

Mit seinen knapp 1,1 Millionen Quadratkilometern ist Bolivien etwa dreimal so groß wie Deutschland. Im Nordwesten grenzt das Land an Peru, im Südwesten an Chile, im Süden an Argentinien und im Südosten an Paraguay. Im Norden und Osten hat Bolivien eine lange Grenze mit Brasilien.

Das Land ist in neun Departamentos unterteilt. Im Osten und damit im tropischen Tiefland liegen *Pando* und *Beni*. *Santa Cruz* im Südosten ist das größte Departamento Boliviens. Die Departamentos *Cochabamba, Chuquisaca* und *Tarija* liegen an den Übergängen zwischen Tiefland und Anden und das Hochland ist in die Departamentos *La Paz, Oruro* und *Potosí* unterteilt.

Die konstitutionelle Hauptstadt Boliviens ist Sucre, fast alle Verwaltungs- und Regierungseinrichtungen befinden sich jedoch in der größten Stadt La Paz.

Bolivien hat etwa 9,34 Millionen Einwohner, von denen über zwei Drittel **Indígenas** sind. Die **Quechua** und **Aymara** im Hochland machen die größten Volksgruppen unter der indigenen Bevölkerung aus, gefolgt von den **Guaraní** im Tiefland. Insgesamt gibt es in Bolivien 36 verschiedene indigene Ethnien mit ihren eigenen Sprachen.

Die zweitgrößte Bevölkerungsgruppe sind die **Mestizen,** die sowohl europäische als auch indigene Vorfahren haben. Sie machen ein Viertel der Bevölkerung aus, während die Weißen, meist Nachfahren der Spanier, etwa 15 Prozent der Einwohner stellen. Der überwiegende Teil der Bevölkerung lebt im unwirtlichen Altiplano, nur etwa ein Fünftel im tropischen Tiefland.

Map content:

BOLIVIEN

BENI = Departamento (Landesprovinz)

= Nationalpark

= Eisenbahn

0   200 km

©RKH VERLAG HERMANN

Rio Branco

Brasiléia
Cobija

BRA-
SI-
LIEN

Guajara-Mirin

Guayaramerín
Ribe-
ralta

PANDO

R.N. Manuripi Heath

Rio Abuna

Rio Orthón

Rio Madeira

Madre de Dios

Puerto-
Maldonado

R.N.
Tambo-
pata-Can-
domo

Puerto Heath

Rio Madidi

**P.N.
Alto
Madidi**

Rurrena-
baque

Rio Beni

BENI

Llanos de Moxos

San Ignacio
de Moxos

Trinidad

San Joaquín

Piso Firme

Rio Mamoré

Rio Guaporé

**P.N. Noel
Kempff
Mercado**

**P.N. Ríos Blanco
y Negro**

LA PAZ

Titicaca-See

Puno

Copa-
cabana

Tiquina

Tiwanaku

La Paz

P E R U

**P.N. Isiboro-
Sécure**

SANTA CRUZ

Concepción

San Javier   San Ignacio

San Rafael

**COCHA-
BAMBA**

Cochabamba

Epizana

Pto. Villarroel

**P.N.
Amboró**

Chiquitania

Pozo del Tigre

San José de Chiquitos

Aiquile

Tres
Cruces

Santa
Cruz

Pto. Suárez

ORURO

Oruro

P.N. Sajama

P.N.
Lauca

Lago
Poopó

**P.N.
Toro
Toro**

Sucre

Potosí

Gran Chaco

**Parque Nacional y Área Natural de
Manejo Integrado KAA-IYA
del Gran Chaco**

Quijarro

Corumbá

Iquique

**Salar de
Uyuni**

Uyuni

Rio Mulatos

Camiri

**CHUQUI-
SACA**

CHILE

POTOSÍ

**Res. Nac.
de Fauna Andina
Eduardo Avaroa**

Tupiza

Villazón

TARIJA

Tarija

Villamontes

PARAGUAY

Calama

San Pedro de Atacama

A R G E N T I N I E N

Landesnatur

Bolivien unterteilt sich im Wesentlichen in zwei unterschiedliche Landschaftsräume: das Andenhochland und das Tiefland. Dazwischen liegen die steilen
Andenabhänge.

Obwohl Bolivien meist als Andenstaat bezeichnet wird, nimmt das Hochland tatsächlich nur etwa
ein Drittel der Landesfläche ein. Die Anden, das
längste Kettengebirge der Welt, ziehen sich von
Patagonien bis hinauf nach Venezuela, mit Gipfeln
von über 6000 Metern. Etwa ein Drittel Boliviens
wird von dieser Gebirgskette eingenommen. Im
Südwesten des Landes liegt der *Salar de Uyuni,* der

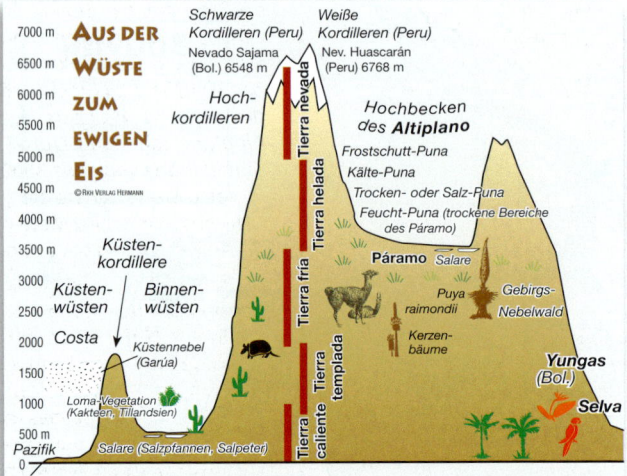

Die **thermische Höhenstufengliederung** und die damit verbundenen Staffelung ihrer Vegetationszonen in den südamerikanischen Andenländern geht auf den deutschen Naturforscher *Alexander von Humboldt* zurück. Er übernahm 1817 als wissenschaftliche Begriffe die alten »tierra« (»Land«)-Bezeichnungen der Spanier, die diese schon früher zur Unterscheidung der Höhenstufen und des Klimas verwendet hatten.

Die Höhenangaben in Metern der vertikalen Bereiche der Tierras sind jedoch nicht absolut, sie variieren vielmehr je nach Exposition, Land und geografischer Breitenlage.

Höhen, ca.	Bezeichnung		Charakteristika	Vegetation	Anbau
ab 5000 m	**Tierra nevada** (»Schneeland«)		Ewiges Eis		
bis 5000 m 3500 m	**Tierra helada** (»eisiges Land«)	**Puna** - Stufen (s.o) (trocken) **Páramo** (feucht)	Frost- und Schneestufen, extreme Temperaturschwankungen zwischen Tag u. Nacht »Höhensteppe« Höhengrasfluren	Flechten, Hartpolsterpflanzen Gräser *(ichu)*, Schopfpflanzen *(Puya raimondii)*	Ackerbau nicht mehr möglich Hochweiden Weidewirtschaft
bis 3500 m 2000 m	**Tierra fría** (»kaltes Land«)		Kalte Höhenstufen	Nebelwald	Mais, Weizen, Gerste, Kartoffl.
bis 2000 m 800 m	**Tierra templada** (»gemäßigtes L.«)		Gemäßigt temperierte Höhenstufe	Bergwald	Bananen, Kaffee, Zuckerrohr
bis 1000 m Meereshöhe	**Tierra caliente** (»heißes Land«)		Ständig heiße Tieflandregion	Tiefland-Regenwald; Loma-Vgt.	Kakao, Tabak

Altiplano-Landschaft

größte Salzsee der Welt. Zwischen den östlichen und westlichen Andenketten, den *Kordilleren,* erstreckt sich das Hochlandbecken des *Altiplano* mit einer Durchschnittshöhe von etwa 3500 Metern. Der höchste Berg Boliviens ist mit 6542 Metern der Vulkan *Sajama* bei Oruro.

An ihrem Ostrand fallen die Anden über Bergnebelwälder in das **Tiefland** ab, das etwa zwei Drittel der Landesfläche einnimmt und sich in drei verschiedene Regionen aufteilt: Der Nordosten des Tieflandes ist Teil des Amazonasbeckens. Hier in diesem dünn besiedelten, abgelegenen Landstrich ist im Vergleich zum Nachbarland Brasilien noch viel vom ursprünglichen Regenwald erhalten geblieben. Die großen Flüsse der Region, wie der *Río Mamoré,* der *Río Beni* und der *Río Madre de Dios* münden letztlich alle in den Amazonas, sind schiffbar und reich an Fischen.

Weiter südlich erstreckt sich die **Pampa.** Dieses riesige Gebiet ist ausgesprochen flach. Während das Gefälle im Norden des Landes das Wasser nach Osten leitet, wird die Pampa im Departamento Beni während der Regenzeit in weiten Teilen überschwemmt und gleicht dann einer Seenplatte. Aus diesem Grunde hat sich daher nur dort, wo es ausnahmsweise doch etwas hügelig ist, Regenwald entwickelt. Ansonsten werden die weiten Ebenen von

Fluss mit Regenwald

Gras bewachsen und eignen sich während der Trockenzeit hervorragend für die Viehzucht.

Im Süden des Landes geht die Pampa in die dornigen Buschsteppen und Trockenwälder des **Gran Chaco** über. Hier erinnert die Landschaft bereits an das nahe Paraguay.

Im äußersten Osten liegt der **Pantanal,** ein Sumpfgebiet, das sich bis weit nach Brasilien hinein erstreckt. Während der Pantanal in Brasilien ein Touristenmagnet ist, liegt diese einzigartige Sumpflandschaft samt all ihrer außergewöhnlichen Flora und Fauna in Bolivien im Dornröschenschlaf, und das, obwohl das Land den schöneren Teil des Sumpfgebietes abbekommen hat.

Klima

In einem Land mit so großen geografischen Unterschieden wie Bolivien ist das Klima sehr gegensätzlich. Die Jahreszeiten unterscheiden sich weniger durch starke Temperaturschwankungen als durch Regen- und Trockenzeit.

Auf 3600 bis 4100 Meter Höhe ist das Klima sehr trocken und kühl, in den Hochwüsten im Süden geradezu eisig. In den Anden erreicht das Thermometer bis in Höhenlagen von 3500 Metern ganzjährig Temperaturen um die 20 °C, in extremen Höhen wird es entsprechend kälter. Dabei ist es in den Anden in der Regenzeit von Dezember bis April nachts bei weitem nicht so kalt wie in den trockenen Monaten von Juni bis Oktober.

Lamas im Hochland

Das Klima im Tiefland bestimmen ganzjährig Temperaturen zwischen 20 und 32 °C bei hoher bis sehr hoher Luftfeuchtigkeit. Regenzeit ist im Tiefland von November bis April, doch nachmittägliche Regengüsse kann es vor allem im Amazonasgebiet das ganze Jahr über geben. Aktuelle bolivianische Ortstemperaturen bietet unter anderem die Website www.wetteronline.de/bolivien.htm.

Tiere und Pflanzen

Fauna

Im Hochland haben zahllose Kleinkamel-Arten ihren Lebensraum. Ob es sich dabei um ein *Lama*, *Alpaka* oder gar ein *Vicuña* handelt, ist für den Laien nicht immer gleich zu erkennen (Exkurs ▶ s.S. 134). Wo Lamas leben, tummeln sich auch die possierlichen *Vizcachas* (Hasenmäuse), die zur Familie der Chinchillas gehören. Die kleinen, grauen Tierchen haben ein samtweiches Fell und sehen ähnlich wie unsere Murmeltiere aus.

In den Lagunen stelzen seltene Flamingos durch das seichte Wasser, und die schnatternden Andengänse locken Andenfüchse an. In diesen hochgelegenen Regionen leben auch *Tarukas* (Andenhirsche), die in entlegenen Gebieten von vereinzelten *Pumas* (Berglöwen) bedroht werden.

Außerdem gibt es zahlreiche Fledermäuse. *Kondore* sieht man nur selten aus nächster Nähe, sie haben sich tief in die Berge zurückgezogen. Diese mächtigen Vögel zählen mit bis zu drei Metern Flügelspannweite zu den größten überhaupt. Von den mit Panzern aus Hornplatten geschützten Gürteltieren gibt es in Südamerika weit über ein Dutzend Arten. Das größte ist das rund einen Meter lange Riesengürteltier.

In den Bergnebelwäldern der Yungas schwirren noch sehr viele bunte *Kolibris*, darunter auch Riesenkolibris. Ab und zu schleicht ein Brillenbär oder

Puma

Bergtapir durchs Unterholz, und dazwischen die *Wollhaarbeutelratte,* eine Opossum-Art.

Auch im Amazonasgebiet begegnet man neben riesigen Insekten einer Fülle von Vogelarten, die bekanntesten sind *Papageien, Aras, Tukane* und *Stärlinge,* deren Nester keulenförmig an den Bäumen hängen. Zwischendrin tummeln sich über 3000 farbenprächtige Schmetterlingsarten. Dazu schleichen die letzten *Jaguare* und *Ozelote* auf Beute durch die „Grüne Hölle".

Ab und zu hört man auch das dumpfe „uum" des seltenen *Hokkohuhnes,* das in über 50 Arten in Süd- und Mittelamerika vorkommt. Als Waldbewohner lebt der Hokko auf Bäumen, ernährt sich von Blättern und Früchten und wird etwa so groß wie eine Truthenne. Er ist an seinem kurzen Schnabel mit eierartigem Aufsatz zu erkennen.

Der bedeutendste von über 1500 Süßwasserfischarten ist der *Paiche.* Der fischfressende Knochenzüngler mit seinen mosaikartigen Schuppen kann etwa drei Meter lang und 300 Pfund schwer werden und gilt als größter Süßwasserfisch der Welt. Der Paiche kommt etwa alle 12 Minuten zum Luftholen an die Wasseroberfläche und kann somit gut beobachtet werden. Diese Fische waren einst die wichtigste Nahrungsquelle im Amazonasgebiet. Berühmt-berüchtigt sind die *Pirañas.* Es gibt unzählige Gattungen, doch nur wenige sind angriffslustig. Die größten Arten können über einen halben Meter lang werden.

Andere Flussbewohner sind die Mohren- und Brillenkaimane. Unter Verletzung des Artenschutzabkom-

Blaulatz-Ara

Spinnenaffe

mens werden beide Arten allmählich ausgerottet. Auch die berühmten Riesenottern, die legendären Flussdelphine (Exkurs ▶ s.S. 194) sowie die *Manatee* (Flusskühe) sind inzwischen selten geworden. In und an den Flüssen Westamazoniens jagt die *Anakonda* kleinere Säugetiere und gehört mit bis zu neun Metern zu der größten Art der nichtgiftigen Riesenschlangen. Ihr Habitat im Regenwald haben außerdem Leguane, Faultiere, Giftschlangen, Nasenbären, verschiedene Affenarten und Schildkröten sowie die mit den Meerschweinchen verwandten Wasserschweine *(Capybaras)* und die schweineähnlichen Nabelschweine *(Pekaris)*.

In der Pampa und im trockenen Gran Chaco lebt der *ñandú*, ein großer Laufvogel, der dem afrikanischen Strauß ähnelt. Auch Gürteltiere und Füchse sind hier heimisch, außerdem Hirsche und Pampakatzen.

Flora

Obwohl das Hochland auf den ersten Blick karg und trostlos wirkt, wird das Landschaftsbild von zahlreichen Pflanzenarten geprägt.

In den Hochtälern ist der aus Australien eingeführte *Eukalyptusbaum* dominierend, während unsere Laub- und Nadelbäume weitgehend unbekannt sind. Ursprünglich bildeten die langsamwachsenden *Queñua-Bäume* die am höchsten

Kalte Höhenstufe der Anden

gelegenen Waldbestände der Erde, heute werden sie vorrangig zur Wiederaufforstung eingesetzt. Der peruanisch-bolivianische *Cinchona-Baum* lieferte einst die „Chinarinde" beziehungsweise Chinin, das früher das einzige Mittel gegen Malaria war. Angebaut werden in andinen Höhen Getreide, 35 verschiedene Arten *Mais* und besonders die *Kartoffel*, die hier ihren Ursprung hat und in mehreren hundert Sorten vorkommt. In letzter Zeit werden wieder verstärkt die alten, aus der Inkazeit stammenden und fast in Vergessenheit geratenen genügsamen Nahrungspflanzen *Amarant, Cañahua* und die eiweißreiche Körnerfrucht *Quinoa* angebaut.

In der *Puna* wächst ab 4000 Meter nur noch das harte, spitze Büschelgras *ichu,* und eine Moosart, *yareta.* Ab und an sind buntblühende Kakteen zu sehen.

Außergewöhnlich ist die *Puya raimondii.* Dieses bis zu zehn Meter hohe Ananasgewächs blüht nach 80 bis 100 Jahren zum ersten und einzigen Mal, danach stirbt die Pflanze ab. Die Blüte besteht aus Tausenden von kleinen Blüten und kann nur durch einen seltenen, lediglich im Hochland der Anden vorkommenden Kolibri bestäubt werden.

Wesentlich tiefer können in den **Yungas** wunderschöne Säulen- und Gliederkakteen, Bromelien und Orchideen sowie riesige Baumfarne bewundert werden. An den Ostabhängen der Anden zum Regenwald hinab gedeihen nahezu alle tropischen Früchte sowie Kaffee, Kakao und der Cocastrauch (Exkurs ▶ s.S. 64).

Im Tiefland werden die für die Ernährung der Ureinwohner wichtige *yuca,* eine Maniokart, und im Hochland die rote bis gelbe Knollenfrucht *oca* angebaut. Außerdem wächst hier ein knolliger Sauerklee, der wegen seines hohen Nährstoffgehalts bedeutsam ist. *Camu-camu* ist eine erst kürzlich entdeckte Urwaldfrucht, die weltweit von allen bekannten Pflanzen den höchsten Vitamin-C-Gehalt aufweist. Im Gebiet der großen Flussläufe kommt der wichtige *Kautschukbaum* vor, der einst das Gummi lieferte und um dessen Bestände sogar ein Krieg mit Brasilien geführt wurde.

In der Pampa wächst ohne Zutun der Menschen in erster Linie Gras, das gen Süden in Richtung

Chaco immer trockener und von Dornengestrüpp durchsetzt wird. Wo es ausreichend Wasser gibt, werden Soja, Weizen, Baumwolle, Reis und Zuckerrohr angepflanzt.

Naturschutzgebiete (▶ s. Karte S. 35)

Bolivien hat rund 15 Prozent seiner Landesfläche in über 20 Nationalparks unter Naturschutz gestellt. Auf der Seite www.sernap.gov.bo finden sich dazu auf Spanisch nähere Informationen. Viele der Nationalparks liegen weit abseits der üblichen Reiserouten und können nur mit großem Aufwand besucht werden. Einige werden jedoch auf bestimmten Touren fast zwangsläufig durchquert, so wie der *Parque Nacional Cotapata* in den Yungas, der bei der Begehung des El Choro-Trails auf dem Weg liegt, oder die *Reserva Nacional de Fauna Eduardo Avaroa*, die Teil der dreitägigen Tour rund um den Salar de Uyuni ist. Ebenfalls problemlos lassen sich Touren in den Nationalpark *Madidi* im Amazonasgebiet und in den *Amboró* bei Santa Cruz organisieren. Auch ein Besuch des Nationalparks *Sajama* rund um Boliviens höchsten Berg oder des Nationalparks *Toro Toro* bei Cochabamba mit seinen Dinosaurierspuren ist möglich, ohne dass dafür gleich eine Expedition zusammengestellt werden müsste. Etwas aufwendiger ist es hingegen, zum Nationalpark *Noel Kempff Mercado* im Südosten des Landes zu gelangen – dafür ist die Natur dort umso unberührter.

Lagune in der Nähe des Salar de Uyuni

Trekking in Bolivien

Bolivien ist das ideale Land für eine Trekkingreise. Die Kordilleren *Occidental*, *Apolobamba, Real, Quimsa Cruz* und *Lípez* bieten unzählige ein- und mehrtägige Trekkingtouren, im Hochgebirge unter schneebedeckten Fünf- und Sechstausendern ebenso wie in subtropischen Bergwäldern mit dichter Vegetation und exotischer Tierwelt. Eine Trekkingreise durch Bolivien ist auch eine Begegnung mit der Geschichte: Das alte Wegesystem der Inka im Land wird auf über 25.000 Kilometer Länge geschätzt. Einige Abschnitte, wie zum Beispiel der Takesi- oder der Yungas Cruz-Trail, sind von damals hervorragend erhalten, der Großteil der Wege ist jedoch nicht erschlossen und daher für spannende Trekking-Expeditionen bestens geeignet. Doch selbst die bekannten Trekkingtouren wie der El Choro-Track sind nicht überlaufen, und auf den ausgefalleneren trifft man manchmal tagelang keinen Stadtmenschen. Dafür sind die Chancen gut, in der sonst einsamen Gegend freundliche Hirten und Bauern zu treffen.

Neben einem Abenteuer ist eine Trekkingtour durch Bolivien auch immer eine sportliche Herausforderung: Über 5000 Meter hohe Pässe und Lagunen kosten genauso viel Kraft wie die überwucherten Dschungelpfade in den tieferliegenden Regionen.

Wer damit noch nicht ausgelastet ist, kann nach guter Akklimatisierung zum Abschluss der Reise noch einen der Sechstausender besteigen. Am weitesten hinauf geht es beim 6542 Meter hohen Sajama in der West-Kordillere. Aber auch die Königskordillere mit dem 6438 Meter hohen Illimani, dem 6331 Meter hohen Illiampu und dem 6088 Meter hohen Huayna Potosí lockt Gipfelstürmer an. (Christian Schöttle, Akapana-Tours, La Paz)

Auf dem Gipfel des
Huayna Potosí

Geschichte

Erste Besiedelung

Die ersten Menschen, die in der Gegend des heutigen Boliviens siedelten, kamen vor rund 21.000 Jahren von Asien auf den amerikanischen Doppelkontinent. Die ältesten Funde datieren auf die Zeit von etwa 8000 v.Chr. und belegen, dass die Menschen in dieser Zeit das Nomadenleben aufgaben, sich als Bauern niederließen und damit begannen Lamas zu domestizieren.

In den nördlicheren Anden, im heutigen Peru, entwickelte sich um 800 v.Chr. mit *Chavín de Huántar* die erste Hochkultur Südamerikas.

Tiwanaku

Etwa um die Zeit 100 v.Chr. entstand am Titicacasee die frühe Tiwanaku-Kultur, die von Chavín beeinflusst war. Ihre monolithischen Figuren und das „Sonnentor" sind stumme Zeugen einer großartigen Baukunst in ihrer späteren Blütezeit. Daneben sind Keramiken und Textilien erhalten geblieben. Sehr viel ist über diese Kultur nicht bekannt. Tiwanaku war wohl ein religiöses und kulturelles Zentrum, aber ob es zugleich auch ein politisches Tiwanaku-Reich gegeben

Das Sonnentor

hat, ist unklar. Bis zum 10. Jahrhundert n.Chr. weitete sich der kulturelle Einflussbereich Tiwanakus immer mehr aus und erstreckte sich schließlich über einen Großteil der Anden bis hinab zur Küste.

Die Aymara

Im 13. Jahrhundert stiegen die Aymara zu einer regionalen Macht auf. Sie etablierten gut organisierte Fürstentümer. Ähnlich wie später bei den Inka gab es eine adlige Kaste, der die Dorfgemeinschaften mit ihrer Arbeitskraft tributpflichtig waren. Innerhalb von zwei Jahrhunderten weiteten sie ihren Herrschaftsbereich nicht nur auf das südliche Andengebiet, sondern über die Yungas bis in das Tiefland hinein aus.

Die Inka

Manco Capac
(um 12. Jh.)

Gleichzeitig wuchs im Norden mit den Inka eine mächtige Konkurrenz heran. Einer Sage nach hat dieses Volk seinen Ursprung in Bolivien: Nach dem Inka-Chronisten Garcilaso de la Vega schickte einst der Sonnengott Inti seine beiden Kinder *Manco Capac* und *Mama Ocllo* auf die Sonneninsel (Isla del Sol) im Titicacasee. Von dort aus, so heißt es, machten sie sich auf den Weg nach Norden und gründeten Cusco, wo Manco Capac der erste Inka wurde.

Von Cusco eroberten die Inka zwischen 1230 und 1527 in nur drei Jahrhunderten ein riesiges Reich, das sie *Tawantinsuyu* nannten und das zum Schluss vom südlichen Kolumbien bis ins nördliche Argentinien reichte. Die Expansion wurde geschickt vorangetrieben: Sollte dem Inkareich ein neues Gebiet einverleibt werden, so wurde die fremde Provinz zunächst nicht bekämpft, sondern dem Regenten Abgesandte geschickt, die die Vorteile der Unterwerfung aufzeigten. Geschenke wurden verteilt und wirtschaftliche Hilfe in Form von neuen Produkten und Werkstoffen versprochen. Stimmte der Herrscher zu, so wurde er als Statthalter der neuen Provinz des Inkareiches eingesetzt. Nur wenn er sich weigerte, wurde sein Land mit militärischen Mitteln erobert. Meistens gelang den Inka die Expansion, ohne zu den Waffen greifen zu müssen, und so war es auch, als sie um 1440 das Hochland des heutigen Boliviens unterwarfen und die Aymarafürsten von Herrschern zu Provinzverwaltern machten.

Urmutter Mama Ocllo (nach Huamán Pomola d.Ä.)

Die einfachen Menschen lebten in weitverzweigten Familienverbänden, in *ayllus,* der kleinsten sozialen Einheit. Den Ayllu-Gemeinschaften gehörte der Ackerboden, die Bauern bearbeiteten gemeinsam die Felder und teilten die Erträge unter sich auf. Ein bestimmter Flächenanteil stand dem Inca und den Priestern zu. Außerdem musste jeder Untertan einen Arbeitsdienst leisten, die *mita,* damit das Straßennetz unterhalten oder die von den Adeligen benötigte Stoffe gewebt werden konnten.

TAWANTINSUYU, DAS REICH DER INKA

Inca-Regentschaften:

- **Manco Capac** ca. 1230
- **Yahuar Huacac** bis ca. 1400
- 9. Inca **Pachacuti Yupanki** 1438–71
- **Túpac Yupanqui** 1471–93
- **Huayna Capac** 1493–1527
- ┈┈ Gesamtausdehnung bis zum Einfall der Spanier

Pfeile = Andenübergänge in das Tiefland

KOLUM-BIEN

ECUADOR

Quito

Tumebamba (Cuenca)

Tumbes

PERU

Huancabamba

Chachapoyas

Cajamarca

BRASI-LIEN

Chan Chan

Chavin

Chin-chay-suyu

Paramonga

Jauja

Vilcabamba

Machupicchu

Anti-suyu

Lima

Ayacucho (Huamanga)

Pachacamac

Ollantáytambo

Cusco

Tambo Colorado

Vilcashuaman

BOLIVIEN

Nasca

Conti-suyu

Titicaca-See

La Paz

Arequipa

Tiwanaku

Collasuyu

0   300 km

Incallacta

Chuquisaca

Potosí

San Pedro de Atacama

Antofagasta

CHILE

Copiapó

ARGENTINIEN

Santiago

Rio Maule

DIE EXPANSION ...

... des Inka-Reiches begann mit dem Gründer der Inka-Dynastie, **Manco Capac** (ca. 1200), hatte ihren Höhepunkt 1525 unter **Huayna Capac** und endete mit **Pizarro,** der 1533 Cusco einnahm und den Niedergang des Inka-Imperiums einleitete.

TAWANTINSUYU ...

... war das »Reich der vier Weltgegenden« Chinchaysuyu, Collasuyu, Contisuyu und Antisuyu. Sie lagen nach der kosmischen Mythologie der Inkas im Einklang mit den vier Himmelsrichtungen Nord, Süd, West und Ost.

Mittelpunkt des Riesenreiches, das sich von Quito im heutigen Ecuador bis tief in den Süden Chiles erstreckte, war **Cusco,** »der Nabel der Welt«.

NERVENSTRÄNGE ...

... des Reiches waren seine Straßenverbindungen, deren Gesamtlänge auf über 20.000 km geschätzt werden. Alle Landesteile sollten mit Cusco verbunden sein, *chasquis* überbrachten Meldungen.

Francisco Pizarro

Unter spanischer Herrschaft

Die Herrschaft der Inka fand 1532 mit der Landung Francisco Pizarros in Nordperu ein jähes Ende. Zu diesem Zeitpunkt schwächte ein Bruderkrieg um die Nachfolge des Inka-Throns die militärischen Kräfte und ohnehin waren die Spanier, obwohl deutlich in der Minderzahl, den Inka mit ihren Feuerwaffen und Pferden überlegen. In nur wenigen Jahren hatten die Fremden das riesige Reich erobert und gründeten 1542 das Vizekönigreich Peru *(Virreinato del Perú)*, dem Bolivien unter dem Namen „Hochperu" *(Alto Perú)* angehörte.

Die Spanier regierten ihr Reich mit eiserner Hand. In erster Linie ging es darum, soviel wie irgend möglich aus ihrem Vizekönigreich herauszupressen. *Francisco de Toledo,* der erste Vizekönig über Peru, das damals ganz Spanisch-Südamerika mit Ausnahme Venezuelas umfasste, führte das System der *encomienda* ein, wonach die Bevölkerung den neuen Herrschern Tribut in Form von Arbeitskraft und Abgaben zu leisten hatte. Dabei machten sich die Spanier das überlieferte System der Gemeinschaftsarbeit *mita* zunutze. Als Gegenleistung übernahm der *encomendero* die „Verantwortung" für das Seelenheil seiner Untergebenen und sorgte für ihre „religiöse Unterweisung".

Die Spanier plünderten die Reichtümer des Landes. Zu zigtausenden zwangen sie die Einheimischen in die Minen der Silberbergwerke. Am ergiebigsten waren die des Cerro Rico bei Potosí.

Die Ankunft der Europäer – der spanische Eroberer Pizarro (in Bildmitte) wird von einer großen Indianerschar empfangen, als er an der peruanischen Nordküste bei Tumbes 1526 zum erstenmal an Land geht (Stich von Theodore de Bry).

Mindestens zwei Jahrhunderte lang finanzierten die Silberadern des Berges *Cerro Rico* einen Großteil des spanischen Staatshaushaltes. Die gnadenlose Ausbeutung forderte Millionen von Menschenleben. Gleichzeitig bemühten sich die Spanier darum, die indigene Identität auszulöschen: Die Sprachen Quechua und Aymara, die traditionelle inkaische Kleidung und die alten Bräuche wurden verboten und die katholische Kirche versuchte, den alten Glauben aufzulösen.

Indigener Widerstand

Gegen diese Unterdrückung formierten sich immer wieder kleinere und auch größere Aufstände. 1780 konnte *José Gabriel Condorcanqui (Túpac Amarú II.*, ein Nachfahre des letzten Inca Túpac Amarú) das Volk zu einem Generalangriff auf die Spanier mobilisieren. Er prangerte die unzumutbaren Lebensbedingungen der Menschen an und forderte die Abschaffung der Zwangsarbeit. Mit einem gewaltigen Heer gelang es ihm, La Paz über neun Monate zu belagern und Cusco zu erobern, bis die Aufstände schließlich niedergeschlagen wurden. Die grausame Hinrichtung des vom Volk verehrten *Tupac Amaru II.* machte ihn zum Märtyrer der Befreiungsbewegung, und bis heute gilt er in der indigenen Bevölkerung als ihr größter Befreiungsheld.

Tupac Amaru II.

Der Kampf um die Unabhängigkeit

Die spanische Krone entsandte nach wie vor Verwaltungsbeamte in ihr Vizekönigreich, doch das Selbstbewusstsein der Kreolen, der Nachfahren der ersten in Südamerika sesshaft gewordenen Spanier, wuchs. Immer weniger waren sie bereit, das spanische Handelsmonopol, die Zollschranken und überhaupt die Einmischung in ihre Angelegenheiten zu akzeptieren. Die nordamerikanische Unabhängigkeit und der Geist der Französische Revolution ließen auch auf dem südamerikanischen Kontinent den Ruf nach Autonomie immer lauter werden. Der berühmte Freiheitsruf, der „Grito de la Libertad" am 25. Mai 1809 in Sucre löste den Unabhängigkeitskampf gegen die spanische Monarchie aus. Überall in Bolivien entstanden weitere Aufstände. Die vom

Simón Bolívar

Antonio José
de Sucre

Pedro Domingo Murillo geleitete „Junta Tuitiva", die sich für die Souveränität einsetzte, proklamierte ihr Freiheitsbestreben am 16. Juli 1809. Nach der Festnahme von Murillo wurde der spätere Nationalheld am 29. Januar 1810 in La Paz erhängt. Vor seinem Tod wandte er sich zum Volk mit den Worten: „Compatriotas, yo muero, pero la tea que dejo encendida nadie la podrá apagar, viva la libertad! – Landsleute, ich sterbe, aber die Fackel, die ich entzündet lasse, wird niemand auslöschen!"

Bis die Freiheit dann tatsächlich kam, sollten noch 15 zum Teil blutige Jahre im Kampf gegen die Spanier vergehen. Nachdem der große südamerikanische Freiheitskämpfer *Simón Bolívar* Venezuela und Kolumbien von der spanischen Herrschaft befreit hatte, wandte er sich, zusammen mit *Antonio José de Sucre,* dem Unabhängigkeitskampf Perus und Hochperus zu. Eine wichtige Rolle spielte dabei übrigens der Deutsche Otto Philipp Braun, der mit Bolívar in den Kampf zog. 1824 wurde auch dieser Teil Südamerikas unabhängig und ein Jahr später erklärte Sucre die Unabhängigkeit Boliviens von Peru.

In den ersten Monaten übernahm Bolívar die Präsidentschaft über das neu gegründete Land, doch es sollte sein Stellvertreter Sucre sein, der wenig später als zweiter Präsident Boliviens die ersten wichtigen Reformen veranlasste, wie die Abschaffung der Mita und die Tributpflicht der Indianer. Dies war gegen die politischen Interessen der konservativen Kräfte. Nach einem Attentatsversuch legte Sucre sein Amt nieder, und die Reformen wurden zurückgenommen.

Von einer Staatskrise in die nächste

Bolívar und Sucre sollten bei weitem nicht die einzigen Präsidenten bleiben, die sich nur kurze Zeit an der Spitze des Staates halten konnten. Es ist selbst heute schwierig, den Überblick darüber zu behalten, wie viele Amtsnachfolger sie hatten: 200 Präsidentenwechsel habe es in Bolivien seit der Unabhängigkeit 1825 gegeben, heißt es. Doch tatsächlich umfasst die offizielle Liste nur rund 80 Machtwechsel. Nicht mitgezählt sind dabei die zahlreichen Putschisten, die im Laufe der Zeit den Präsidenten

Melgarejo, eine der schillerndsten Figuren des bolivianischen Präsidentenkarusells (Regierungszeit 1864–1871)

palast besetzten und sich zum Staatsoberhaupt ausriefen, jedoch wenige Tage oder auch nur Stunden darauf wieder entmachtet wurden.

Doch auch gut 80 Machtwechsel in weniger als 200 Jahren sind deutlich mehr als einem Land förderlich wäre, zumal dann, wenn die Machtübernahme durch Putsche oder Revolten erzwungen wurde, wie das in Bolivien meist der Fall war. Viele der Präsidenten waren überfordert, Lösungen für die dringlichsten Probleme des Landes zu finden.

Verlorene Kriege

Bei militärischen Auseinandersetzungen stand Bolivien meist auf der Verliererseite. Insgesamt verlor es in den verschiedenen Kriegen und Scharmützeln mit sämtlichen Nachbarländern mehr als die Hälfte seines ursprünglichen Territoriums.

Ein bis heute andauerndes nationales Trauma löste der „Salpeterkrieg" aus, der von 1879 bis 1884 gegen Chile um diesen Mineraldünger geführt wurde. Bolivien verlor dabei neben beträchtlichen Gebieten auch die Küstenprovinz Antofagasta und damit seinen Meereszugang. Dieser Verlust belastet immer noch die Beziehungen zum Nachbarland. Der „Kautschuk-Krieg", geführt um die begehrten und lukrativen Kautschuk-Bäume, den Bolivien 1903 mit Brasilien ausfocht, war eigentlich mehr eine Annektierung der nicht eben kleinen Provinz Acre durch die

Brasilianer, die das Gebiet zuvor militärisch besetzt hatten. Im Chaco-Krieg, der von 1932 bis 1935 dauerte und die Folge eines nichtigen Grenzstreites war, erlitt die bolivianische Armee schwere Verluste und verlor riesige Gebiete an Paraguay.

Die Bolivianische Revolution von 1952

Der verlorene Chaco-Krieg führte in weiten Teilen der Bevölkerung zu Unmut über die Verhältnisse im Land. Es entstanden immer mehr Organisationen, die Reformen einforderten. Gleichzeitig regte sich langsam auch unter den Bergarbeitern Widerstand gegen die miserablen Arbeitsbedingungen und die schlechte Bezahlung – an ihrer und der Situation der ländlichen Bevölkerung hatte sich auch nach der Unabhängigkeit kaum etwas geändert. Die Unzufriedenen formierten sich in dem *Movimiento Nacionalista Revolucionario* (MNR, Nationalrevolutionäre Bewegung), forderten eine Agrarreform und die Verstaatlichung der Minen und gewannen 1951 die Wahlen. Doch bevor die MNR die Regierungsverantwortung übernehmen konnte, griff das Militär auf Betreiben der Minen- und Großgrundbesitzer mit einem Putsch ein. Die MNR entschloss sich zum bewaffneten Kampf. Minenarbeiter zogen nach La Paz, und nach heftigen Kämpfen mit rund 600 Toten übernahm die siegreiche MNR wieder die Macht. 40 Jahre nach der Mexikanischen war dies die zweite Revolution in Lateinamerika.

Der Weg in die Militärdiktatur

In den folgenden Jahren wurden die Minen verstaatlicht und eine Landreform durchgeführt, doch keine der beiden Maßnahmen führte zu einer deutlichen Verbesserung der Lebensverhältnisse. Bei den Reformen wurden zu viele handwerkliche Fehler und Zugeständnisse an die Oligarchie (Herrschaft einer Minderheit) gemacht. Interne Diskrepanzen schwächten die MNR, bis sie schließlich 1964 durch einen Militärputsch unter General *René Barrientos* endgültig abgelöst wurde. Diese Machtübernahme war für viele – zumindest anfänglich – eine neue Hoffnung, unbeschadet der darauffolgenden fünfjährigen sogenannten „weichen Diktatur", die in

Jährliche
Militärparade
zum 7. August in
Sucre, „Día del
Ejército
Boliviano"

Wirklichkeit grausam war – beim Massaker „Noche
de San Juan" starben etwa 100 Männer, Frauen und
Kinder. Barrientos kam bei einem bis heute ungek-
lärten Unfall ums Leben, und danach begann wieder
eine sehr turbulente, instabile Zeit. Im Oktober 1970
hatte Bolivien allein an einem einzigen Tag sechs
verschiedene Präsidenten. Im August 1971 putschte
der Oberst *Hugo Bánzer*. Es war der Beginn einer
Militärdiktatur. Die Gewerkschaften und Oppositi-
onsparteien wurden verboten und die freie Presse
ausgeschaltet.

Zurück zur Demokratie

Erst 1982 führte zum ersten Mal wieder ein demo-
kratisch gewählter Präsident das Land, *Hernán Siles
Zuazo*. Eine Inflation von 35.000 Prozent und ein
ununterbrochener Wechsel an neuen Präsidenten
ließen das Land auch in den folgenden Jahren nicht
zur Ruhe kommen. *Gonzalo Sánchez de Lozada,* der
von 1993 bis 1997 das Präsidentenamt innehatte,
verabschiedete einige entscheidende Reformen,
wie etwa die Privatisierung von Staatsbetrieben,
die Volksbeteiligung mit der Anerkennung der
Indígenas und das Gesetz zur Einführung von Quechua und Aymara in den Schulen. Auch die demo-
kratische Wahl des ehemaligen Diktators *Hugo
Banzer* brachte um die Jahrtausendwende ein
wenig Stabilität. Doch Korruption, der Ausverkauf
der Bodenschätze, der mit Unterstützung der USA
in aller Härte geführte Kampf gegen den Coca-

Namen von Straßen und Plätzen

Egal, in welche Stadt man kommt, vor allem in den Zentren sind die Namen der Straßen und Plätze immer die gleichen. Neben Städte- und Ländernamen sind auch viele Daten und Eigennamen dazwischen. Damit soll an die bedeutenden Tage in der bolivianischen Geschichte erinnert und das Gedenken an die Nationalhelden erhalten werden. Bezeichnenderweise sind diese Nationalhelden alle spanischer Abstammung, eine Straße, die an den indigenen Volksheld Tupac Amaru erinnert, muss man sehr lange suchen.

Hier eine kleine Übersicht der häufigsten geschichtlichen Straßennamen und ihrer Bedeutung:

- 10 de Febrero – Tag von Oruro.
- 25 de Mayo – Erster Ruf nach Unabhängigkeit in Südamerika in Sucre im Jahr 1809 durch die Einwohner von Sucre.
- 16 de Julio – Tag von La Paz.
- 6 de Agosto – 1825 erklärte sich Bolivien von Spanien unabhängig.
- 14 de Septiembre – Tag von Cochabamba.
- 24 de Septiembre – Tag von Santa Cruz und der Provinz Pando.
- 20 de Octubre – Gründung von La Paz.
- Arce Ruiz, Aniceto – Präsident von 1888 bis 1892.
- Avaroa, Eduardo – Held im Salpeterkrieg von 1879 bis 1884 gegen Chile.
- Ballivián, José und Adolfo – beide waren Präsidenten Boliviens, José von 1841 bis 1847, sein Sohn Adolfo von 1873 bis 1874.
- Ballivián, Hugo – Präsident von 1951/52.
- Bolívar, Simón – südamerikanischer Freiheitskämpfer, der auch in Bolivien die Schlachten um die Unabhängigkeit des Landes führte. Er wurde der erste Präsident Boliviens, regierte jedoch 1825 nur ein paar Monate.
- Busch, Germán – Präsident von 1937 bis 1939.
- Colón, Cristóbal – Kolumbus, Entdecker Amerikas.
- Figueroa, Juan Antonio – nahm, obwohl er von Geburt aus Spanier war, an dem ersten Aufstand gegen die Spanier im Jahr 1809 teil.
- Grau, Miguel – war Admiral der peruanischen Marine und lebte von 1834 bis 1879 Er kämpfte im Salpeterkrieg auf der bolivianisch/peruanischen Seite gegen Chile.
- Jaén, Apolinar – kämpfte für die Unabhängigkeit Boliviens und wurde 1810 in La Paz hingerichtet.
- Lanza, José Miguel García – Kämpfer für die Unabhängigkeit.
- Linares, José Maria – Präsident von 1857 bis 1861.
- Monje, Tomás – Präsident von 1946/47.
- Murillo, Pedro Domingo – Freiheitskämpfer, der 1809 in La Paz die erste Unabhängigkeitserklärung Boliviens verlas.
- Pando, José Manuel – einer der Gründer der liberalen Partei und Kämpfer in dem Bürgerkrieg, der dazu führte, dass La Paz de facto Regierungssitz wurde.
- Paredes, Maximiliano – Held im Kautschuk-Krieg von 1903 gegen Brasilien.
- Sagárnaga, Juan Bautista – organisierte die Aufstände im Jahr 1809 in seinem Haus in La Paz.
- Sucre, Antonio José de – kämpfte mit Bolívar in den verschiedenen Unabhängigkeitskriegen Südamerikas und hatte entscheidenden Anteil an dem Sieg um die Unabhängigkeit Boliviens. Er wurde Boliviens zweiter Präsident und regierte das Land von 1825 bis 1828.

anbau, der Versuch, die Wasserversorgung zu privatisieren, und die Tatsache, dass sich die Lebensverhältnisse der indigenen Bevölkerung immer noch nicht entscheidend verbessert hatten, ließen bald neuen Widerstand aufflackern.

Unter der Führung des sozialistischen **Evo Morales,** Anführer der Cocabauern und Führer des *Movimiento al Socialismo* (MAS, „Bewegung zum Sozialismus"), kam es 2003 zu Straßenblockaden und gewalttätigen Protesten, bei denen 63 Protestierer erschossen wurden. Der Präsident trat zurück, doch die Bewegung Evo Morales hatte nochmals an Fahrt aufgenommen. 2005 entlud sich die Wut der Armen ein zweites Mal, diesmal legten fünfwöchige Straßenblockaden das gesamte Land lahm und erzwangen nicht nur den Rücktritt des Präsidenten, sondern auch Neuwahlen. Ende 2005 wurde Evo Morales schließlich zum ersten indigenen Präsidenten Boliviens gewählt.

Bolivien heute

Evo Morales und die MAS

Evo Morales

Der 1959 geborene Evo Morales stammt aus dem verarmten Hochland von Oruro. Da seine Familie hier kein Auskommen fand, zog sie in den Chapare, um dort Coca anzubauen. Bereits als Junge musste er für den Lebensunterhalt der Familie mitarbeiten. Evo Morales wurde ebenfalls Cocabauer und engagierte sich in der lokalen Gewerkschaft, in der er bald aufstieg. Vor allem wandte er sich gegen die Antidrogeneinheiten (DEA) der USA, die seit 1987 im Chapare Cocafelder zerstörten und denen gravierende Menschenrechtsverletzungen vorgeworfen wurden. Die USA hatten diesen Kampf gegen die Coca zur Bedingung für Wirtschafts- und Entwicklungshilfe gemacht, und die jeweiligen Präsidenten wollten auf die finanziellen Hilfen nicht verzichten.

Doch das drastische Vorgehen der DEA, geduldet von der Regierung, rief immer mehr Widerstand unter den Cocabauern hervor. Unter der Führung von Evo Morales häuften sich Straßenblockaden und Demonstrationen und seine Popularität wurde immer größer.

Evo Morales versuchte, eine Partei zu gründen, die jedoch aus vorgeschobenen formaljuristischen Gründen mehrfach von den Wahlen ausgeschlossen wurde. Er griff schließlich zu einem Trick, indem er Namen und Flagge der rechtsgerichteten, kurz vor der Auflösung stehenden Partei *Movimiento al Socialismo* (MAS) übernahm. Aus diesem Grund ist die heute sozialistische MAS die einzige linke Partei der Welt, deren Farbe blau ist.

2002 trat die MAS schließlich zum ersten Mal bei den nationalen Wahlen an, gewann auf Anhieb knapp 21 Prozent der Stimmen und wurde zweitstärkste Partei. Ausgerechnet der US-Botschafter hatte wesentlich zu diesem Erfolg beigetragen. Er hatte verkündet, sein Land werde Bolivien die Entwicklungshilfe streichen, wenn Evo Morales Regierungsverantwortung übernähme. Diese Arroganz der in weiten Teilen der Bevölkerung verhassten Supermacht trieb die Wähler zu den Urnen.

Doch weder die immer noch existierende linksgerichtete MNR noch die linksrevolutionäre MIR und schon gar nicht die rechtspopulistische Nueva Fuerza Republicana (NFR) wollten mit der MAS koalieren. Notgedrungen schlossen sich diese ungleichen Partner zu einer Koalition zusammen, während die MAS von der Oppositionsbank aus

Wahlgraffiti

lautstark die Regierung kritisierte. Nachdem in Fragen der Privatisierung der Rohstoffe die Forderungen der MAS übergangen wurden, rief Evo Morales zu Protesten auf und erzwang 2005 Neuwahlen. Unter dem Slogan „Somos pueblo, somos MAS" zog die Partei in den Wahlkampf. Der Slogan ist ein gelungenes Wortspiel, bedeutet er doch auch „Wir sind das Volk, wir sind mehr". Er erinnerte die indigene Bevölkerung daran, dass sie die Mehrheit im Land stellt und rief sie dazu auf, sich geschlossen hinter ihn zu stellen. Tatsächlich gewann die MAS die Wahl mit einer überraschend deutlichen Mehrheit von 54 Prozent. Unter der *Whipala,* der Regenbogenflagge der indigenen Bevölkerung, wurde der aymarastämmige Evo Morales als erster indigener Präsident Boliviens vereidigt. Als Zeichen der gesellschaftlichen Umgestaltung Boliviens ist die Whipala inzwischen die zweite Nationalflagge. Außerdem soll der *Estado Plurinacional de Bolivia* offiziell in *Qullasuyu* umbenannt werden. Der Name geht auf die Zeit der Inka zurück, die den südlichen Teil ihres Reiches *Kholla Suyu* nannten.

Für die verarmte Urbevölkerung ist Evo Morales ein Hoffnungsträger. Zum ersten Mal fühlt sich die Mehrheit des Landes überhaupt in der Regierung vertreten. „Dass ein Landarbeiter, ein Indígena wie wir, Präsident wird, ist großartig. Wie sind sehr stolz darauf", meint beispielsweise Lydia Robles, Arbeiterin in einer Nudelfabrik in Cochabamba. Von den vorherigen Regierungen fühlte sich die indigene Bevölkerung ausgebeutet. „Wir haben viel Vertrauen in große Intellektuelle gehabt, darauf, dass sie unser Land voranbringen. Aber sie haben uns bestohlen und betrogen und unsere Bodenschätze verkauft. Mit dieser neuen Regierung versuchen wir, wieder zu unserem Recht zu kommen."

Deutlich weniger begeistert sind die Angehörigen der Mittel- und Oberschicht. Sie betrachten Morales fast schon als eine Art linken Diktator und werfen ihm vor, sich einseitig um die Belange der Urbevölkerung zu kümmern und gleichzeitig die Rechte der Wohlhabenden zu beschneiden. Tatsächlich ist in letzter Zeit häufig von einer Diskriminierung weißer Bolivianer zu hören. Solche Einwände werden jedoch mit dem Hinweis darauf, dass die vergangenen Präsidenten sich einseitig für die Interessen der Bürgerlichen eingesetzt haben, und die indigene Bevölkerung jahrhundertelang diskriminiert worden sei, zurückgewiesen. Wie lange die Mittel- und Oberschicht dies noch akzeptiert, bleibt abzuwarten. Sie befinden sich jedoch der Zahl nach in der Minderheit, und trotz der wachsenden Kritik wurde Evo Morales 2009 mit über 62 Prozent der Stimmen wiedergewählt.

Wer mehr über Evo Morales und die MAS erfahren will, findet auf der offiziellen Seite des Präsidenten, www.evomorales.net, jede Menge Informationen (auch in Deutsch), die allerdings alles andere als objektiv sind.

Die unruhigen Zeiten dauern an

Viele hofften, dass mit der Wahl von Evo Morales endlich Ruhe im Land einkehren würde, schließlich hat die indigene Bevölkerung ja damit ihr lang verfolgtes Ziel der Teilhabe an der Macht erreicht. Doch als im Dezember 2010 die Regierung versucht hatte, die Treibstoffpreise zu verdoppeln, kam es zu massiven Protesten. Transportunternehmen und Händler nutzten die Gelegenheit ihre Preise drastisch zu erhöhen und die Gewerkschaften forderten höhere Löhne. Die Popularität Evo Morales hat seither stark nachgelassen. Im September 2011 führte das Vorhaben, eine Straße durch den Nationalpark Isiboro zu bauen, zu massenhaften Protesten.

Die Wahl von Morales hatte auf die Situation der Bevölkerung bislang eher psychologische als tatsächliche Auswirkungen. Mit der Verstaatlichung der Erdgasreserven, der Landreform und dem Vorstoß, die Coca zu legalisieren (Exkurs ▶ s.S. 64), hat Evo Morales zwar seine größten Wahlversprechen er-

Cabildo

füllt, doch die Lebensverhältnisse der verarmten Bevölkerung verbessern sich nur langsam. Wer vor dem Präsidentenwechsel arm war, ist es auch heute noch. So bleibt es in Bolivien unruhig, fast ständig gibt es irgendwo im Land Streiks oder Straßenblockaden. Dörfer, die etwa einen Gesundheitsposten oder ein neues Dach für ihre Schule wollen, sperren eine Hauptstraße und isolieren so ganze Landesteile, bis die Forderungen erfüllt werden.

Während die Menschen im Hochland weiterhin hoffen, dass sich mit dem indigenen Präsidenten in Zukunft ihre Situation verbessern wird, macht sich im Tiefland Widerstand gegen Evo Morales und seine Politik breit. In den Departamentos Santa Cruz, Beni, Tarija und Pando, die sich wegen ihrer gemeinsamen geografischen Form „Media Luna – Halbmond" nennen, leben nur wenige Indígenas, und hier lagern die großen Gas- und Ölvorkommen Boliviens. Vor allem die *Cruceños* sind unzufrieden: Santa Cruz ist die reichste Provinz des Landes, die Steuereinnahmen aber fließen überwiegend nach La Paz. „Evo Morales verhält sich wie ein Gewerkschafter, nicht wie der Präsident einer Republik. Er kümmert sich nur um seine Leute, um die Indígenas

Beim Worfeln wird die Spreu getrennt

Altiplano-Acker:
mühsame
Landwirtschaft

im Hochland, weil er selbst von dort kommt. Die Gesetze, die er macht, nutzen nur den Menschen im Hochland, und wir in Santa Cruz sollen dafür zahlen. Aber wir werden uns dagegen wehren." Das ist die Auffassung vieler im Tiefland.

In den Media Luna-Departamentos gehen immer wieder Hunderttausende in sogenannten *cabildos* auf die Straßen und fordern lautstark die finanzielle Unabhängigkeit. Vereinzelt werden sogar Rufe nach einer Abspaltung vom Hochland laut. Noch ist ein Auseinanderbrechen Boliviens nicht wahrscheinlich, aber wenn es Evo Morales nicht gelingt, ein Präsident für ganz Bolivien zu werden, und er die Armut nicht in den Griff bekommt, dann wird es auch in Zukunft in Bolivien unruhig bleiben. Im Oktober 2011 etwa protestierten indigene Gemeinschaften gegen ein Straßenbauprojekt in ihrem Siedlungsgebiet im Nationalpark Isiboro-Sécure.

Cholita
aus La Paz

Klassen-Gesellschaft

Wie man in Bolivien lebt, hängt auch davon ab, welcher Schicht man angehört. Die Schere zwischen Arm und Reich ist groß, entsprechend unterschiedlich sind die Lebensstile. Die fast ausschließlich weiße Oberschicht führt ein am Westen orientiertes Leben mit allen Annehmlichkeiten. Dieser privilegierten Klasse stehen die Indígenas gegenüber, die zwei Drittel

Cholitas in Bolivien

Im Andenhochland sieht man vielfach *cholas* – als freundliche Bezeichnung *cholitas* –, Frauen, die durch ihre Kleidung und ihren Hut auffallen. Die *pollera* ist ein weiter, voluminöser Rock, an der Hüfte akkurat gefaltet. Für seine Herstellung wird bis zu 8 m Stoff benötigt. Für festliche Anlässe werden die *polleras* aus Seide, Samt, Taft, Brokat in leuchtenden Farben hergestellt, während Materialien wie Polyester und andere Kunstfasern für den Alltag aus praktischen Gründen und wegen günstigerer Kosten bevorzugt werden. Die mehrlagigen Spitzenunterröcke lassen die Frauen beim Tanzen als „drehende Blume" erscheinen. Die *manta* ist ein Schultertuch mit Fransen in unterschiedlicher Länge. Der *ahuayo* ist ein Umhängetuch, damit werden Kleinkinder und Waren getragen.
In der Kleidung der *chola* drückt sich die kulturelle Verschmelzung Spaniens und des Inka-Reiches aus. Während die Frauen aus der iberischen Halbinsel lange, bestickte *mantillas* trugen, ist die *manta* der *cholita* rechteckig und in der Mitte gefaltet wie die Schultertücher der *ñustas,* der Inkaprinzessinnen.

Der Bowler-Hut *bombín* ist für die *cholita* seit den dreißiger Jahren des letzten Jahrhunderts ein charakteristisches Merkmal. In dieser Zeit trugen die *cholitas aus La Paz* hohe, an der Seite geknöpfte Stiefeletten. Heute tragen sie flache Schuhe.

Häufig sieht man bei den Cholitas wertvollen Schmuck. Bei besonderen Anlässen werden kostspielige Ohrringe getragen, *pendientes* oder auch *caravanas* genannt. Eine besondere Ehre unter den Cholitas in La Paz ist die Ernennung zur *„Chola Paceña"* bei der jährlichen *Fiesta del Gran Poder.*

In der Kolonialzeit wurden die Mestizen, die Nachkommen von Weißen und Indianern, als *cholos* bezeichnet. Das Wort hat einen negativen Charakter, der sich bis heute erhalten hat. Es herrscht Uneinigkeit über die Herkunft der Bezeichnung *cholo*. Das Aymara-Wort *chhulu* bedeutet Mestize, während in Spanien *chulus* die Menschen aus der Unterschicht von Madrid bezeichneten.

Die *chola* wird immer noch diskriminiert. Nichtsdestoweniger hat sich innerhalb der Chola-Gesellschaft eine gehobene Schicht herauskristallisiert. Sie hat in verschiedenen Bereichen der bolivianischen Gesellschaft einflussreiche Positionen erreicht, so im Handel, in der Politik und in den Medien. Inzwischen haben sich *cholitas* auch in einigen Städten in Boliviens Osten niedergelassen und dorthin ihre Kultur mitgebracht.

Man darf die *cholitas* nicht mit den Tänzerinnen verwechseln, die in aufwendigen Kostümen mit kurzen, schwingenden Röckchen bei Straßenfestzügen tanzen. Diese Tänzerinnen aus allen Schichten der Gesellschaft tragen ihre Kleidung als Kostüme nur für den jeweiligen Straßenumzug.

Dr. María Alvarado de Schröder

der Bevölkerung stellen. Für sie ist das Leben nach wie vor ausgesprochen hart. Leben sie in der Stadt, so verrichten sie einfache Hilfsarbeiten oder schuften in den Bergwerken, der Lohn reicht gerade mal zum Überleben. Auf dem Land ringen die Bauern auf ihren winzigen Parzellen dem kargen Boden nur mühsam das Notwendigste ab. Sie leben in einfachen, aus Adobeziegeln gebauten Hütten, in denen es oft weder Strom noch fließend Wasser gibt.

Die *Mestizen,* die die Mittelschicht stellen, leben überwiegend in den Städten und verdienen ihr Geld vor allem im Handel und mit dem Transportwesen. Sie stellen sowohl ethnisch als auch vom Lebensstil her so etwas wie eine Fusion zwischen den Nachfahren der Weißen und der großen Mehrheit der indigenen Bevölkerung dar.

Wirtschaft und soziale Lage

Obgleich Bolivien außerordentlich reich ist an Bodenschätzen, liegt die Kaufkraft bei nur 4800 US$ pro Einwohner pro Jahr; im Vergleich zu den anderen Staaten Lateinamerikas liegt Bolivien damit an viertletzter Stelle vor Honduras, Nicaragua und Haiti (The World Factbook 2010, CIA). Nach wie vor ist der Bergbau eine wichtige Einnahmequelle des Landes. Die einst reichen Silber- und Zinnvorkommen sind zwar weitgehend ausgebeutet, doch angesichts der weltweit steigenden Rohstoffnachfrage sind auch die Reste dieser Bodenschätze gefragt. Ein noch unerschlossener Bodenschatz Boliviens ist Lithium. Das Leichtmetall schlummert unter der Salzkruste des Salar de Uyuni und wird in Batterien und in der Luft- und Raumfahrt verwendet. Eine immer größer werdende Bedeutung gewinnt die Förderung von Erdöl und Erdgas im Tiefland. Bolivien verfügt über die zweitgrößten Erdgasreserven Lateinamerikas. Unter dem Präsidenten Evo Morales werden diese jetzt verstaatlicht, was zu erheblichen Konflikten mit den internationalen Konzernen führt, die bereits umfangreiche Investitionen gemacht haben.

Nur ein Zwanzigstel der Landesfläche kann als Ackerland genutzt werden. Angebaut werden im Hochland Kartoffeln, Mais, Quinoa und Getreide, im

Kaffee-Ernte

Tiefland Zuckerrohr, Baumwolle, Reis, Kaffee, Tabak und tropische Früchte. Wirtschaftlich bedeutend ist auch der Anbau von Coca (Exkurs ▶ s.S. 64).

Boliviens Wirtschaft wächst jährlich um 3,6 Prozent – allerdings auf äußerst niedrigem Niveau. Jede Straßenblockade wirft die Wirtschaft des Landes zurück, denn landwirtschaftliche Güter verderben und die ohnehin geringe industrielle Produktion kommt wegen des fehlenden Nachschubs an Rohstoffen regelmäßig zum Erliegen. Die Inflationsrate ist mit 4,3 Prozent noch moderat, für die kommenden Jahre wird jedoch mit einem deutlichen Anstieg gerechnet.

Offiziell beträgt die Arbeitslosigkeit 10 Prozent, gleichzeitig sind jedoch nach Schätzungen mehr als die Hälfte aller Erwerbsfähigen in Bolivien nicht adäquat beschäftigt, sondern schlagen sich mit Gelegenheitsjobs oder als fliegende Händler in der Schattenwirtschaft durch. Zwei Drittel der Bevölkerung leben nach UN-Angaben unterhalb der Armutsgrenze, ein Viertel der Bevölkerung sogar in extremer Armut – also von weniger als einem US-Dollar pro Tag.

Mobile
Garküche

Die durchschnittliche Lebenserwartung liegt bei nur 65 Jahren, die Analphabetenrate wird mit rund 40 Prozent angegeben. Die allgemeine Ernährungs- und Trinkwassersituation wird, besonders auf dem Altiplano, von den Vereinten Nationen als kritisch bezeichnet.

Coca – heilige Pflanze, Droge und Wirtschaftsgut

Bolivien ist einer der Hauptlieferanten von Cocablättern, der Grundlage des Kokains. Schon lange vor der Entdeckung dieses Suchtmittels im Jahr 1860 wurde der Cocastrauch in den Anden kultiviert, denn die Pflanze galt den Inkas als heiliges, göttliches Geschenk. Cocablätter wurden damals bei religiösen Ritualen, als Glücksbringer, Grabbeigaben und bei medizinischen Behandlungen verwendet, und wo immer heute im Andenhochland Zeremonien stattfinden, gehört die Verwendung von Cocablättern selbstverständlich zu den Ritualen.

Doch auch im täglichen Leben hat die Coca heute noch eine große Bedeutung, denn wer Cocablätter kaut, wird leistungsfähiger, und besonders die harte Arbeit auf dem Feld oder in den Minen lässt sich mit einem Cocapriem in der Backentasche besser durchhalten. Um die Wirkstoffe der Cocablätter freizusetzen, werden sie mit Kalk und Pflanzenasche gekaut. Das Gemisch entfaltet eine stimulierende und schmerzstillende Wirkung, Kälteempfinden, Hunger und Durst werden vermindert.

Der große Vorteil des Kokaanbaus ist, dass die anspruchslose Pflanze, die zwischen 600 und 1800 Metern gedeiht, selbst auf kargem Boden ohne aufwendige Pflege bis zu vier Ernten pro Jahr abwirft. Die Legalisierung der Coca und deren kommerzielle Nutzung war eines der großen Wahlversprechen des bolivianischen Präsidenten Evo Morales, der jetzt darum kämpft, dass die Cocapflanze von der Suchtstoffliste der UN gestrichen wird. „Coca ja, Kokain nein", heißt die Kampagne, mit der Bolivien für die weltweite Legalisierung der Cocapflanze wirbt. Das Land will damit neue Wirtschaftszweige erschließen. Denn aus Coca kann nicht nur Kokain gewonnen werden, sondern lässt sich ebenso zu Mehl, Tee, Zahnpasta, Erfrischungsgetränken oder Kaugummi verarbeiten. Auch medizinisch ist die Pflanze interessant: Coca hilft bei Magenverstimmungen und gegen die Höhenkrankheit.

Die Coca als solche ist nicht gefährlich. Eine Studie der Weltgesundheitsorganisation aus dem Jahr 1995 zeigt, dass der Genuss von Cocablättern der Gesundheit nicht schadet. Das Cocablatt ist kein Suchtmittel. Nur ein Prozent des Blattes kann mit hohem Einsatz von Chemikalien überhaupt zu Kokain verarbeitet werden. Wissenschaftlich gesehen sind Coca und Kokain zwei völlig unterschiedliche Dinge. Trotzdem sieht es nicht so aus, als werde Bolivien mit dem geplanten Legalisierungsantrag für Coca

Erfolg haben. Nicht nur die USA, die seit Jahrzehnten in Bolivien und anderen Andenstaaten einen regelrechten Krieg gegen den Cocaanbau führen, sind strikt dagegen.

Auch die Internationale Drogen-Kontrollstelle (INCB) verschließt sich den Argumenten, die für eine Legalisierung sprechen könnten.

Die Regierung des ehemaligen Cocabauern Evo Morales ficht das nicht an. Jahrelang führte Morales die *Cocaleros* im Chapare, Boliviens Hauptanbaugebiet des Cocastrauches, im Kampf gegen die Zerstörung ihrer Felder an. In der subtropischen Region leben schätzungsweise 80.000 Familien von der Coca, die bislang hauptsächlich in der auch in Bolivien illegalen Kokainproduktion verarbeitet wird. In zahllosen, versteckter kleiner Laboren, die inzwischen übers ganze Land verstreut sind, werden die Blätter in einem aufwendigen chemischen Verfahren zu Cocapaste verarbeitet, wobei für ein Kilo Kokainbase 600 Kilo Cocablätter benötigt werden. Kleine Flugzeuge, die von versteckten Pisten starten, fliegen die hochlukrative Fracht meist nach Kolumbien aus, wo sie zu reinem Kokainpulver weiterverarbeitet und in die USA und nach Europa geschmuggelt wird. Seit Evo Morales an der Regierung ist, wächst der Anteil Boliviens an der Kokainproduktion beständig: etwa die Hälfte des weltweit geschnupften Kokains stammt inzwischen aus Bolivien. Denn nachdem der Präsident die Anti-Drogen-Einheiten der USA des Landes verwies, und selber nicht viel gegen den illegalen Anbau unternehmen lässt, können die Bauern die Coca weitgehend unbehindert anpflanzen. Im Chapare wird heute so viel Coca produziert wie nie zuvor und der überwiegende Teil

davon fließt in die Kokainproduktion. Die Drogengelder bescheren der Region jedoch keinen Aufschwung, sondern destabilisieren sie: die bewaffneten Auseinandersetzungen zwischen den verschiedenen Kokainproduzenten mehren sich, unbeteiligte Bauern geraten zwischen die Fronten. Außerdem steigt in letzter Zeit auch der Drogenkonsum in Bolivien selber, was vor Allem in Santa Cruz zu einer Zunahme der Drogenkriminalität geführt hat.

Cocaernte

Eine ordentliche Gesundheitsversorgung können sich in aller Regel nur die Reichen leisten, denn eine Krankenversicherung gibt es für die Mehrheit der Bevölkerung nicht und die Arzthonorare sind für die Armen in aller Regel unbezahlbar. Eine allgemeine Rente gibt es gleichfalls nicht, ebenso wenig Arbeitslosen- oder Sozialhilfe.

Korruption ist in Bolivien nicht nur ein Problem in der Politik, sie betrifft auch den Alltag. Bei Polizei, Zoll und Justiz läuft ohne Bestechung oft nichts. Jeder Behördengang soll einer bolivianischen Familie durchschnittlich 168 Bolivianos, knapp 17 Euro, Schmiergeld kosten. Im Vergleich zu der Korruption im großen Stil mag das wenig erscheinen, doch diese Alltagskorruption bedeutet für die vielen Geringverdiener, dass sie sich die wenigen offiziell kostenlosen öffentlichen Sozialleistungen schlicht nicht leisten können, denn auch bei eigentlich kostenfreien Leistungen, wie dem Gesundheitsdienst für Schwangere und Kinder bis zum fünften Lebensjahr, wird abkassiert.

Religion

Mit den spanischen Konquistadoren kam auch die katholische Kirche ins Land und mit der territorialen Eroberung fand zugleich die geistige Unterwerfung statt. Doch der mit Gewalt aufgezwungene christliche Glaube vermochte nicht, den Glauben an die alten Götter völlig auszulöschen. So fanden viele der prähispanischen Glaubenselemente und Göttervorstellungen Eingang in den andinen Katholizismus. Entstanden ist so ein christlich-animistischer

Hochzeit in
El Alto

Pachamama

Ob die Ernte gut ausfällt, die Viehzucht gelingt und die Familie gesund bleibt, hängt vom Segen *Pachamamas,* der Mutter Erde, ab. Dieser Glaube ist in der andinen Bevölkerung bis heute erhalten geblieben. Bevor ein Bauer das Feld bestellt, bittet er mit traditionellen Riten und Opfergaben die Mutter Erde um Verzeihung für die Verletzungen, die er ihr zufügen wird. In aufwendigen Zeremonien gehen die Bauern mit Fackeln eine ganze Nacht auf ihrem Feld umher, streuen Cocablätter aus, vergraben Lamaföten und verbrennen das, was sie sich an materiellen Gütern wünschen in Form von Miniaturen aus Zucker. Die Gaben sind Ausdruck höchster Achtung und gleichzeitig ein Handel: Soll Pachamama ihren Segen geben, so muss gut für sie gesorgt werden, denn sie ist nicht gnädig, sondern gerecht. Dabei sind über die Jahrhunderte Pachamama und die Jesusmutter miteinander verschmolzen. So heißt es im Glaubensbekenntnis der Aymara: „Ich glaube an María, welche die Mutter aller Menschen ist, was auch für Pachamama gilt.«

Mischglaube, in dem oft noch Magie und Geistergläubigkeit eine Rolle spielen. Im Mittelpunkt des Alltagsglaubens stehen die Patronatsfesttage der Kirchenheiligen, die aber meist eine Doppelbedeutung haben und auch alten Gottheiten huldigen. Während der eigentlich christlichen Feste werden gleichzeitig alte Rituale und Opfer zelebriert. 80 Prozent der Bolivianer bekennen sich heute zu diesem andinen Katholizismus, mit dem die katholische Kirche in Rom nicht wirklich glücklich ist.

In den letzten 30 Jahren haben die evangelikalen (US-)Kirchen in Bolivien immer mehr an Einfluss gewonnen. Inzwischen gehören 7 Prozent der Bevölkerung einer dieser als Sekten eingestuften

Glaubensgemeinschaften an. Der Erfolg der Sekten liegt unter anderem in der vehementen Ablehnung von Alkohol, dessen Missbrauch vor allem auf dem Land ein ernstes Problem ist. Doch da Alkohol zwingend zu den andinen Festen gehört, grenzen sich die Anhänger der Sekten fast zwangsläufig aus den Dorfgemeinschaften aus. Gleichzeitig lehnen die Evangelikalen auch die Verehrung alter Gottheiten wie der Pachamama ab. Dies führt mancherorts zu heftigen Auseinandersetzungen. So zerstörten aufgebrachte Indígenas eine evangelikale Dorfkirche, weil deren Mitglieder ein traditionelles Fest boykottiert hatten, das die alten Götter wohlgesonnen stimmen sollte. Wegen dieser Verweigerung, so hieß es, hätten die Götter die Ernte mit einem Hagelsturm zerstört.

In manchen Andendörfern sind bereits die Hälfte der Einwohner Anhänger der evangelikalen Kirchen. Hier, so fürchten Kulturbeauftragte, werde über kurz oder lang die indigene Kultur mit ihren Tänzen, Liedern und Trachten verloren gehen.

Ausgelassene Feste

Für die Mehrzahl der Bolivianer ist das tägliche Leben hart, und *fiestas* sind immer willkommene Gelegenheiten, den Alltag zu vergessen, egal ob im Hoch- oder Tiefland. Die größten Feste Boliviens sind die *Fiesta del Gran Poder* in La Paz und die Karnevalstage in Oruro.

Jedes Andendorf und jedes Urwaldstädtchen hat seinen eigenen Schutzpatron, der jedes Jahr an seinem Namenstag gefeiert wird. Dazu wird sein Bildnis oder die Statue in der Kirche neu eingekleidet und dann in einer großen Prozession durch die Straßen getragen. Trachten, fantasievolle Dekorationselemente und *costumbres* (Gebräuche) weisen auf die Ursprünge indigener Kulturen hin.

Neben diesen lokalen Festen, die oft mehrere Tage dauern, werden eine ganz Reihe von Feiertagen landesweit mit ähnlichen Feierlichkeiten begangen. Eines der größten ist die *Fiesta de la Virgen de la Candelaria* in der ersten Februarwoche (Maria Lichtmess). Fast nahtlos schließt sich der *Karneval* an, der in Oruro am farbenprächtigsten ausfällt

Tänzerinnen aus der Stadtbevölkerung

(Exkurs ▶ s.S. 124). Etwas besinnlicher wird die *Semana Santa*, die Karwoche, begangen, doch schon am 3. Mai zur *Fiesta de la Cruz* gehören Alkohol, farbenprächtige Kostüme und Musik wieder unbedingt zu den Paraden dazu, und das ist auch bei der in La Paz im Mai/Juni stattfindenden *Festividad de Nuestro Señor Jesús del Gran Poder* oder beim landesweit gefeierten Unabhängigkeitstag am 6. August nicht anders.

Boliviens wichtigste Feste

Februar:	1. Februarwoche *Fiesta de la Virgen de la Candelaria*
Februar/März:	Karneval, besonders ausgiebig wird er in Oruro und Tarija gefeiert
Ostern:	Die Semana Santa (Karwoche) wird in ganz Bolivien mit Prozessionen gefeiert
3. Mai:	*Fiesta de la Cruz* in Copacabana
Mai/Juni:	Letztes Wochenende Mai oder erstes Wochenende im Juni: *Festividad de Nuestro Señor Jesús del Gran Poder,* La Paz
4. August:	*Fiesta de la Virgen de Copacabana,* Copacabana
15. August:	*Fiesta de la Virgen Urkupiña,* Cochabamba

Tänzerinnen bei
der Fiesta Gran
Poder, La Paz

24.–26. August: *Fiesta de San Bartolomé,* Potosí
14. September: *Fiesta del Señor de la Exaltación,* Tiwanaku
15. September: *Fiesta de la Virgen de Guadalupe,* Sucre
8. Dezember: *Fiesta de Cotoca,* Santa Cruz

Ein für unseren Geschmack ungewöhnliches Spektakel ist Allerheiligen am 1. November. Dann finden auf allen Friedhöfen, besonders bei der ländlichen Bevölkerung, ausgelassene Feste statt, bei denen Angehörige an den Gräbern ihrer Verwandten fröhlich tanzen, beten und vor allem trinken. Damit der Verstorbene auch etwas von dem Fest hat, wird oft ein Trichter auf Höhe des Kopfes in das Grab gesteckt, durch den auch der Tote reichlich mit Alkohol „versorgt" wird. Auch werden die Lieblingsspeisen und das Lieblingsgebäck des Verstorbenen zubereitet. Dazu wandern Musiker über die Friedhöfe, die für ein paar Münzen das Lieblingslied des Verstorbenen spielen. Auf den Märkten gibt es dann Kleingebäck aus Maismehl, *maicillos* und *panales,* Zuckerbrote.

Musik und Tänze

Durch die zahllosen südamerikanischen Gruppen, die hierzulande in den Fußgängerzonen aufspielen, hat fast jeder die *música andina* im Ohr. Die Flötenmusik klingt so melancholisch, weil sie auf einem Fünfton-System basiert. Sie stammt aus der Inka-Zeit, und der *yaraví*, das „leise Lied", wird auch heute noch gespielt. Ursprünglich wurde er besonders zu Vermählungen und zu rituellen Anlässen angestimmt, seine gesungene Lyrik drückt neben

Melancholie auch Schmerz und Trauer aus. Lebhafter, aber ebenso traditionell ist *huayño.* Gespielt wird die Musik auf traditionellen Instrumenten, wie der aus Schilfrohr hergestellten Panflöte, der *antara,* oder auf der *quena,* einer kleinen pentatonischen Flöte, die früher aus Lamaknochen gefertigt wurde. Dazu wird die *tinya,* eine kleine Andentrommel, geschlagen. Der *huayño* ist auch der typische Tanz des Hochlandes. Zu seinem mitreißenden Rhythmus im Zweivierteltakt halten sich die Paare an den Händen und stampfen heftig mit den Füßen auf.

Kinder mit
Panflöten

Saiteninstrumente kamen erst mit den Spaniern nach Südamerika. So ist der *charango,* eine mandolinenartige kleine Gitarre, deren Resonanzkörper oft der Panzer eines Gürteltieres ist, ein Instrument, das es erst seit der Kolonialzeit gibt. Auch die Andenharfe mit ihrem großen, bootsförmigen Resonanzkasten stammt aus dieser Epoche.

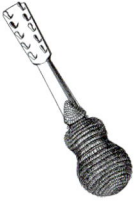

Die *cueca,* die in der Regel bei jedem Fest in Bolivien im Dreivierteltakt als Paar getanzt und bei der ein Taschentuch geschwenkt wird, hat spanische Wurzeln und es gibt je nach Region verschiedene Variationen *(Cueca de la Paz, Cueca chapaca).*

Begleitet werden die Tänzer von den für europäische Ohren ungewohnten Blechbläsergruppen, den *bandas,* die in Bolivien weit verbreitet sind.

Ganz anders wiederum klingt die Musik im Tiefland, denn die Musikstile und -arten sind eng an die Regionen und an die Geschichte gekoppelt. Besonders in Tarija ist die Musik sehr lebhaft und fröhlich und erinnert bereits an das nahe Argentinien. Gespielt wird sie unter anderem auf der *caña*, einer Art Trompete, die aus verholztem Zuckerrohr und einem Kuhschwanz gefertigt ist und bis zu fünf Meter lang sein kann.

Aus der Chiquitania kommt außerdem eine spezielle Art der Barockmusik, mehr dazu in dem Exkurs auf ▶ S. 214.

Innenansicht der Kirche San Francisco, La Paz

Sakrale Baukunst

Reisende, die sich mit der europäischen Kunstgeschichte auskennen, stehen im bolivianischen Hochland oft ratlos vor den Kirchen und fragen sich, welcher Stilepoche die Bauwerke wohl zuzuordnen sind. Die Antwort lautet *Mestizobarock,* eine bizarre Mischung aus barocker Architektur, die aus Spanien importiert wurde, und der künstlerischen Gestaltung indigener Handwerker, die bei den Verzierungen Elemente der prähispanischen Religionen und Lebenswelt einfließen ließen. So prangen an den Fassaden und den Schnitzereien im Innern der Kirchen oft Raubkatzen, Affen, Vögel und Blumen, manchmal sogar Gottheiten aus der Inkazeit.

In der Chiquitania im Departamento Santa Cruz stehen die Holzkirchen der Jesuiten. Auch sie wurden von indianischen Künstlern geschaffen und sind in ihrer Architektur und Ausschmückung einzigartig.

Traditionelles Kunsthandwerk

Artesanías werden in ihrer ganzen Vielfalt auf jedem Markt angeboten: Farbenfrohes, traditionelles Kunsthandwerk, das Muster und Design längst vergessener Kulturen aufgreift und widerspiegelt. Die Spanne in Gestaltung und die Qualität der Textilien, die im Hochland angeboten werden, ist unüberschaubar. Berühmt sind Erzeugnisse aus Alpakawolle. Aus der feinen Wolle der Tiere werden *chompas* (Pullover), Decken, Ponchos und Mützen gestrickt.

Die kunterbunten Stofftragetücher werden maschinell gewebt, aus ihnen werden auch Taschen, Geldbeutel und Rucksäcke für Touristen gefertigt. Die meisten dieser Produkte sind aus synthetischen Materialien und werden gerne euphemistisch als „pura lana sintética", als „reine synthetische Wolle" angepriesen.

Doch auch traditionelle Webarbeiten aus Alpaka- oder Schafswolle findet man häufig. Meistens sind es Wandbehänge, auf denen dörfliche Szenen oder Landschaften dargestellt sind. Lamafelle und Silberschmuck gibt es ebenfalls fast überall zu kaufen.

Daneben werden vielerorts wunderschöne Keramiken angeboten. Aschenbecher, Zuckerdosen, Vasen, Geschirr oder ganze Service – alles handgetöpfert und mit den typischen Ornamenten der Anden bemalt.

Frau beim
Weben

Am Titicacasee findet man kleine Boote, die aus Totoraschilf gebündelt und extrem eng zusammengeschnürt werden. Es sind Miniaturen von Schilfbooten, auf denen die Einheimischen auch heute noch auf den See hinauspaddeln. Auch Körbe werden aus diesem Material hergestellt.

Die Ausfuhr von antiken Stücken ist ebenso verboten wie die von Fellen und Federn bedrohter Tierarten. Ganz abgesehen davon, dass es am Zoll großen Ärger gibt, sollte man schon aus grundsätzlichen Überlegungen die Finger von solchen Mitbringseln lassen.

Kulinarisches

Die Küche ist in Bolivien eher bodenständig als raffiniert. Was man serviert bekommt, hängt im Wesentlichen davon ab, in welcher Region man sich gerade befindet und ob in der Stadt oder auf dem Land. Darüber hinaus ist in Städten internationale Küche zu finden, wie zum Beispiel chinesische oder italienische. Auf dem Land kann die Speiseauswahl hingegen schnell eintönig werden. Im Hochland werden noch viele Gerichte zubereitet, die aus der Inkazeit stammen und die weitgehend ohne Milchprodukte auskommen.

Zubereitung von *anticuchos* in La Paz

Fast jedes bolivianische Essen beginnt mit einer Suppe, *sopa,* die es in unzähligen Varianten gibt,

und zu den Hauptgerichten werden große Portionen Reis und Kartoffeln gereicht.

Gegen Abend füllen sich die Straßen um die *mercados* mit Cholitas, die in mobilen Garküchen einfache, aber durchaus schmackhafte Gerichte auf die Hand anbieten. Auf den Märkten kann man sich in äußerst rustikalen *comedores* satt essen, und auch *pensiones* bieten oft einen preiswerten Mittagstisch.

Essen ...

In städtischen Gebieten wird in der Regel zum Mittagessen vor dem Hauptgericht eine Suppe mit reichen Varianten gegessen, *el chupe*. Eines der Hauptnahrungsmittel in den Anden ist die Kartoffel *(papa)*, die ursprünglich aus dieser Gegend kommt. Hier im Hochland gibt es die weltweit größte Vielfalt mit vielen hundert Sorten in unterschiedlichen Geschmacksrichtungen, die in fast ebenso vielen Varianten zubereitet werden.

Das wichtigste Grundnahrungsmittel in den Anden ist jedoch der **Mais,** den übrigens bereits die Inka zu Popcorn verarbeiteten. Mais wird rund ums Jahr gegessen, aber je nach Jahreszeit unterschiedlich zubereitet. So gibt es *choclos* (frische Maikolben) nicht das ganze Jahr über, sondern nur zur Erntezeit im Spätsommer und im Herbst. In der restlichen Zeit werden getrocknete Maiskörner gekocht und als *mote* serviert.

Chuño

Chuño ist eine gefriergetrocknete Bitter-Kartoffel, die bis in Höhen von 4500 Meter wächst. Zur Haltbarkeit haben die Andenbewohner sozusagen das Gefrier-Trocknungsverfahren erfunden: Unter Ausnutzung der starken Tag- und Nacht-Temperaturschwankungen werden die Kartoffeln nächtens dem Frost ausgesetzt und tagsüber wieder an der Sonne getrocknet. Dadurch verlieren sie stark an Gewicht und Volumen. Vor der letzten Trocknung wird mit den Füßen das letzte Wasser ausgequetscht. Danach sind sie bis zu zehn Jahre lang haltbar und durch ihr leichtes Gewicht mühelos zu Vorratslagern zu transportieren. Die Chuño-Vorräte schützen die Andenbewohner vor den Folgen von Missernten und Hungersnöten. Auch andere Knollenfrüchte, wie beispielsweise die Oca, können so haltbar gemacht werden.

Helmut Hermann

Als kleiner Snack für zwischendurch eignen sich *salteñas.* Die knusprigen Teigtaschen werden mit Gemüse, Käse, Ei, Fisch oder Fleisch gefüllt. Auf den Speisekarten der Restaurants finden sich Lama-Steaks und *Cabrito al horno,* gebackenes Zicklein, dazu gibt es selbstgemachten Andenhochland-Käse. Lecker sind auch gefüllte Avocados *(palta rellena).*

Fast alle Gerichte werden mit *ají* zubereitet, der feuerroten Chilischote, entweder bereits in der Speise oder zum Nachwürzen mit der Paste *llajua,* hergestellt aus rohen, gemahlenen Tomaten und *locoto,* einer Chili-Sorte mit Kräutern gewürzt. Ein meist höllisch scharfes „Vergnügen", auf das die meisten Europäer verzichten.

Ein Nahrungsmittel aus der Inkazeit ist *Quinoa.* Diese sehr eiweißreichen Körner dienten schon den Stafettenläufern der Inka als Proviant und waren lange Zeit als Suppengericht eines der Grundnahrungsmittel in vielen Ländern Südamerikas. Seit einiger Zeit hat Quinoa selbst in europäische Lebensmittelregale Aufnahme gefunden.

Im Amazonasgebiet stehen überall frisch gefangener Flussfisch und Riesenmeerschweinchen auf der Karte. Dazu gibt es Yuca, Reis oder Kochbananen. Am Titicacasee ist Forelle, *trucha,* die lokale Spezialität.

... und Trinken

Überall im Land gibt es tropische Früchte zu kaufen, die nicht nur frisch sind, sondern insbesondere auch zu Säften gepresst oder püriert köstlich schmecken. Sie sind allemal den grellfarbenen und zuckersüßen Limonaden, die an jeder Straßenecke angeboten werden, vorzuziehen.

Ein ganz besonderes Getränk ist *Chicha,* säuerlich schmeckendes Maisbier, dessen traditionelle häusliche Herstellung nicht jedermanns Sache ist: Man setzt Mais an und kaut ihn, denn durch den Speichel setzt die alkoholische Gärung ein. Diese andine Bierbraukunst stammt aus der peruanischen Wari-Kultur und ist mindestens 1400 Jahre alt. In Hotels und Restaurants wird heute nur noch industriell erzeugte Chicha serviert, doch auf dem Land wird nach wie vor das traditionell hergestellte Gebräu angeboten. Kleine Fahnen vor den Hütten – die in jedem Dorf wieder anders aussehen – zeigen an, dass hier frische Chicha zu haben ist. Traditionell ist der Brauch, den ersten Schluck Chicha auf den Boden zu schütten, um Pachamama für ihre Großzügigkeit zu danken.

Wem Chicha etwas zu exotisch ist, der findet überall im Land hervorragende Biersorten, wobei in jeder Stadt behauptet wird, dass das lokale Bier, ob es nun *Paceña, Sureña,* oder *Potosina* heißt, das beste von allen sei.

Diejenigen, die lieber Wein trinken, sind mit der Marke *Kohlberg* gut beraten. Dieser ausgezeichnete Wein kommt vom ältesten Weingut des Landes bei Tarija und ist überall in Bolivien erhältlich. Noch besser, aber etwas schwerer zu bekommen, ist der Wein von dem Gut *La Concepción.*

Bitte schreiben oder mailen Sie (verlag@rkh-reisefuehrer.de), wenn sich in Bolivien Dinge verändert haben oder Sie Neues wissen. Wir beantworten jede Zuschrift. Danke!

Reiseteil

Andenmetropole La Paz

Stadt in der Höhe

Wer in der Dämmerung La Paz erreicht, vor dem breitet sich ein eindrucksvolles Lichtermeer im tief eingeschnittenen Tal des Río Choqueyapu aus, während in der Ferne die drei schneebedeckten Gipfel des mächtigen, 6439 Meter hohen Illimani im letzten Licht rosa aufleuchten. Tradition und Moderne verschmelzen in dieser Stadt: Indigene Märkte, koloniale Altstadt, moderne Boutiquen und repräsentative Geschäftshäuser wechseln sich ab. Es herrscht eine lockere, ungezwungene und niemals hektische Stimmung. Indígenas, Mestizos, Criollos und auch Europäer leben hier friedlich nebeneinander, wenn nicht gerade mal wieder ein Staatsstreich oder Generalstreik für Aufregung sorgt.

La Paz ist die am höchsten gelegene Großstadt der Welt. Der höchste Punkt liegt bei 4100 Metern, der niedrigste rund 1000 Meter tiefer, was gleichzeitig einen Temperaturunterschied von bis zu 10 °C ausmacht. In dieser extremen Höhe ist die Luft nicht nur dünn, sondern auch kalt. Die Sonne wärmt sie selbst im Sommer tagsüber auf kaum mehr als 20 °C und sobald es dunkel wird, kriecht einem die eisige Kälte durch Mark und Bein. Während in fast allen anderen Städten der Welt die Reichen ihre Häuser auf den Höhen bauen, ist es in La Paz umgekehrt: Wer es sich

Talkessel
von La Paz

leisten kann, wohnt in der Unterstadt, wo die Luft weniger dünn und es wärmer ist. Von den Hängen des Talkessels ziehen sich armselige Bretterbuden hinab, doch mit jedem Meter nach unten werden die Bauten ansehnlicher, bis schließlich schöne Stadtvillen das Bild beherrschen.

Geschichte

Diego de Almagro eroberte 1536 den bolivianischen Teil des Inkareiches, 1548 gründeten die Spanier auf dem Boden der alten Inkasiedlung Choqueyapu *La Ciudad de Nuestra Señora de la Paz,* die „Stadt unserer Frau des Friedens". Der windgeschützte, tiefe Talkessel bot – abgesehen von der ungünstigen Höhe – eine gute Lage für die in den folgenden Jahrzehnten schnell wachsende Stadt. La Paz wurde zum Knotenpunkt der Region, denn hier kreuzte sich der Silberweg von Potosí nach Peru und der Coca-Handelsweg aus den tiefer liegenden Yungas.

1781 wurde La Paz monatelang von 40.000 indianischen Rebellen unter dem als Tupac Amaru II. bekannten indigenen Freiheitskämpfers belagert. Erst mit Hilfe von der aus Argentinien herbeigeholten Verstärkung gelang es den Spaniern den Belagerungsring zu durchbrechen. Als die königlichen Truppen die Stadt schließlich zurückerobert hatten, lebte unten im Tal kaum einer mehr – 10.000 Spanier hatten ihr Leben verloren.

Mit rund zwei Millionen Einwohnern – inklusive El Alto, das alleine über eine Million zählt – ist La Paz die größte und wichtigste Stadt Boliviens. Als Folge des Nord-Süd-Bürgerkriegs entwickelte sie sich zum politischen Zentrum und wurde Sitz der Regierung.

Die lebendige Altstadt ...

Eine Besichtigungstour zu Fuß durch die Stadt kann zu einem anstrengenden „Vergnügen" werden, denn durch die extreme Höhe und die steilen Straßen kommt man leicht aus der Puste. Wer erschöpft ist, dem sei ein Mate de Coca, ein Tee aus Cocablättern empfohlen, der gut dabei hilft, sich an die Höhe zu gewöhnen.

El Prado ist die Hauptstraße und die Lebensader der Stadt. Die breite Avenida, die verschiedene Namen trägt, führt hinunter bis in die vornehmen Stadtviertel, vorbei an Straßenhändlern und Märkten in der Höhe und kolonialen Prachtbauten und modernen Hochhäusern im tiefer gelegenen Teil.

Die **Plaza San Francisco** ist so etwas wie das Zentrum der Altstadt. Hier finden Musikdarbietungen und Kundgebungen statt, hier steigen verlockende Düfte von Garküchen empor, werden Wundermittel gegen alle Krankheiten dieser Welt angepriesen, warten Schuhputzer auf Kundschaft. Benannt ist die Plaza nach der **Basílica San Francisco,** einem der imposantesten Bauwerke des Andenbarocks. Die Fassade des 1784 geweihten Gotteshauses wurde von indigenen Steinmetzen reich mit exotischen Vögeln, Blumenranken, maskenhaften Gesichtern und tropischen Früchten verziert. Auch ihr Inneres weist die ganze Fülle barocker Sakralkunst auf, sehenswert sind besonders die aus Zedernholz geschnitzten Altäre und die Kanzel.

Gleich neben der Basilika lieg der Eingang zum **Centro Cultural Museo San Francisco.** Der gesamte ehemalige Klosterkomplex wurde bis 2005 saniert und rekonstruiert und ist ein wunderbar stiller Ort inmitten der sonst so quirligen Altstadt. Ausgestellt werden unter anderem sakrale Gegenstände und Gemälde im Mestizo-Stil.

Hinter der Kirche beginnt die berühmte, steil ansteigende **Einkaufsstraße Calle Sagárnaga.** Angeboten werden Pullover und Ponchos aus weicher Alpakawolle, alte Stoffe und Westen, bunte Umhängetaschen und Bänder, Schmuck und Felle – fast alles, was das Herz begehrt. Von ihr zweigt die **Calle Linares** ab, die Zaubergasse. Alte Frauen hocken mit ihren von Wind und Wetter zerfurchten Gesichtern inmitten ihrer Schätze und beraten Kunden über die Wirkungen ihrer Elixiere, Steine und Heilpflanzen. Geheimnisvolle Pülverchen und Kräuter gegen böse Geister, Krankheiten, für persönliches Glück und ein langes Leben gibt es hier, aber auch Schlangenhäute, Katzenkrallen und Vogelschwingen, deren Verkauf wohl nicht immer mit dem Artenschutzabkommen im Einklang steht.

Marktfrau in der
Zaubergasse

Auch die für den Hausbau wichtigen Lama-Embryos, die in die vier Hausecken eingemauert werden, sind hier zu haben. Sie sollen Glück bringen und Leid von den künftigen Bewohnern abhalten.

Oberhalb der Calle Linares gibt es zahllose Straßenmärkte, die einen wesentlichen Teil des Lebens von La Paz ausmachen. Stundenlang kann man sich zwischen den Ständen verlieren, hinter denen Indígena mit langen schwarzen Zöpfen und Melonenhüten ihre Waren anpreisen. Textil-, Obst- und Gemüsemärkte, Schlosser, Panflötenbauer, Schuhmacher, Knoblauchhändler, Plattenläden, Kupferschmiede – alles ist vertreten, ein Geschiebe und Geschubse, weinende Kinder, streunende Hunde, dazwischen vollgestopfte Busse, die sich hupend durchquälen.

... mit koloniale Gebäuden

Der wichtigste Platz nördlich vom El Prado ist die Plaza Murillo. An ihm liegen das Anfang des 20. Jahrhunderts im klassizistischen Stil erbaute Parlamentsgebäude und der Präsidentenpalast mit der Palastgarde. Daneben steht eine große, nicht sehr schöne Kathedrale, deren Türme erst 1988 endgültig fertiggestellt wurden. Darin ist der Feldmarschall Andrés de Santa Cruz begraben, der 1829 bis 1839 Präsident von Bolivien war. Inmitten des Platzes grüßt der alte Kämpe Pedro Murillo mit

Calle Jaén

den Worten „La tea que dejo encendida nadie la apagará", was soviel bedeutet wie „Die Fackel, die ich entzündete, wird niemand löschen". Murillo wurde an dieser Stelle am 28. Januar 1810 als Freiheitskämpfer und Rebellenführer von den Royalisten gehängt. Auch der Präsident Gualberto Villarroel fand hier 1946 den Tod durch den Strang, gehängt von der wütenden Volksmenge. Eine Statue erinnert an ihn.

Das Portal der 1760 erbauten **Iglesia Santo Domingo** ist mit seinen mit Pumas geschmückten Säulen ein sehenswertes Zeugnis indigener Steinmetzkunst. Reiche Verzierungen mit Pflanzen fallen am Fenster im ersten Stock auf.

Die schönste Gasse von La Paz ist die **Calle Jaén.** Sie ist für Autos gesperrt, und beim Gang über das Kopfsteinpflaster, vorbei an nahezu einheitlichen, altehrwürdigen Hausfassaden des 18. Jahrhunderts, glaubt man sich in eine andere Zeit versetzt. Hier liegt auch das ehemalige Haus des Freiheitskämpfers Murillo, die *Casa de Murillo.* Heute ist es ein Museum und zeigt Erinnerungsstücke und Gemälde aus seinem Leben. Zu besichtigen ist auch das Verschwörungszimmer, in dem die Rebellion von 1809 gegen die Spanier ausgearbeitet wurde. Der hübsche Innenhof lädt zu einer Verschnaufpause ein.

Museen

Die meisten Museen von La Paz liegen in der Nähe der Plaza Murillo und lassen sich gut bei einem Spaziergang durch diesen Teil der Stadt besuchen.

Das *Museo Nacional de Arqueología,* das Archäologische Nationalmuseum in der Calle Tiwanaku

93/Zuazo, zeigt Stoffe und Keramiken, Schmuck und Gebrauchsartikel aus der Tiwanaku-Zeit sowie einige Exponate aus der Chiripa-, Mollo- und Inka-Kultur.

Das *Museo Nacional del Arte,* das Nationale Kunstmuseum, ist in der *Casa de los Condes de Araña* an einer Ecke der Plaza Murillo untergebracht. Das 1775 im Mestizo-Barock erbaute Gebäude mit dem wunderschönen Innenhof beherbergt eine koloniale Gemäldesammlung mit Bildern von Melchor Pérez de Holguín und Leonardo Flores und Beispiele des künstlerischen Schaffens von Guzmán de Rojas und Borda aus dem 20. Jahrhundert.

Trachten aus ganz Bolivien, Masken und Musikinstrumente, aber auch zahlreiche alltägliche Gebrauchsgegenstände der Volksgruppen aus dem Hoch- und Tiefland werden im *Museo Nacional de Etnografía y Folklore,* dem Volkskunst-Museum, ausgestellt (Calle Ingavi 916/Jenaro Sanjinés).

Service La Paz

Information

Senatur, Alcaldía Municipal, Av. 1 de Julio/México, Tel. 237-1044. Zweigstellen auf dem Terminal Terrestre (Busterminal), Correo Central (Hauptpost) und am Mirador El Valle de la Luna, Cruce Mallasa. An der Plaza del Estudiante/Ecke Avenida México ist ein weiteres Informationsbüro für Touristen.

www.lapaz.bo ist die offizielle Seite des Departamentos und hält auch Informationen für Touristen bereit – allerdings nur auf Spanisch.

Kommunikation

02

Correo central, Mariscal Santa Cruz/Ecke Oruro. Mo–Fr 8–20 Uhr, Sa 9–18 Uhr, So 9–12 Uhr. Internet: Im indigenen Viertel, aber auch im tiefergelegenen La Paz gibt es jede Menge Internetcafés.

Deutsche Botschaft
Avenida Arce 2395, Tel. 244-0066, Fax 244-1441, www.lapaz.diplo.de

Unterkunft

Die Zahl der Hotels jeder Preisklasse ist in La Paz riesig. Hier eine kleine Auswahl:

Hotel Milton, Calle Illampu 1124, Tel. 236-8003, Fax 236-5849, *www.**hotelmilton**bolivia.com.* Ein beliebtes Backpackerhotel, direkt am quirligen Rodríguez-Markt gelegen. Die Einrichtung ist im 70er Jahre Stil gehalten und einzigartig kitschig. Ein DZ 26 US$.

Hostal La Posada de la Abuela, Calle Linares 947, Tel. 233-2285, Fax 233-2285, www.redcotel.bo/hostal. Dieses neue, im Kolonialstil gehaltene Hostal liegt mitten in der Altstadt und macht einen sehr angenehmen und gepflegten Eindruck. DZ ab 36 US$.

Hostal República, Calle Comercio 1455, Tel. 220-2742, Fax 220-2782, www.hostalrepublica.com. Das Hostal liegt zentral und in einem historischen Gebäude, in dem einer von Boliviens ersten Präsidenten wohnte. Es bietet alles, was der Reisende braucht um sich wohlzufühlen. DZ für 37 US$.

Hostal Naira, Calle Sargánaga 161, Tel. 235-5645, Fax 231-1214, www.hostalnaira.com. Das Hostal liegt direkt an der Plaza San Francisco und damit im Mittelpunkt des indigenen Viertels. Die Zimmer sind ansprechend und im angeschlossenen Restaurant werden internationale und bolivianische Speisen serviert. DZ für 38 US$.

El Consulado, Carlos Bravo 299, Tel. 211-7796, www.cafe elconsulado.com. Das ehemalige Konsulat von Panama beherbergt heute neben einem ausgezeichneten Restaurant auch ein kleines, aber sehr feines und mit Antiquitäten eingerichtetes Hotel. Der Besitzer ist Däne und spricht Deutsch. DZ/F ab 80 US$.

Hotel Oberland, Calle 2 y 3 Mallasa, Tel. 274-5040, Fax 274-5818, www.h-oberland.com. Das Hotel liegt weit außerhalb der Stadt aber dafür nur fünf Minuten vom Valle de Luna entfernt. Es verfügt auch über Apartments mit Küche sowie ein Hallenbad. DZ 56 US$.

Hotel Rosario, Av. Illampu 704, Tel. 245-1658, Fax 245-1991, www.hotelrosario.com. Charmantes Hotel im Kolonialstil im Indígena-Viertel mit netten Zimmern und gutem Restaurant. DZ ab 71 US$.

Hotel Radisson Plaza, Avenida Arce 2177, Tel. 244-1111, Fax 244-0810, www.radisson.com/lapazbo. Das Hotel bietet alles, was man von einem 5-Sterne-Haus erwarten darf. Der Ausblick vom Restaurant im obersten Stock des Hochhauses ist einzigartig. DZ ab 120 US$.

Hotel Casa Grande, Av. Ballivián, Esq. calle 17 No. 1000, Calacoto, Tel. 279-5511, Fax 277-1044, www.casa-grande.com.bo. Das familiengeführte, freundliche Haus ist sehr schön eingerichtet. Es liegt in verhältnismäßig tiefer Lage und ist damit gut für Reisende geeignet, die Schwierigkeiten mit der Höhe haben. DZ ab 158 US$.

Hotel Europa, Calle Tiwanaku 64, Tel. 231-5656, Fax 211-3930, www.hoteleuropa.com.bo. Geschmackvolles 5-Sterne-Hotel. 100 Zimmer, Hallenbad, Sauna und zwei Restaurants mit Pianobar. DZ ab 170 US$.

Restaurants

Gute Familienrestaurants finden sich in der Calle Manco Capac und in der Calle Murillo, wie beispielsweise das *Un Camino.*

Die *Kuchen Stube,* Calle Gutiérrez 461, ist bekannt für ihre guten Kuchen.

Das *Diablo,* Av. Saavedra/Uyuni, und *Supersalteñas,* Av. Sánchez Lima, offeriert beste *salteñas,* gefüllte Teigtaschen mit einer Fleisch-, Gemüse- und Eiermischung.

Im *Naira,* Sagárnaga 1661, gibt es einen preiswerten Mittagstisch.

Der *Club de la Prensa,* Calle Campero, ist eine hübsche Gartenkneipe in einem Hinterhof mit typischer Landes- küche.

Originell und nett mit reichhaltiger Karte zu vernünftigen Preisen ist das *Angelo Colonial*, Calle Linares/Sagárnaga im Ambiente eines Antiquitätenladens.

Ausgezeichnet, und für deutsche Verhältnisse auch preis- günstig isst man im *La Comedie,* einem stilvollen franzö- sischen Restaurant in der Pasaje Medinacelli 2234 im Stadtteil Sopocachi. Sushi und andere asiatische Gerichte bietet das *Ken Chan*, Batallon Colorados 98/Federico Suazo. Gleich gegenüber serviert das *Vienna*, Federico Zuazo 1905, Schnitzel und Knödel.

Unterhaltung

Viele Kneipen, Bars, Pubs und Clubs befinden sich im Stadtteil Sopocachi. Einer davon ist das *Malegria* in der Calle Gustavo Medinacelli 2282, in dem bei Live-Musik auch Pizza serviert wird. Aktuelle Infos über Live-Auftritte von Musikgruppen gibt es im wöchentlich erscheinenden *Guía de Eventos de La Paz*, „Qué hacer", oder unter www.la-razon.com. Ein sehr nettes Café mit schönem Wintergarten und knapper, aber guter Speisekarte, ist das *Blueberries* in der Av. 20 de Octubre. Wer es etwas ruhiger mag, ist mit dem Intellektuellentreff *La Guinguette* in der Calle F. Guachalla 399 gut beraten.

Der Besuch einer **Peña** gehört in La Paz unbedingt dazu, viele liegen in den Calles Sagárnaga und Linares, wie beispielsweise *El Parnaso,* Calle Sagárnaga 189/Murillo, in dem auch moderne Andenmusik gespielt wird. Auch das *Ojo de Agua,* Calle Illampu 965, ist am Wochenende brechend voll. Disco gibt es auch im *Mongo's,* Calle Hermanos Manchego 2444, bei offenem Kamin.

Feste

Neben den landesweit begangenen Festen findet in La Paz jedes Jahr Ende Mai/Anfang Juni die Festividad de Nuestro Señor Jesús del Gran Poder statt. Was 1939 mit einer Lichterprozession begann, hat sich heute zu einem Fest mit über 25.000 Tänzern und Musikern entwickelt, die in alten bolivianischen Trachten und fantasievollen Kostümen durch die Straßen ziehen. Am 24. Januar beginnt Punkt 12 Uhr mittags im Zentrum der Stadt die Feria de las Alasitas, der Miniaturenmarkt, bei dem *ekeko,* die Aymara-Gottheit des Wohlstandes, im Mittelpunkt steht.

Einkaufen

Reizvoll sind die zahlreichen Straßenmärkte und Marktgassen, allen voran der Mercado Negro, Ecke Calle Graneros/Max Paredes. Faschingskostüme und Diablada-Masken werden in der Calle Los Andes angeboten. Ein preiswerter Souvenirmarkt ist der Mercado Artesanías an der Plaza San Francisco. Artesanías *Limachi Albert's,* Calle Sagarnaga 319, hat eine riesige Auswahl schönen Schmucks aus Naturmaterialien. Im Hotel Rosario verkauft das Fairhandelsgeschäft *Ayni* hochwertiges Kunsthandwerk, dessen Produzenten einen besseren als den üblichen Preis für ihre Arbeit erhalten. Weniger folkloristische und hochwertige Kleidung aus Alpakawolle findet sich in den Boutiquen in der vornehmen Zona Sur, z.B. bei *La Cordillera*, Rene Moreno E-22, oder bei *Mama Rawa*, Plaza Balaguer.

Touranbieter

Akapana Tours, Av. Sanchez Lima 2512, Tel. 242-0013, Fax 241-5846, www.akapanatours.com. Die von zwei ausgesprochen freundlichen Deutschen geführte Agentur organisiert in ganz Bolivien individuelle Abenteuer-, Kultur-, Trekking- und Bergsteigerreisen.

Magri Turismo, Calle Capitán Ravelo 2101/Montevideo, Ed. Capitán Ravelo, Tel. 244-2727, Fax 243-4660, www.magriturismo.com. Der zuverlässige deutschsprachige Allrounder bietet Touren für ganz Bolivien an und hält Informationen für Bergsteiger bereit.

Verkehrsverbindungen

Taxis innerhalb der Stadt kosten je nach Entfernung zwischen 4 und 10 Bs, der Preis muss vor der Abfahrt ausgehandelt werden. Fahrten zum Flughafen kosten bei gutem Verhandlungsgeschick 40 Bs, vom Flughafen in die Stadt gilt ein Festpreis von 50 Bs. Unter der Nummer 222-2233 können Taxis gerufen werden, deren Fahrer registriert sind.

Mietwagenfirmen

Avis, Avenida Sánchez, Tel. 21-1870. Spezialisiert auf Wagen mit Vierradantrieb sind *Petita Rent-a-Car,* Calle Valentín Abecia 2031, Tel. 242-0329 und *International Rent-a-Car,* Calle Federico Zuazo 1942.

Busse

Die meisten Busse fahren vom *Terminal Terrestre* ab.

Cochabamba Jeden Tag zahllose Busse, Fahrzeit sechs Stunden auf guter Straße.

Copacabana Vom Friedhofsbezirk täglich viele Busse, Fahrzeit etwa drei Stunden auf guter Straße.

Coroico Den ganzen Tag fahren von Villa Fátima aus Minibusse in etwa vier Stunden über eine steile Bergstraße hinab in das Yungastädtchen.

Oruro Täglich viele Busse über asphaltierte Straße, Fahrzeit drei Stunden.

Sorata Mehrmals täglich Busse und Micros vom Friedhofsdistrikt, Fahrzeit zwischen vier und fünf Stunden auf guter Straße.

Tiwanaku Täglich mehrere Busse, die die Ruinen in anderthalb Stunden auf guter Straße erreichen.

Uyuni Nach Uyuni fährt jeden Abend ein bequemer Nachtbus mit Decken und Liegesitzen. Tickets müssen vorgebucht werden: www.todoturismo.bo.

Sonstige Auch nach Rurrenabaque, Sucre und Santa Cruz fahren täglich Busse. Die Fahrten dauern aber zwischen 14 und 22 Stunden, so dass ein Flug vorzuziehen ist. Wer nach Potosí will, fliegt am besten nach Sucre und nimmt von dort aus den Bus.

Flüge

Geschäftiges Treiben auf dem Paseo El Prado – Blick vom Dach der Basilica de San Francisco

Der Flughafen El Alto liegt 14 Kilometer vom Zentrum entfernt. Von dort gibt es mit AeroSur und BOA täglich mehrere Verbindungen nach Cochabamba, Sucre und Santa Cruz. Amazonas und TAM fliegen mehrmals täglich nach Rurrenabaque.

Gefängnisstadt San Pedro (Penal de San Pedro)

An den schweren Gittern des Eingangstors stehen Trauben von Gefangenen, die schreien und rufen, wenn ein Besucher zum Gefängnis San Pedro in La Paz kommt. Sie betteln darum, einem anderen Gefangenen eine Nachricht überbringen zu dürfen, um so ein paar Centavos zu verdienen. In San Pedro ist jeder für sein eigenes Überleben zuständig. Und alles kostet Geld. Selbst der Schlafplatz in einem fensterlosen, feuchten Verschlag ist nicht unter 50 Dollar im Monat zu haben – viel Geld in einem Land, wo das Jahreseinkommen im Schnitt 150 Dollar beträgt. Wer das Eingangstor passiert hat, ist erstaunt: Auf den ersten Blick erinnert nichts an ein Gefängnis. Auf einer kleinen Plaza vor der Kirche sitzen Marktfrauen, ein Kind spielt im Staub und Hunde schnüffeln im Abfall. Auffallend ist nur, dass ungewöhnlich viele Männer zu sehen sind, die gelangweilt auf einer kleinen Mauer sitzen oder eine der engen Gassen entlangschlendern.

Das Gefängnis liegt mitten in der Stadt und nimmt einen Straßenblock ein, der von einer 10 Meter hohen Mauer umschlossen ist. Was dahinter passiert, interessiert nur diejenigen, die hier leben. Rund 1700 Menschen bilden diesen Mikrokosmos der bolivianischen Gesellschaft, eine Stadt in der Stadt, die ihren eigenen, erbarmungslosen Gesetzen folgt. „Alles kostet hier Geld. Wenn du richtig essen willst, brauchst du Geld. Wenn du unter einem Dach schlafen willst, dann musst du dafür bezahlen. Und wenn du duschen willst, dann auch", erzählt Thomas McFadden, genannt Tommy. Der gebürtige Brite wurde 1995 in Bolivien bei dem Versuch erwischt, fünf Kilo Kokain außer Landes zu schmuggeln. Ein bolivianisches Gericht verurteilte ihn zu vier Jahren und acht Monaten Haft im Gefängnis San Pedro. Nur wenige Tage nach seinem Haftantritt merkte er, was es heißt, kein Geld zu haben. Er wurde schwer krank, hustete Blut, doch der Gefängnisarzt verweigerte die Behandlung, denn Tommy konnte ihn nicht bezahlen. Nur weil ihm ein anderer Häftling einen Kredit gab, überlebte er.

Hinter der Plaza beginnt ein Gewirr enger, schmutziger Gassen, in die selten ein Sonnenstrahl fällt. Viele Gefangene können es sich nicht leisten, doppelt zu zahlen: hier drinnen im Gefängnis und draußen für ihre Familien.

Also bringen sie ihre Familien gleich mit. Rund 200 Frauen und Kinder leben hier. Schmutzstarrende Mädchen und Jungen spielen in den Rinnsalen, die durch die Gassen fließen. Die Vergehen, derer sich ihre Väter oder auch die hier einsitzenden Vierzehnjährigen schuldig gemacht haben, sind in vielen Fällen geringfügig, etwa Diebstahl oder Betrug. Nur, wer kann sich schon einen guten Verteidiger leisten?

Die Staatsmacht sucht man in San Pedro vergeblich. Nur an dem vergitterten Eingangstor stehen ein paar Wärter, die Passanten kontrollieren. Angehörige, Marktfrauen und manchmal auch Touristen warten vor dem Tor. Auch diese Wärter halten die Hand auf, wenn Händler oder Angehörige den Eingang passieren wollen. Und wenn ein Gefangener für einen Draußenstehenden einen Botengang erledigt, verdient das Gefängnispersonal mit. Obendrein auch beim Zimmerverkauf.

Nicht allen Gefangenen in San Pedro geht es schlecht. Wer Geld hat, kann sich ein Zimmer kaufen und dabei in Kategorien von 1–5 Sternen wählen. Jeder Stern kostet 1000 Dollar. Manche Räume haben einen Balkon, andere eine kleine Küche oder sogar eine Dusche. Verkauft werden sie von den Vorbesitzern, die die Hälfte des Preises an die Gefängnisleitung abführen müssen. Die Fünf-Sterne-Zimmer liegen in einem heruntergekommenen Gebäude im Kolonialstil mit einem großen Innenhof. Unten liegt der Eingang zu einem Billardcafé, im Hof stehen die Tische kleiner Restaurants.

Mit Kapital und Geschäftssinn kann man es in San Pedro durchaus zu etwas bringen. Die Restaurants, das Billardcafé und einige kleine Läden gehören Gefangenen. Wer kein Geld für eine Existenzgründung hat, sucht sich eine Anstellung in einem der Läden oder verdient sich seinen Lebensunterhalt mit Dienstleistungen jeder Art. „Hemden waschen und bügeln für fünf Bolivianos", preist ein Schild an. Etliche Gefangene verdingen sich als Leibwächter der Mächtigen – das Territorium im Gefängnis ist gut abgesteckt. Das meiste aber dürfte durch Drogenhandel verdient werden, denn Drogen gibt es hier genauso wie Waffen oder das angeblich beste chinesische Essen der Stadt.

„Das ist der Abfluss des Pools von Barbachoca", erklärt Tommy und zeigt auf ein überraschend modernes Rohr. Der Drogenbaron, in dessen Flugzeug vier Tonnen Kokain gefunden wurden, ließ für sich und seine Familie im Gefängnis San Pedro ein Penthouse auf einem der Gebäude bauen. Hier thront er mit eigens mitgebrachtem Personal hoch über den Elendsgassen und führt via Internet seine Geschäfte weiter.

Für einige Jahre galt San Pedro als die bizarrste Touristenattraktion Lateinamerikas, Tommys Führungen durch das Gefängnis waren legendär, der Engländer sicherte sich damit sein Überleben in der Gefangenschaft. Nach fünf Jahren wurde er aus der Haft entlassen und schrieb anschließend zusammen mit dem Australier Rusty Young das Buch „Marching Powder", das ein Bestseller wurde und derzeit mit Don Cheadle in der Hauptrolle in Hollywood verfilmt wird. Dass plötzlich in aller Welt so viele Interna über das Gefängnis bekannt wurden, sorgte bei den Verantwortlichen für einige Unruhe, Touristen wurde es daraufhin offiziell verboten, San Pedro zu besuchen, auch wenn fast immer Gringos einsitzen, die sich sehr über Besuch und ein kleines Einkommen freuen würden. Doch trotz des Verbotes gelingt es immer wieder einzelnen ausländischen Besuchern Einlass zu erhalten.

Ausflüge rund um La Paz

La Paz liegt inmitten einer sehr bizarren Landschaft. Über Jahrhunderte wusch der Regen das Erdreich aus den rötlichen Geröllbergen und schuf so einen zerklüfteten Landstrich mit abstrakt anmutenden Säulen und tief eingeschnittenen Tälern und Cañons. Rund um La Paz sind solche eigenartigen Formationen zu finden. Diese rauhe und unwirklich scheinende, wunderschöne Region bietet sich für Tagesausflüge an.

In den roten Palca-Canyon

Im Südosten von La Paz liegt der rote *Cañón de Palca,* der ein wenig an den berühmteren Grand Canyon in den USA erinnert.

Auf dem Weg dorthin wird das **Valle de las Ánimas** passiert. Von diesem Labyrinth aus Steinsäulen und schmalen, aus dem Fels gewaschenen Gängen behaupten Einheimische steif und fest, dass es hier Geister gibt, deren Stimmen man hören könne. Ganz sicher gibt es hier immer wieder Überfälle, weswegen das Valle de las Ánimas nur in größeren Gruppen besucht werden sollte.

Vom Pass Huni aus, von wo aus es hinunter zum Palca-Canyon geht, hat man einen eindrucksvollen Rundblick über La Paz bis hin zum majestätisch anmutenden Berg Illimani und dem mächtigen Mururata.

Muela del Diablo – der Teufelszahn

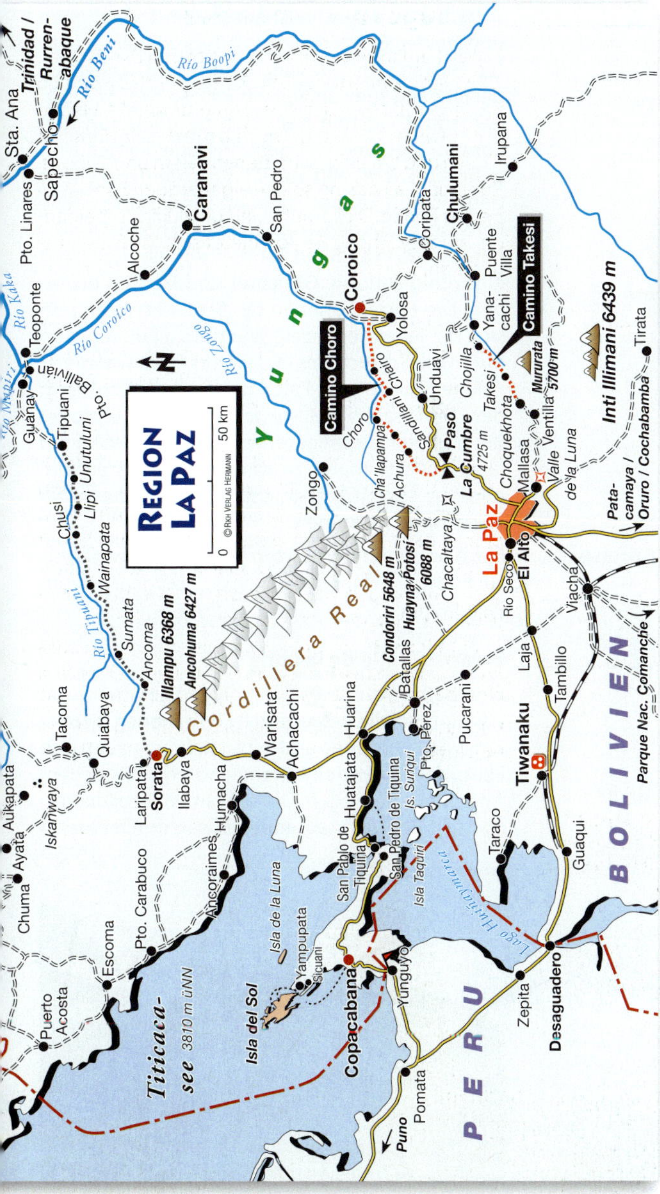
Region La Paz
0 50 km
© RKH Verlag Hermann
Cordillera Real
Yungas
Titicaca-see 3810 m üNN
Lago Huiñaymarca
Peru
Bolivien
La Paz
El Alto
Coroico
Caranavi
Chulumani
Sorata
Copacabana
Tiwanaku
Desaguadero
Camino Choro
Camino Takesi
Illampu 6368 m
Ancohuma 6427 m
Condoriri 5648 m
Huayna Potosí 6088 m
Inti Illimani 6439 m
Mururata 5700 m
Paso La Cumbre 4725 m
Chacaltaya
Valle de la Luna
Isla del Sol
Isla de la Luna
Isla Taquiri
Is. Suriqui
Río Beni
Río Boopi
Río Kaka
Río Coroico
Río Zongo
Río Tipuani
Trinidad / Rurrenabaque
Oruro / Cochabamba
Parque Nac. Comanche
Puno
Pata-camaya
Sta. Ana
Sapecho
Pto. Linares
Teoponte
Guanay
Pto. Ballivián
Tipuani
Unutuluni
Llipi
Chusi
Wainapata
Sumata
Ancoma
Alcoche
San Pedro
Zongo
Choro
Chairo
Yolosa
Sandillani
Cha'llapampa
Achura
Unduavi
Coripata
Irupana
Puente Villa
Yana-cachi
Chojilla
Takesi
Choquekhota
Ventilla
Mallasa
Tirata
Río Seco
Viacha
Laja
Tambillo
Batallas
Pucarani
Pto. Pérez
Huarina
Achacachi
Warisata
Ilabaya
Humacha
Laripata
Quiabaya
Tacoma
Aukapata
Iskanwaya
Ayata
Chuma
Ancoraimes
Pto. Carabuco
Escoma
Puerto Acosta
Huatajata
San Pablo de Tiquina
San Pedro de Tiquina
Yampupata
Sicuani
Yunguyo
Pomata
Zepita
Guaqui
Taraco

1

Vorbei an orgelähnlichen Gesteinsformationen und kleinen Dörfern mit aus Adobeziegeln gebauten Hütten inmitten von Feldern wird schließlich der Eingang zum Canyon erreicht. Sein rotes, bizarr geformtes Gestein hebt sich deutlich von den Formationen und Farbgebungen der kargen Umgebungs-Landschaft ab. Das nur in der Trockenzeit begehbare Flussbett säumen sandig-rote, steile Felswände, aus denen ein 100 Meter hoher Obelisk herausragt. In anderen Formungen lassen sich mit ein wenig Fantasie Gesichter und Figuren erkennen. Die Formationen in der Schlucht verändern sich mit jeder Regenzeit. Wer gut zu Fuß ist, kann durch die Schlucht bis in das Dorf Palca wandern.

Eine Stunde vom Palca-Canyons entfernt liegt der „Teufelszahn" *(Muela del Diablo),* ein schroffer Berg, an dem diejenigen, die planen, in der Gegend längere Klettertouren zu unternehmen, testen können, wie sie mit körperlicher Anstrengung in der Höhe zurechtkommen.

Anreise   Mit dem Minibus 385 vom San Pedro-Distrikt bis zur Endstation fahren und von dort bergauf bis zum Pass laufen.

Bizarres Valle de la Luna

Eine halbe Stunde östlich von La Paz überrascht das Mondtal die Besucher mit Formationen bizarrer Erd- und Steintürme und mit Säulenpyramiden und Felspilzen, die wie eine Mondlandschaft unter dem Andenhimmel liegen. Die seltsamen Gebilde entstanden über Jahrtausende hinweg durch Erosion

Bizarre Formationen im Valle de la Luna

und Klimagegensätze. Anfahrt vom Prado immer abwärts. Kurz vor dem Ziel liegt der hübsche Kakteengarten *Aniceto Arce,* der Eingang zum Mondtal ist auf der rechten Seite oberhalb des Kakteengartens und nach dem Felstunnel. Hinter dem Informationsbüro kann man einen ausgeschilderten Rundweg ablaufen, der durch einen geschützten Bereich führt.

Anreise   Mit dem Micro 11 oder 130 vom Prado aus.

Chacaltaya – der verschwundene Gletscher

Bis er Ende 2010 wegtaute, war der auf einer Höhe von über 5000 Meter liegende Gletscher Chacaltaya das höchste Skigebiet der Erde. Doch auch wenn man dort heute keinen Wintersport mehr treiben kann, lohnt sich der Ausflug. Von dort oben ergibt sich eine einzigartige Aussicht auf die schneebedeckten Gipfel von Huayna Potosí, Mururata und Illimani bis hinüber zum Titicacasee. Wer nicht zu Extremsportarten neigt, für den ist ein Besuch des Gletschers eine der seltenen Möglichkeiten, einmal die 5000-Meter-Grenze zu überschreiten. Deshalb ist dieser Ausflug für Kreislauflabile oder Leute mit schlechter Kondition nicht geeignet.

Anreise   Es gibt keine öffentlichen Verkehrsverbindungen, sondern man muss entweder im Rahmen einer Tour oder privat anreisen.

Wo einst der Gletscher war, ist heute nackte Erde

Laguna Chiarkota

Einen Vorgeschmack auf einen der vielen möglichen mehrtägigen Trecks durch die Anden kann man sich bei dem Ausflug zur Laguna Chiarkota im Condoriri-Tal, rund 70 Kilometer westlich von La Paz, holen. Die fünfstündige Wanderung durch ein grandioses Panorama mit mächtigen Fünftausendern hinter der grünlich schimmernden Lagune Chiarkota erreicht auf einem 5000 Meter hohen Pass ihren höchsten Punkt. Die Anstrengung wird mit einem erhabenen Gefühl der Stille und Einsamkeit in einer verzaubernden Bergwelt belohnt. Vorbei an einer kleinen, idyllischen Lagune geht es auf der anderen Seite wieder bergab, diesmal ins Tuni-Tal.

Anreise   Mit öffentlichen Verkehrsmitteln ist weder der Ausgangs- noch der Endpunkt der Wanderung zu erreichen. Der Ausflug kann über Akapana Tours in La Paz gebucht werden.

Mysterium Tiwanaku

Rund 70 Kilometer westlich von La Paz liegen die Ruinen von Tiwanaku auf dem windigen, kalten Altiplano. Tiwanaku ist die wichtigste prähispanische Stätte Boliviens, vielleicht sogar ganz Südamerikas, denn die auf den Zeitraum von etwa 100 v.Chr. bis 1000 n.Chr. datierte Tiwanaku-Kultur gilt als eine der Urkulturen des Kontinents. Sie breitete sich über weite Teile des Hochlandes aus, und auch an der Pazifikküste lässt sie sich nachweisen. Tiwanaku zählt zum UNESCO-Weltkulturerbe. Übersetzt heißt *tiwanaku* übrigens soviel wie „Setz' dich nieder kleines Lama", was so gar nicht zu dieser bedeutenden archäologischen Stätte passen will.

Darstellung der Gottheit Wiracocha

Welche Funktion die über fünf Quadratkilometer große Anlage einst hatte, das ist bis heute nicht geklärt. Hauptstadt eines Reiches? Zeremonielles Kultzentrum? Wallfahrtsort? Nach dem Grundriss könnte es sich aber auch um eine Tempelstadt gehandelt haben, oder um eine Handelsmetropole am Titicacasee. Auch bei der Größe der Bevölkerung Tiwanakus tappt man im Dunkeln. Vorsichtige

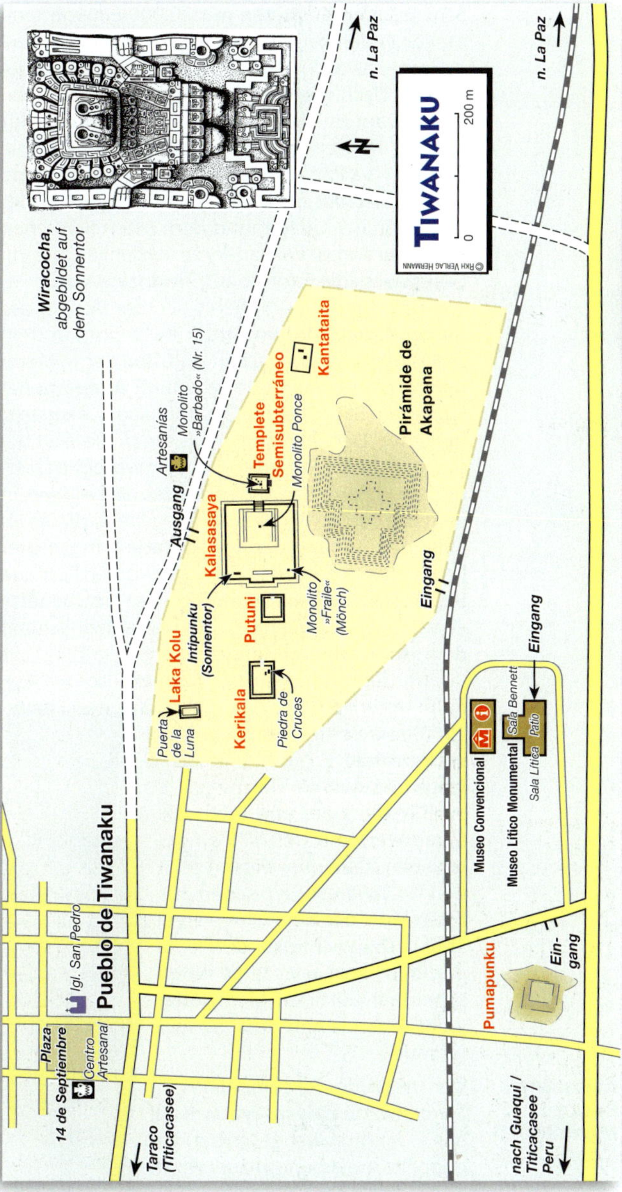
Wiracocha, abgebildet auf dem Sonnentor
n. La Paz
TIWANAKU
0
200 m
© RKH Verlag Hermann
n. La Paz
Kantataita
Templete Semisubterráneo
Monolito Ponce
Monolito »Barbado« (Nr. 15)
Artesanías
Ausgang
Pirámide de Akapana
Kalasasaya
Eingang
Monolito »Fraile« (Mönch)
Putuni
Intipunku (Sonnentor)
Laka Kolu
Puerta de la Luna
Kerikala
Piedra de Cruces
Eingang
Museo Convencional
Museo Lítico Monumental
Sala Bennett
Patio
Sala Lítica
Pueblo de Tiwanaku
Igl. San Pedro
Plaza 14 de Septiembre
Centro Artesanal
Taraco (Titicacasee)
Pumapunku
Ein-gang
nach Guaqui / Titicacasee / Peru

Schätzungen beginnen mit 20.000 Einwohnern, mutige enden bei 120.000.

Heute ist von Tiwanaku nicht mehr viel übriggeblieben. Nach seinem Untergang dienten die steinernen Bauten als Steinbruch. Sie wurden für Kirchen, Häuser und sogar für die Eisenbahnlinie Guaqui – La Paz als Baumaterial weggeschleppt. Dass überhaupt noch etwas zurück blieb, ist der Größe einiger Quader und dem österreichischen Ingenieur Arthur Posnansky zu verdanken, dessen Lebenswerk die Erforschung Tiwanakus war.

Zur Einführung empfiehlt sich der Besuch des **Museo Lítico Monumental** (9–17 Uhr), in dem Steinskulpturen ausgestellt sind. Von der 15 Meter hohen, plattformartigen Erhebung **Akapana** hat man einen Blick über die Gesamtanlage. „Akapana" bedeutet „Der Ort, von dem aus man die Welt betrachtet". In der Mitte der Plattform war ein Wasserbecken in Form des Andenkreuzes eingelassen, in dem sich der Sternenhimmel spiegelte. Es diente als Kalender: Anhand der Konfiguration, in welcher Ecke sich welcher Stern spiegelte, wurden Festtage und Aussaat bestimmt. Im Süden sind die Überreste eines Kanals zu erkennen, der wahrscheinlich mit dem Titicacasee verbunden war.

Unterhalb der Akapana liegt ein halb unterirdischer Tempel, der 1960 freigelegte **Templete Semisubterráneo.** Er gilt als eines der ältesten Bauwerke Tiwanakus. Das zwei Meter tiefe und rechteckige Mauerwerk mit den 175 eingelassenen steinernen Köpfen zeigt den für Tiwanaku typischen Stil. In der Mitte des Hofes stehen drei Stelen. Die wichtigste dürfte *„El Barbado"* sein, sie zeigt einen scheinbar bärtigen Mann oder wohl eher einen mit Nasenschmuck.

Kalasasaya, Ponce-Monolith

Der Ursprung der tempelartigen Sonnenwarte **Kalasasaya** wird auf das 5. Jahrhundert geschätzt. Ihre doppelte Umfassungsmauer wurde anhand der verbliebenen Steinblockpfeiler rekonstruiert. In ihrem Innern finden sich männliche Skulpturenmonolithe bzw. Statuen, die verzierte Kultgegenstände in den Händen halten. Einer der schönsten wird nach seinem Entdecker, dem bolivianischen Archäologen Carlos Ponce Sanginés, **Ponce-Monolith** genannt. Die Skulptur ist 3,50 Meter hoch und weist kunstvolle Reliefbearbeitungen auf. Ob die Figur eine Gottheit darstellen soll, ist unklar. Südwestlich davon befindet sich der leicht verwitterte Monolith *El Fraile,* „Der Mönch". Seine Dekorierung mit Seekrebsen weist darauf hin, dass sich das Tiwanaku-Reich bis zum Pazifik ausbreitete.

Intipunku

Das unvollendete Glanzstück der Tiwanaku-Steinmetzkunst ist das berühmte **Intipunku,** das **Sonnentor.** Es stürzte infolge eines Erdbebens um und zerbrach dabei in zwei Teile, wurde aber wieder aufgerichtet. Das Sonnentor wurde aus einem einzigen, 2,80 mal 3,80 Meter großen Block gehauen und ist mit seinen reichen Verzierungen ein herausragendes Beispiel altamerikanischer Steinmetzkunst. Sein Flachrelief stellt entweder den Sonnengott oder den Schöpfergott Wiracocha dar. Seinem Kopf entspringen mehrere Strahlen mit kleinen Pumaköpfen, Tränen laufen als Symbol der Fruchtbarkeit – oder des Regens – über das Gesicht. Die Zepter in beiden Händen enden mit Kondorköpfen. Die

Tiwanaku-Keramik mit Bild des Gottes Wiracocha

Intipunku – das Sonnentor

gesamte Gestalt wird von 48 kleinen Figuren mit Flügeln im Profil eingerahmt, die zum Teil menschliche Köpfe, zum Teil die Köpfe von Kondoren haben. Von einigen Archäologen wird dieses Relief als Kalender gedeutet, in den Figuren wollen manche sogar einen Erd- und Mondkalender entziffert haben, dessen Zyklus 21.000 Jahre beträgt ...

Pumapunku

Etwas entfernt von den anderen Bauwerken Tiwanakus liegt der sehr stark beschädigte Tempel **Pumapunku.** An den herumliegenden Steinblöcken fallen die außerordentlich sauberen Schnitte und akkuraten Steinöffnungen auf, die von hoch entwickelten Bearbeitungstechniken zeugen. Da liegen Steinblöcke, die mit Klammern zusammengehalten wurden, passgenaue, doppelröhrenartige bearbeitete Steine, Quader mit haarscharfen Rillen und gleichmäßigen Löchern, die Fächer und Gesimse aufweisen.

Gefunden wurden Dioritblöcke mit zwei gegenüberliegenden, bolzenartigen Aussparungen, die hinten kleine flache Rechtecke aufweisen, ähnlich einem Verschluss, der in ein Gegenstück einrastet. Die Dioritblöcke müssen systematisch vorgefertigt worden sein und konnten so nach einer Art Baukastensystem zu einer Mauer zusammengesetzt werden. Nach einer Legende wurde Pumapunku von den Göttern in einer Nacht erbaut. Manche Archäologen halten den Bau für ein nie vollendetes Mausoleum für Priester oder Könige, andere für einen Mondtempel.

Vor dem Tempel Pumapunku liegen riesige, beckenförmige Steinmauern mit Fischornamenten, weshalb hier auch der Hafen von Tiwanaku vermutet wurde. Heute ist dieser Platz allerdings über 20 Kilometer vom Titicacasee entfernt, so dass der See vormals viel größer und sein Wasserspiegel erheblich höher gewesen sein muss.

Die Steine für all diese Bauten kamen wahrscheinlich aus einem Steinbruch bei Copacabana. Wie sie über 70 Kilometer hierher transportiert wurden, zu einer Zeit, da das Rad im ganzen Kontinent unbekannt war, bleibt rätselhaft.

Anreise

Siehe unter Verkehrsverbindungen La Paz.

An den Ufern des Titicacasees

Im Westen Boliviens, an der Grenze zu Peru, liegt der Titicacasee. Tiefblau hebt sich sein kristallklares Wasser vor der mächtigen, schneebedeckten Königskordillere Boliviens ab. Das „Andenmeer" ist ein mythischer Ort, auch heute noch. Der Legende nach wurde der erste Inca vom Sonnengott Inti auf die Sonneninsel geschickt. Die 36 Inseln des Sees und seine Ufer sind eine einzigartige archäologische Schatzkammer. Angeblich ist der Titicacasee auch eine Goldgrube: Während der Eroberung durch die Spanier soll ein Teil des Inka-Goldes in seinen Wassern versenkt worden sein, um es vor den Eindringlingen zu retten.

Der fischreiche Titicacasee liegt 3810 Meter hoch und ist der höchstgelegene schiffbare See der Welt. Mit seiner Größe von 190 mal 65 Kilometern ist er gleichzeitig auch das größte Binnengewässer Südamerikas – die Seefläche beträgt 8562 Quadratkilometer – und damit etwa 13 Mal so groß wie der Bodensee. Obwohl das Wasser 10 Grad kalt ist, ist der Titicacasee für das andine Hochland mit seinem rauhen Klima und den oft eisigen Temperaturen ein klimatischer Wärmespeicher. Mais, Kartoffeln und Quinoa gedeihen hier gut.

Von La Paz an den Titicacasee

Von La Paz führt die Straße nach El Alto, die einstige Armensiedlung von La Paz verdankt ihren Namen „Der Hohe" ihrer Lage auf über 4000 Metern. Heute ist El Alto eine eigene Stadt mit über einer Million Einwohnern. Der überwiegende Teil der Bevölkerung sind Indígenas, die auf der Suche nach einem

Blick auf den Titicacasee

Balsaboot am
Ufer des
Titicacasees

besseren Leben vom Land in die Stadt gezogen sind. Wenn es in Bolivien mal wieder Streiks und Straßenblockaden gibt, dann haben die meistens hier ihren Ursprung. Für politisch konservative Bolivianer gilt El Alto als notorischer Unruheherd und als eine Gegend, die man unbedingt meidet. Kaum bekannt ist der riesige Markt der Stadt, der immer am Donnerstag und Sonntag stattfindet und mit seinen 40.000 Ständen als der Größte in ganz Südamerika gilt.

Hier oben liegt auch der internationale, relativ kleine Airport von La Paz, „El Alto", der mit 4020 Metern höchstgelegene Zivilflughafen der Welt. Weil die Luft hier oben sehr dünn ist, sind Start- und Landebahn wesentlich länger als üblich (für höhenungewohnte Neuankömmlinge steht eine Krankenstation bereit).

Titicacasee   Weiter geht es auf guter Straße über den Altiplano Richtung Copacabana, bis schließlich der Titicacasee erreicht wird. Aus der Ferne grüßen die über 6000 Meter hohen, schneebedeckten Gipfel der Cordillera Real. In San Pablo de Tiquina, an der mit nur 800 Meter schmalsten Stelle des Sees, wird übergesetzt. Hier liegen im Hafen die Schiffe der bolivianischen Marine. Obwohl Bolivien nach dem Salpeterkrieg 1884 seinen letzten Zugang zum Meer verloren hat, leistet sich das arme Land weiterhin eine 1800 Mann starke Marine und begeht jedes Jahr am 23. März den „Tag des Meeres", immer in der Hoffnung, eines Tages doch wieder eine Hafenstadt – oder zumindest einen eigenen Exporthafen – am Pazifik in Chile zu besitzen. Nach einer kurvenreichen Fahrt liegt schließlich das Städtchen Copacabana im Tal.

Die Zukunft liegt hinten

Das Volk der Aymara, das vor allem in der Gegend um den Titicacasee lebt, hat ein besonderes Verständnis für die Zeit: Die Zukunft liegt „hinten", die Vergangenheit jedoch „vorne". Das wird auch in der Gestik deutlich: Wenn Aymara von der Zukunft sprechen, zeigen sie mit dem Daumen nach hinten über die Schulter. Erinnern sie sich an Vergangenes, machen sie eine Handbewegung nach vorne. Bei genauerer Betrachtung ist das schlüssig. Schließlich hat man das Vergangene bereits gesehen und kennt es, während die Zukunft im Ungewissen liegt, wo man sie nicht sehen kann – etwa im Rücken.

Wallfahrtsort Copacabana

Der Wallfahrtsort Copacabana liegt auf 3818 Meter Höhe und ist mit seinen 20.000 Einwohnern ein recht beschaulicher Ort. Am schönsten ist es abends an dem kleinen Hafen am Titicacasee, wenn die Sonne blutrot im dunkelblauen Wasser versinkt. Gleichzeitig kriecht dann unerbittlich eine schneidende Kälte heran.

Copacabana blickt auf eine über 3000 Jahre alte Geschichte zurück, es war einst ein bedeutendes Zeremonial- und Kultzentrum. Die Inka gründeten hier auf den Resten alter Kultstätten der Colla den Ort *Kota Kahuaña,* was soviel wie „Seeblick" bedeutet. Damals pilgerten die Menschen von Copacabana zum Heiligtum *Huaca Titicaca* auf der Nordseite der Sonneninsel. Nach dem Einfall der Spanier machten auch die Augustiner Copacabana

Blick auf
Copacabana

zu einem Pilgerort. Zu Copacabanas Ehren errichtete man übrigens eine kleine Kapelle in Rio de Janeiro am Meer, die dann Namensgeber des berühmtesten Strandes von Rio wurde.

Basílica de la Virgende la Candelaria

Mit dem Bau der **Basílica de la Virgen de la Candelaria** wurde bereits 1605 begonnen, doch erst 1820 wurde sie endgültig fertiggestellt. Archäologen vermuten, dass sie auf den Resten eines uralten Kultplatzes errichtet wurde. Im Innern findet sich eine wundertätige, aus dunklem Holz geschnitzte Madonna, geschaffen von dem Indígena-Künstler Francisco Yupanqui im 16. Jahrhundert. Vielleicht weil der Urheber ein direkter Nachfahre des Inca Titu Kusi Yupanqui war, werden der dunklen Jungfrau zahllose Wunder zugeschrieben. Sie soll Kranke geheilt und lang ersehnten Regen auf die Felder gebracht haben. 1925 wurde das Bildnis der *Virgen Morena* vom Vatikan heilig gesprochen. Jedes Jahr wird diese Schutzpatronin des Titicacasees am 5.

COPACABANA

0   200 m

© RKH VERLAG HERRMANN

1 **Hostal Las Olas
2 **La Cúpula
3 ***Hotel Rosario del Lago
4 **Hotel Gloria-Copacabana
5 *Hostal Colonial del Lago

Feierliche
Fahrzeug-Taufe

August in einer farbenprächtigen Prozession durch die Stadt getragen. Am Wochenende fahren Hunderte blankgeputzte und mit Blumen geschmückte Autos, die aus ganz Bolivien, manchmal auch Peru oder gar Argentinien kommen, vor der Basilika vor, um von dem Padre der Kirche mit Weihwasser und Weihrauch „getauft" zu werden. Bei der Zeremonie fehlt es auch nicht an Bier, mit dem zum einen das Auto besprengt wird, dem aber auch die festlich gekleideten Besitzer und Paten reichlich zusprechen. Angetrunken macht man sich dann auf den Heimweg. Passieren kann ja nichts, schließlich ist das Auto frisch getauft …

**Horca
del Inca**

Eine kleine Wanderung zur **Horca del Inca** auf dem *Niño Calvario* (Kleiner Kalvarienberg) bietet einen wunderschönen Blick auf den Titicacasee und die umliegenden Berghänge. Die Horca del Inca ist ein modellierter Felsen mit einem Loch, ein bedeutendes astronomischen Observatorium aus prähispanischen Zeiten. Hier wurden die Tag- und Nachtgleiche im Frühjahr und im Herbst bestimmt, denn nur zu diesen Zeitpunkten scheint die Sonne genau durch das Loch im Stein. So konnte der richtige Zeitpunkt für die Aussaat bestimmt werden. Bis heute gilt der Berg den Einheimischen als heilig, oben finden sich kleine Opfergaben für die alten Götter und Zettelchen, auf denen Einheimische ihre Bitten notiert haben.

Copacabana ist für Touristen vor allem Ausgangspunkt zu Ausflügen zu den Inseln *Isla del Sol* und *Isla de la Luna.*

Service Copacabana

Vorwahl   02

Internet   In der Calle 6 de Agosto liegen mehrere Internetcafés.

Unterkunft   In Copacabana gibt es viele einfache, aber nur wenige gehobene Hotels.

Hostal La Cúpula, Calle Michel Pérez 1–3, Tel. 862-2029, www.hotelcupula.com. Geschmackvolle Zimmer mit Seeblick, Terrassenrestaurant, deutschsprachige Besitzer, Reservierung empfehlenswert. DZ ab 26 US$.

Hostal Las Olas, hinter La Cúpula, Tel. 286-22112, www.hostallasolas.com. Alle Bungalows sind individuell gestaltet und haben Blick auf den See. Das Freiluft-Jacuzzi ist fast schon zu heiß. DZ ab 42 US$.

Hotel Rosario del Lago, Av. Costañero/Rigoberto Paredes, Tel. 862-2140, Fax 862-2140, www.hotelrosario.com/lago/. Bildschönes Hotel, große, komfortable Zimmer mit Seeblick. DZ ab 80 US$.

Restaurants   Viele preiswerte Restaurants liegen in der 6 de Agosto, die Spezialität sind frisch im See gefangene Forellen. Diese und andere Gerichte sowie ein gutes Frühstück werden im hübschen Innenhof des Restaurants *Killa Wasi*, Av. Jaúregui, serviert. Auch das Gartenrestaurant des Hostals *Colonial del Lago,* Av. 16 de Julio 100, Plaza Sucre, serviert zum Abendessen Forelle und andere leckere Gerichte.

Unterhaltung   In der Café Bar *Sol y Luna,* Av. 16 de Julio 3, kann man bei Cocktails und Snacks Spiele ausleihen oder Bücher tauschen. Allabendlich Livemusik im Gartenrestaurant des Hostals *Colonial del Lago,* Av. 16 de Julio 100, Plaza Sucre. In der urigen Bar Waykys, Av. 16 de Julio/Av. Busch, gibt es Cocktails.

Feste   2. Februar: *Fiesta de la Candelaria* (Maria Lichtmess)

1. bis 3. Mai: Fiesta de la Cruz (Fest des Kreuzes) am Cerro del Calvario

Touranbieter   *Grace Tours,* Av. 6 de Agosto 200/16 de Julio: Ausflüge zur Sonnen- und Mondinsel.

Das *RED de Turismo Comunitario* an der Plaza Sucre hat Ausflüge zu den schwimmenden Schilfinseln von Sahuiña im Programm.

Sonstiges   Es gibt in Copacabana keinen Geldautomaten, deshalb sollte man ausreichend Bargeld mitbringen.

Im *Spitting Lama* kann man Trekkingausrüstung kaufen, mieten oder auch verkaufen und Bücher tauschen.

Verkehrs-   Täglich mehrere Busse, die La Paz in dreieinhalb Stunden
verbindungen   erreichen.

Diana Tours bietet auch einen privaten Bustransfer zwischen Copacabana und La Paz.

Mehrmals täglich fahren Busse, die Fahrzeit beträgt drei Stunden, die Grenzformalitäten nehmen eine weitere Stunde in Anspruch. Die Straße ist durchgängig asphaltiert.

Heilige Inseln im Titicacasee

Isla del Sol

Die Isla del Sol, die Sonneninsel, ist mit elf Kilometern Länge und viereinhalb Kilometern Breite die größte des Titicacasees und gleichzeitig die heiligste. Vermutlich war für die Inka-Priester die Sonneninsel ihr spirituelles Zentrum. Die kleine Insel hieß ursprünglich *Titicachi,* davon leitet der Titicacasee seinen Namen ab. Der Felsen *Titicala* (oder „Piedra Sagrada") an der Nordwestspitze der Insel war wohl der heiligste Punkt des Inkareiches. Nach einer Inka-Legende setzte an diesem Felsblock aus rotem Sandstein der hellhäutige Schöpfergott *Con Ticci Wiracocha* seine Kinder *Manco Capac* und *Mama Ocllo* aus, die von dort auszogen, um das Inkareich zu gründen. Deshalb gilt die Isla del Sol als Keimzelle des Inka-Imperiums. In der Nähe des heiligen Felsens befinden sich Reste des Incanotapa (Palacio del Inca). Es gibt noch eine andere Erklärung für den Namen Titicaca: Ganz nahe bei den Chincana-Ruinen im Norden der Insel gibt es einen sehr großen Felsen, der von weitem aussieht wie ein Puma, das heilige Tier der Inka. Der Sage nach wurden hier die ersten Inka, Manco Kapac und Mama Oclla, vom Sonnengott Wiracocha auf die Sonneninsel entsandt, um

2

© RKH VERLAG HERMANN

❶ - Palacio Pilkokaina
❷ - Escalera del Inca (Bootsanleger)
❸ - Piedra Sagrada (Titicaca-Felsen)
❹ - Chincana-Ruinen (Incanotapa / Palacio del Inca)
❺ - Titicala(Puma)-Felsen m. Chullpas

Isla Pallalla

Isla Koa   Isla Chullo

»La ciudad submergida« **Marka Pampa**

Bahía Sabacera   **Santiago Pampa**

❺ ❹ ❸   **Cha'llapampa** / *Marca Pampa*

4027 m   *Bahía Cha'lla*   *Posada del Inca*

Bahía Kana   **Pukara**

Cha'lla   *Bahía Pukara*

Cerro Chequesani   *Cerro Palla Khasa 4065 m*   **Yumani**

4087 m   *Fuente del Inca*

Iglesia San Antonio

Kakayo-Queña   **Japapi**   **Pilkokaina**

Bahía Kona

Copacabana   Copacabana   *Estrecho de Yampupata*

0   2 km

ISLA DEL SOL

von hier aus das Inkareich zu gründen. Der See wurde nach dem „Fels des Pumas" benannt (Titi = Puma, Caca = Fels).

Vor der Nordwestspitze der Insel liegt in acht Metern Tiefe der versunkene Ruinenkomplex von *Marka Pampa.* In dem Ort Cha'llapampa gibt es ein kleines Museum, in dem die Fundstücke aus dem versunkenen Tempel ausgestellt sind. Am interessantesten sind die Steinschatullen und deren Inhalt: ein Puma, eine Frau, eine Tasse und ein Medaillon aus purem Gold. Die Steinschatullen waren so dicht verschlossen, dass der gesamte Inhalt darin trocken geblieben war.

Eine Wanderung über das stille Eiland, das wie vergessen im blauen Wasser des Titicacasees liegt, vorbei an den aus Adobeziegeln erbauten Häuser der Bewohner, ist ein wunderschönes Erlebnis. Auf den terrassierten Hängen wachsen Zypressen und Eukalyptus. Doch zuvor muss vom Bootsanleger eine steile Treppe, die alte *Escalera del Inca,* überwunden werden. Oben angekommen, kann das Wasser aus dem Quellbrunnen *Fuente del Inca* probiert werden, dem heilende Wirkung zugeschrieben wird. Von der Escalera del Inca bis nach Cha'llapampa beträgt die Gehzeit etwa vier Stunden. Dabei ist die Gegend um Cha'llapampa weit ursprünglicher als der inzwischen doch sehr touristische südliche Teil der Insel.

Isla de la Luna

Die nicht weit von der Sonneninsel entfernt liegende Mondinsel, die **Isla de la Luna,** war der Legende nach der Ort, an dem Wiracocha dem Mond befahl, in den Himmel aufzusteigen. Der ungewöhnliche „Tempel der Sonnenjungfrauen" mit seiner dreidimensionalen geometrischen Fassadengliederung weist eine erstaunliche Ähnlichkeit zum arabischen Architekturstil auf.

Isla del Sol

Die Yungas

Nirgendwo sonst in Südamerika fallen die Anden an ihrer Ostseite so spektakulär steil in das Amazonastiefland ab wie in den Yungas. Mit seinen wilden, atemberaubenden Landschaften zieht dieses Gebiet viele Touristen an, nicht wenige wollen auch die Serpentinenstraße hinab ins Beni-Becken – bis vor kurzem noch die gefährlichste Boliviens – selber befahren (▶ s.S. 115).

Gleichzeitig sind die Yungas auch Hauptanziehungspunkt für Trekkingfans. Ein Ausgangspunkt für viele dieser mehrtägigen Wanderungen durch die Andenberge und hinunter Richtung Tiefland ist das reizende Bergstädtchen Sorata.

Topografisch und klimatisch dem *Chapare,* dem tropischen Nordosten der Provinz Cochabamba, ähnelnd, eignen sich auch die Yungas hervorragend für den Anbau von Coca, aber anders als im Chapare wird der Strauch hier in den Yungas vor allem für den traditionellen Gebrauch und somit legal angebaut. Entsprechend friedlicher geht es hier zu, denn die Konflikte zwischen Cocabauern und Staatsgewalt entfallen.

Bergstädtchen Sorata

Das malerische Sorata liegt knapp 150 Kilometer nordwestlich von La Paz in einem schönen Tal der Hochgebirgskette *Cordillera Real,* eingerahmt von den mächtigen, schneebedeckten 6000er Gipfeln des Illampu und des Ancohuma. Nicht nur wegen seines auf einer Höhe von 2680 Metern angenehm milden Klimas gilt Sorata als einer der schönsten Orte Boliviens.

Etwas abseits von den üblichen Reiserouten Boliviens gelegen, war Sorata schon im 19. Jahrhundert Treffpunkt für Abenteurer und diejenigen, die der Obrigkeit nicht allzu sehr auffallen wollten. Aus dieser Zeit stammen auch die kolonialen Gebäude, die dem 5000-Einwohnerstädtchen noch heute einen besonderen Charme verleihen. Gleichzeitig war Sorata der Ausgangspunkt für Goldsucher, die im Amazonasgebiet ihr Glück versuchten. Auf der

Route dieser Pioniere kann man heute noch auf dem *Camino del Oro* durch die Yungas hinabwandern. 1781 machte das Städtchen von sich reden, als es von dem indigenen Führer Tupac Amaru II. und dessen 16.000 Soldaten belagert wurde.

Heute kommen vor allem wanderbegeisterte Touristen hierher, denn die Region um Sorata gilt als wahres Trekking- und Kletterparadies. Trotzdem sind die zum Teil historischen Pfade – im Gegensatz zu dem berühmten Inkatrail in Peru – alles andere als überlaufen. Daneben gibt es Möglichkeiten zum Canyoning und Mountainbiking.

In der Nähe von Sorata liegt die Höhle von *San Pedro* mit ihren interessanten Tropfsteinformationen und einem kleinen Höhlensee. Bewohnt wird sie von einer beachtlichen Fledermauspopulation.

Service Sorata

Vorwahl	02
Internet	An der Plaza, Ecke Calle Murillo
Unterkunft	Die meisten Unterkünfte Soratas sind eher einfach. Die etwas besseren sind:

Hotel Residencial Sorata, Plaza General E. Peñaranda, Tel. 213-5044, Fax 213-5218. Auch wenn die in dem alten, kolonialen Teil des Hotels gelegenen Zimmer ehrwürdiger sind, ist man doch besser beraten, einen Raum im moderneren Anbau zu nehmen. DZ für 21 US$.

Restaurants   Rund um die Plaza liegen verschiedene kleine und preisgünstige Restaurants, wie beispielsweise das *Altai Oasis.* Besser ist das von einem Schweizer geführte *Illampu* auf dem Weg zu der Höhle San Pedro, das auch eine gute Option zum Frühstücken ist. Ebenfalls auf dem Weg zur San-Pedro-Höhle liegt die Pizzeria *Kon-Tiki.*

Wunderheiler aus den Anden

In den Anden nördlich des Titicacasees leben die *Kallawaya,* die in ganz Südamerika als Heiler bekannt sind. Sie kenne die Wirkung von über 5000 Heilpflanzen und sind geschult in der Diagnostik und Heilung durch Energieübertagung. Bis heute praktizieren die Kallawaya ihre Jahrhunderte alte schamanistische Heilkunst auf langen Wanderschaften in ganz Südamerika. Die Kallawaya gehen davon aus, dass Krankheiten durch das Vorhandensein negativer Energie im Körper eines Menschen ausgelöst werden. Bei ihren Heilungsritualen geht es deswegen darum, diese negativen Energien mit Hilfe der Götter zu vertreiben. Die Heiler betrachten sich als Mittler zwischen den Menschen und den Göttern und Geistern. Sie sind Verbündete der Natur und Hüter ihrer Geheimnisse und kennen eine unüberschaubare Zahl komplizierter und äußerst zeitaufwendiger Rituale. Aus den Blättern des heiligen Koka-Strauchs lesen sie, welches Ritual bei einem Problem, einem Fluch oder einer Krankheit das geeignete Gegenmittel ist. Eine tragende Rolle spielen Feuer und Rauch, denn sie transportieren göttliche Botschaften und enthalten Anleitungen für die Heilung. Und es kommt auf die richtigen Opfergaben an. Der Lamafötus gilt den Indios als die kostbarste Gabe, aber auch Süßigkeiten und Wein werden von den Göttern nicht verschmäht.

Bei den Heilungen geht es oft auch um *El susto,* den „Schrecken", der sich, so sagen die Kallawaya, in Schlaflosigkeit, Blutarmut und Durchfall äußert. Die Patienten sind überempfindlich gegen Geräusche und oft depressiv bis zur völligen Teilnahmslosigkeit. In der westlichen Medizin würde man von einem Trauma sprechen, im Verständnis der Kallawaya ist das zentrale Symptom von El susto der „Seelenverlust". Denn alle Menschen, so ihre Vorstellung, haben eine „große Seele", ihr Leben, und eine „kleine", in unserem Kulturkreis etwa mit der Psyche vergleichbar. Diese muss sorgsam gehütet werden, denn sie kommt leicht abhanden, wenn der Mensch sich erschreckt, etwa weil er einem wilden Tier begegnet, weil ein Blitz einschlägt oder er auf einen bösen Geist trifft. Dann bleibt seine kleine Seele am Ort dieses Schreckens zurück. Dies muss der Medizinmann zuerst im Gespräch diagnostizieren und sich dann auf den Weg machen, um die Seele durch ein Opfer zur Rückkehr zu bewegen.

Mag man vor einigen Jahren die Heilungsrituale dieser Schamanen noch belächelt haben, so interessieren sich heute längst nicht mehr nur Anthropologen für das uralte Heilwissen und die schamanischen Praktiken der Kallawaya, sondern inzwischen auch die Pharmaidustrie. Die UNESCO hat die Kallawaya-Kultur auf die Liste des ideellen Weltkulturerbes gesetzt.

Zum Weiterlesen ein Standardwerk über die Kallawaya: „Religion, Ritual und Alltag in den Anden" von Ina Rösing.

Zuckerwerk für
die Pachamama-Zeremonie

Touranbieter   Sowohl für die sechstägige Begehung des *Camino del Oro* als auch für den deutlich anspruchsvolleren *Mapiri Trail* empfiehlt es sich, einen Guide und Träger zu nehmen, die zum einen mit dem Gepäck helfen und gleichzeitig für etwas Sicherheit sorgen. Vor Ort in Sorata findet man geeignete Bergführer über die Vereinigung *Guía Sorata,* Calle Sucre 302, Tel./Fax 213-6698, guiasorata@hotmail.com, in der sich Bergführer und Träger zusammengeschlossen haben. Etwas teurer, aber auch bequemer ist es, die Trekkingtour bei Anbietern in La Paz zu buchen, Adressen siehe dort.

Verkehrsver-   Nach La Paz: Tagsüber stündlich Minibusse, Fahrzeit vier
bindungen   Stunden.

Der Camino Inca del Choro

Bemerkungen   Dieser Reiseführer kann kein Buch sein, das einen Wanderführer ersetzt. Deshalb wird in aller Regel nur auf schöne Trekkingrouten verwiesen, ohne diese näher zu beschreiben. Eine Ausnahme haben wir allerdings beim Camino del Choro gemacht, der neben dem *Takesi Trail,* der ebenfalls auf einem alten Inkapfad in die Yungas führt, die beliebteste Wanderroute Boliviens ist. Die folgende Beschreibung stammt von Thomas Wilken, der das Buch „Rother Wanderführer Bolivien" im Rother Wanderführerverlag geschrieben hat, das allen Wanderbegeisterten empfohlen sei.

Der Camino Inca del Choro gehört zweifelsohne zu den landschaftlichen Höhepunkten Boliviens, durchquert er doch innerhalb von nur drei Tagen sämtliche Vegetations- und Klimazonen des Landes. Vom fast 4900 Meter hohen Chukura Pass mit Blick auf atemberaubende Eisgipfel geht es über 3500 Höhenmeter hinab in die dicht bewachsenen Yungas. Dabei wandert man auf alten Inkapfaden durch verschlungene Bergurwälder, überquert reißende Bergbäche und passiert zahlreiche Aussichtspunkte. Zuerst steigt man auf urigen Pflasterwegen hinab, später geht es auf moosbewachsenen Urwaldpfaden weiter, unterbrochen von mehreren waghalsig angelegten Hängebrücken. Immer wieder trifft man auf kleinere Ansiedlungen, in denen es zum Teil Einkaufsmöglichkeiten und gute Zeltplätze gibt. *La caminata del Camino del Choro* ist auch bei einheimischen Pilgern sehr beliebt und wird vor allem in der Osterwoche von diesen oft begangen.

_____ **Verlauf**

Der Treck beginnt an der Passhöhe des Cumbre Coroico, dort folgt man am rechten Seeufer der Ausschilderung „Choro". Bei einem kleinen Wachhäuschen muss man sich zuerst registrieren lassen, bevor man dem Fahrweg um drei Kurven zum nächsten Seeauge folgt. Hier wählt man den rechten Wegabschnitt, der einen unfehlbar und am Schluss fast gerade steilbergauf zum Chucura Pass leitet. Von dort bietet sich eine gewaltige Aussicht über weite Teile der Andenkette. Dann folgt man dem steilen Pflasterweg in zahlreichen Serpentinen hinab in ein breites Hochtal. Dabei bewegt man sich kribbelnd nah an einer angrenzenden Steilschlucht. Etwas später wird grünes Weideland mit einigen kleinen Ruinen durchquert.

Noch etwas weiter unten überquert man kurz vor dem Örtchen Chucara einen Bachlauf. Ab hier wandert man durch den Nationalpark _Cotapata_. Der immer steiler werdende Pflasterweg folgt direkt dem links herabstürzenden Bergbach und wird schmaler. Eine bis anderthalb Stunden später erreicht man die Hüttensiedlung Challapampa, wo der Fluss nochmals überquert wird. An dieser Stelle ist nach ungefähr sieben Stunden Wanderung ein guter Platz für das erste Nachtlager, zumal es hier einen kleinen Kiosk und ein sauberes Toilettenhäuschen gibt, die fast ein wenig an die Zivilisation erinnern.

Gleich nach dem Frühstück muss auf einer hölzernen Brücke ein Seitenarm des Río Chucura überquert werden. Bei Hochwasser wird dieser Übergang zu einer ernsten Belastungsprobe. Dafür läuft man die nächsten acht Kilometer auf festen Steinwegen durch dichte, subtropische Bergwälder. Gut anderthalb Stunden später erreicht man das Örtchen Choro, wo wiederum der Fluss überquert werden muss, diesmal auf einer abenteuerlichen Hängebrücke. Weiter geht es durch immer dichter werdende Vegetation am Ufer des Río Huarinilla entlang. Dabei sind etliche kleinere Gegenanstiege zu überwinden und der Weg steigt teilweise über den Urwald hinaus. Nach weiteren sieben Kilometern und der Überquerung des Río Jacunmanini findet sich ein fast idealer Zeltplatz, der aber leider keine Möglichkeit bietet Wasser zu fassen.

Anderthalb Stunden später führt der Weiterweg über eine steil abfallende Schlucht am Río Coscapa entlang, wobei wieder einige Gegenanstiege zu bewältigen sind. Schließlich wird die Schlucht auf einer mittlerweile gut befestigten Holzbrücke überquert, von der sich grandiose Blicke in die Tiefe bieten. Kurze Zeit später wird nach einem achtstündigen Wandertag schließlich das Nachtlager Bella Vista auf einer Höhe von nur noch 1930 Metern erreicht. Der Name ist gut gewählt, denn von hier aus hat man in der Tat eine prächtige Aussicht über den Fluss.

Am dritten und letzten Tag der Wanderung kommt nach zwei Stunden leichten Auf und Abs durch dichte Bergwälder die wirklich urige Hüttenansiedlung Casa Sandilliani in Sicht. Hier lebt der Japaner Tamiji Hanamura, der sich immer freut, wenn müde Wanderer bei ihm einen Zwischenstopp einlegen. Der Rest des Weges führt nun deutlich bergab, sieben Kilometer sind es noch bis zum nur 1274 Meter hoch gelegenen Endpunkt Chairo. Der Weg wird immer breiter und schlängelt sich in Serpentinen hinab. Glücklicherweise ist der Untergrund sehr angenehm zu begehen, so dass nach noch einmal zweieinhalb Stunden das Endziel erreicht ist. In Chairo gibt es Restaurants und Läden.

Service Camino Inca del Choro

Dauer 3 Tage
Höhenunterschiede:

1. Tag	250 Höhenmeter Bergauf, 2100 Höhenmeter Bergab.
2. Tag	200 Höhenmeter Bergauf, 1100 Höhenmeter Bergab.
3. Tag	200 Höhenmeter Bergauf, 1100 Höhenmeter Bergab.

Schwierigkeit Lange Tagesetappen auf teilweise steilen, rutschigen Wegen. Der Treck führt zwar größtenteils bergab, wird aber immer wieder mit merklichen Gegenanstiegen „gewürzt". Bei Nässe können die zum Teil gepflasterten Wegabschnitte schnell rutschig werden. Am ersten Tag bewegt man sich in sehr großen Höhen, während einem am dritten Tag Hitze und Moskitos zu schaffen machen können.

Hinweis Im Dorf Achura werden 10 Bolivianos Eintritt für den *Parque Nacional Cotapata* verlangt.

Höllenfahrt in die Yungas

Ein Ausflug in das Städtchen Coroico in die Yungas ist ganz sicher nichts für Leute mit schwachen Nerven. So bezaubernd der Ort am grünen Fuße der Anden ist, so abenteuerlich ist die Fahrt dorthin. Doch für die, die sie gewagt haben, ist dies eines der herausragendsten Erlebnisse ihrer Bolivienreise. Die Schotterpiste überwindet auf einer Strecke von nur 92 Kilometern einen Höhenunterschied von über 3000 Metern. Innerhalb eines halben Tages durchfährt man fast alle Klima- und Vegetationszonen Südamerikas.

Zunächst einmal wirkt die gut asphaltierte Straße harmlos. Doch der Umstand, dass man auf dem 4650 Meter hohen Pass La Cumbre von einem Schamanen Rituale für eine sichere Reise durchführen lassen kann, lässt erahnen, was folgt.

Von hier aus geht es stetig bergab, mit jeder Stunde wird die Vegetation grüner und die Luft wärmer. Plötzlich zweigt eine Schotterpiste von der asphaltierten Straße ab, und man findet sich auf der Straße wieder, die jahrzehntelang als die gefährlichste ganz Lateinamerikas galt. Kreuze am Straßenrand und manchmal aus gähnender Tiefe in der Sonne aufblitzende platte Wagendächer zeugen davon, dass viele die „Todesstraße" nicht überlebt haben. Denn die nur einspurig befahrbare Schotterpiste, einst von Gefangenen aus den Felswänden gesprengt und leitplankenlos an klaffenden Abstürzen entlangführend, war die einzige Verbindung zwischen dem tropischen Tiefland und

Unterwegs
in den Yungas

La Paz. Tropenhölzer und Früchte wurden auf schweren Lastwagen nach La Paz transportiert. Da die von unten kommenden, schwer beladenen und zudem überalteten Lastwagen nicht wieder anfahren können, wenn sie einmal am Hang stehengeblieben sind, muss der von oben kommende Verkehr zur Abgrundseite hin ausweichen. Das ist bis heute so, die alte Piste ins Tiefland ist die einzige Straße Lateinamerikas mit Linksverkehr.

Doch seit nach jahrzehntelangen Bauarbeiten im November 2006 endlich die neue Straße fertig wurde, ist die alte Schotterpiste bei weitem nicht mehr so gefährlich wie sie es einmal war, denn heute wird sie nur noch von denjenigen befahren, die direkt nach Coroico wollen, und auch dem gefürchteten Gegenverkehr muss man längst nicht mehr so oft ausweichen wie früher. Allerdings gibt es an einem Bereich der neuen Straße regelmäßig Erdrutsche. So kann es jederzeit passieren, dass die neue Straße gesperrt und der gesamte Verkehr wieder über die alte Piste gelenkt wird.

Besonders Wagemutige fahren die Strecke mit dem Mountainbike. Dies sei aber nur denjenigen empfohlen, die eine gute Kondition (und gute Bremsen) haben, und auch nur dann, wenn nicht allzuviel Gegenverkehr zu erwarten ist. Ein Lastwagenfahrer, der befürchten muss, seinen Lkw nicht wieder am Berg anfahren zu können, bremst nicht für einen Gringo, der aus Jux und Dollerei das Abenteuer sucht. Tatsächlich forderte die Todesstraße auch unter Radfahrern eine ganze Reihe Opfer.

Coroico

Nach den Strapazen und Aufregungen der Fahrt lädt das 5000 Einwohner zählende Städtchen Coroico mit seinen kleinen Cafés und Restaurants rund um die Plaza zum Entspannen ein. Coroico liegt auf der Flanke des Berges Uchumachi inmitten des üppig grünen Bergnebelwaldes. Tropische Früchte gedeihen hier gut, und die Aussicht auf die umliegenden, dicht bewachsenen Berge ist atemberaubend. Wegen seines angenehm warmen Klimas ist Coroico ein beliebtes Wochenendziel für viele *Paceños,* hier haben sich auch eine ganze

Blick auf Coroico

Reihe Europäer angesiedelt. Das Städtchen ist auf Besucher gut eingerichtet, es werden Reitausflüge und Raftingtouren auf dem Río Coroico angeboten.

Ein interessanter Halbtagesausflug führt nach Tocaña. Dort leben inmitten von Obst- und Cocapflanzungen Nachfahren der aus Afrika verschleppten Sklaven. Sie sollten ursprünglich in den Minen im Hochland Boliviens arbeiten, konnten sich jedoch nicht an die Höhe anpassen und wurden deshalb stattdessen hier auf Plantagen „eingesetzt". Ganz selbstverständlich tragen ihre Nachfahren heute die Tracht der indigenen Bevölkerung. Obwohl sie in Tocaña etwas abseits und für sich leben, werden sie von der übrigen Bevölkerung vollständig akzeptiert. So schickt Tocaña jedes Jahr zur großen Fiesta in Coroico am 20. Oktober eine eigene Tanzgruppe.

Hoteles y Hostales	
1 **Hotel El Viejo Molino	3 *Ht. Gloria Coroico
2 *Hotel Bella Vista	4 *Hotel Esmeralda

Für diejenigen, die Tiere mögen, lohnt sich ein Ausflug zu dem Projekt La Senda Verde zwischen Yolosa und Coroico. Das kleine Tierschutzprojekt ähnelt Inti Wara Yassi (▶ s.S. 179) – auch hier werden Affen und andere Tiere aufgenommen und auf die Auswilderung vorbereitet.

Service Coroico

An der Plaza gibt es ein kleines Informationsbüro. Weitere Infos unter www.coroico-info.com.

Vorwahl   02

Internet   In den Hotels Esmeralda und Gloria Coroico.

Unterkunft   In Coroico gibt es zahlreiche Unterkünfte aller Kategorien.
Hotel Esmeralda, östlich des Ortes steil bergauf Richtung Cerro Uchumachi, Tel. 811-634, Fax 811-6017, www.hotel-esmeralda.com. Deutschsprachiges Hotel mit schönem Garten und Pool mit fantastischem Ausblick auf die Berge. DZ ab 34 US$.
Hotel Gloria Coroico, am Ende der Treppe die links von der Plaza ins Tal führt, Tel./Fax 213-6020, www.hotelgloria.com.bo. Das Hotel bietet kolonialen Charme, einen wunderschönen Ausblick ins Tal und einen Pool. DZ ab 45 US$.

Restaurants   Rund um die Plaza und in den Nebenstraßen gibt es jede Menge kleiner Restaurants, die typisches bolivianisches Essen anbieten. *El Cafetal,* kurz vor dem Hospital, serviert eine ausgezeichnete französische Küche zu Preisen, bei denen man gerne einen Nachschlag bestellt.

Touranbieter   *Vagantes EcoAventuras,* an der Plaza, Tel. 719-12981, vagantesguias@yahoo.es, organisiert Ausflüge nach Tocaña, zu den in der Umgebung liegenden Wasserfällen und in den Nationalpark Cotapata.

Verkehrsverbindung   Es fahren ständig Minibusse und Vansab, die La Paz in vier Stunden erreichen.
Von La Paz kommen am Nachmittag mehrere Reisebusse, mindestens 14 Stunden Fahrzeit, je nach Zustand der Straße.

Afrobolivianische Kinder in Tocaña

Boliviens großer Südwesten

Graubraun und unwirtlich erstreckt sich der Altiplano im Südwesten Boliviens. Hier ist es in einer Höhe von 3500 bis 5000 Metern bitterkalt, nur mühsam können die Bauern in der eisigen Höhe der trockenen Erde ein paar Kartoffeln abringen. Wer bereit ist, die elendige Kälte zu ertragen, erlebt im Südwesten Boliviens fantastische Landschaften, denn der Reichtum der Gegend besteht aus einzigartigen Naturschätzen. Der Salar der Uyuni ist der größte Salzsee der Welt und neben dem Titicacasee die wichtigste touristische Sehenswürdigkeit Boliviens. An der Grenze zu Chile reihen sich Vulkanberge wie Perlen an einer Kette, darunter auch der *Sajama,* der mit 6542 Metern der höchste Berg des Landes ist.

Altiplanodorf. Adobeziegel liegen zum Trocknen in der Sonne

Von La Paz gen Südwesten

Etwa 190 Kilometer südlich von La Paz zweigt in Caracollo von der Nationalstraße N 1 die N 4 nach Cochabamba ab. In Caracollo, einem kleinen Örtchen, ist an sich absolut nichts los – es sei denn, es wird gerade einmal wieder unruhig im Land. Dann ist dies der erste Punkt an dem Straßenblockaden errichtet werden, denn wer diese Gabelung blockiert, hat mit einem Streich den größten Teil des Landes lahmgelegt. Nicht ohne Stolz begrüßen einen die Straßenverkäufer hier deshalb gerne mit den Worten „Willkommen in der Welthauptstadt der Straßenblockaden".

Tacna
PERU
Charaña
Patacamaya
n. La Paz (ca. 70 km)
Sica Sica
Alcérreca
Parque
Nacional
Parque
Nacional
Sajama
Río Desaguadero
Panduro
Curahuara
de Carangas
Putre
Sajama
6542 m
Caracollo
Cocha-
bamba
Arica
Chungará
Lauca
Tambo Quemado
Oruro
Toledo
Machaca-
marca
Laguna
Uru Uru
Huanuni
Colchane
Pisiga
Huachachalla
Poopó
Llallagua
Sabaya
Uncia
Chipaya
Lago Poopó
Pazña
Salar de
Coipasa
Challapata
Cala Cala /
Sucre
Pachica   Chusmisa
Cariquima
Huari
Bella Vista
Cancosa
Sevaruyo
Collacagua
Llica
Volcán Tunupa
5400 m
Potosí
Pica
Tahua
Neues
Salz-
Hotel
Río Mulatos
Salar de Uyuni
Ex-Hotels
Playa Blanca u.
Palacio del Sal
△ *Campamento*
🏠 *Einfachst-
Unterkunft*
Isla Incahuasi
(Isla Pescado)
Potosí
Porco
Chita
🏠 Hotel
de Piedra
Bella Vista
Bloques del Sal
Colchani
Pulacayo
Yura
Villa Martín Colcha »K«
Uyuni
Ollagüe   Avaroa
San Juan
Cemen-
terio de
Trenes
Cerdas
Chiguana
Julica
Río
Grande
V. Ollagüe
5869 m
Salar de
Chiguana
San Cristóbal
Atocha
Villa Alota
Ascotán
San
Pedro
Lag. Hedionda
Laguna Cañapa
Chiarkota
L. Honda
Valle de las Rocas
Mina
Candelaria
L. Ramaditas
Villa Mar
(Centro Turístico, 3800 m)
**SÜDWEST-
BOLIVIEN**
Tupiza
Geysir / Vólc. Tatio
Laguna Colorada
4275 m
Reserva
Nacional
de Fauna Andina
Eduardo Avaroa
0   50 km
Suipacha
Geysir Sol de Mañana
(4815 m)
Termas de Chalviri
Laguna Celeste
Calama
Salar de Chalviri
Mojo
Tarija
San Pedro de
Atacama
Vol. Licancábur
5916 m
Laguna Verde 4850 m
La Quiaca
Villazón
Valle de
la Luna
Hito Cajones
Salta
Vol. Juriquez
A R G E N T I N I E N

© Reis Verlag Hermann

Karnevals-Hauptstadt Oruro

Für die meisten Reisenden ist die Stadt Oruro mit ihren über 240.000 Einwohnern nicht viel mehr als ein notwendiger Zwischenstopp auf der Reise ins südliche Hochland, und tatsächlich kann die auf 3700 Metern liegende Stadt nicht mit allzu vielen Sehenswürdigkeiten aufwarten. Einmal im Jahr jedoch erwacht die „Folklorehauptstadt Boliviens", wie sich Oruro selber nennt, zum Leben: Zu Karneval ist hier im wahrsten Sinne des Wortes „der Teufel los" (▶ s. Exkurs S. 124).

Oruro wurde im Jahr 1606 gegründet, nachdem hier reiche Silbervorkommen entdeckt worden waren. Im späten 19. Jahrhundert setzte sich der Boom Dank der Zinnminen fort, die Stadt wurde zu einem wichtigen Wirtschaftszentrum Boliviens. Unangefochtene Führungsfigur war der „Zinn-Baron" *Simón Patiño* (▶ s. Exkurs S. 123). 1952 wurden die inzwischen ausgebeuteten und unrentabel gewordenen Minen verstaatlicht, heute sind die meisten geschlossen und in der einst geschäftigen Bergarbeiterstadt ist nicht mehr allzuviel los.

Die wenigen Sehenswürdigkeiten Oruros, die an die Blütezeit der Stadt erinnern, lassen sich in ein paar Stunden erkunden: Im **Museo Patiño,** in der ehemaligen Residenz des Zinnbarons, zeugen kostbare Möbelstücke und viele wertvolle persönliche Gegenstände vom ungeheuren Reichtum dieses Mannes. Das **Museo Etnográfico Minero** wiederum zeigt, unter welch harten Bedingungen dieser Reichtum von den Arbeitern den Minen abgetrotzt wurde. Im **Museo Mineralógico** wiederum werden über 5000 verschiedene Mineralien ausgestellt. Die **Kathedrale** an der zentralen Plaza ist der Schutzheiligen der Minenarbeiter, *La Virgen de la Candelaria,* gewidmet.

4

Service Oruro

Information	Im *Oficina Regional de Turismo Oruro,* Calle Bolívar, Tel. 525-1764, ist man sehr hilfsbereit und hält Stadtpläne sowie Preislisten von Unterkünften bereit.
Vorwahl	02
Internet	In der Calle 6 de Octubre sind mehrere Internetcafés.

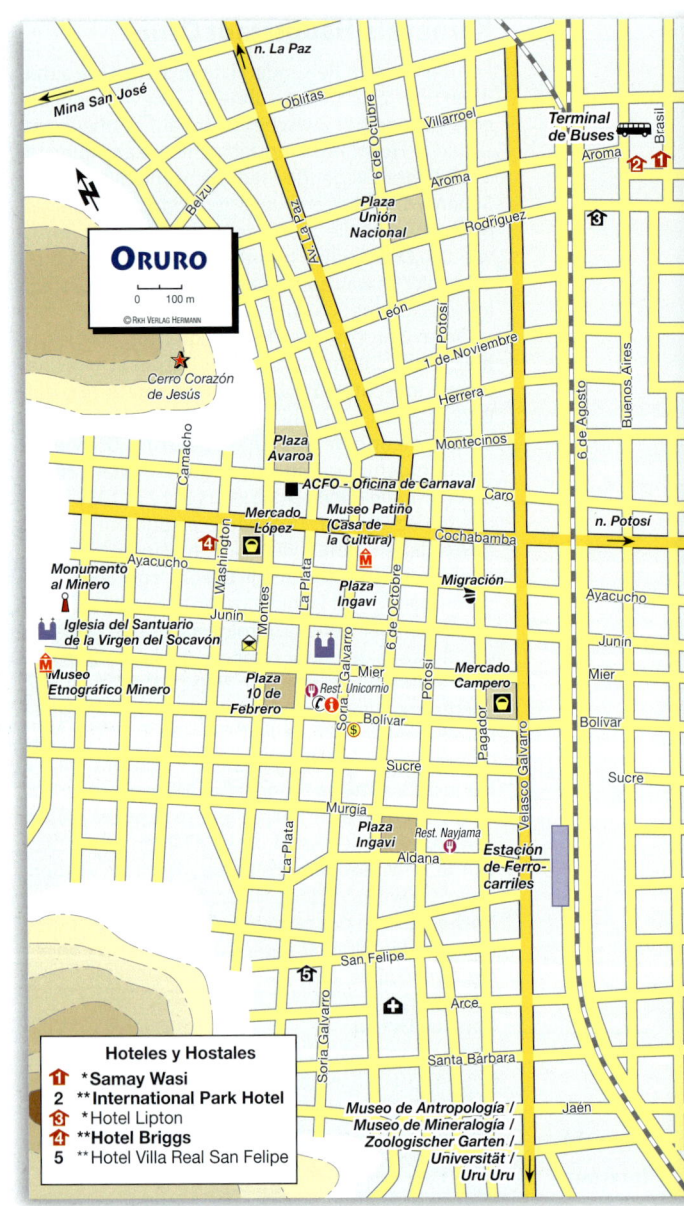

ORURO

0   100 m

© RKH VERLAG HERRMANN

n. La Paz

Mina San José

Oblitas

Villarroel

Terminal de Buses

Aroma

Beizu

6 de Octubre

Av. La Paz

Plaza Unión Nacional

Aroma

Rodríguez

León

Potosí

1 de Noviembre

Buenos Aires

Cerro Corazón de Jesús

Herrera

Plaza Avaroa

Montecinos

Camacho

ACFO - Oficina de Carnaval

Caro

n. Potosí

6 de Agosto

Mercado López

Museo Patiño (Casa de la Cultura)

Cochabamba

Washington

Ayacucho

La Plata

Plaza Ingavi

Migración

Ayacucho

Monumento al Minero

Montes

6 de Octubre

Junín

Junín

Iglesia del Santuario de la Virgen del Socavón

Potosí

Mercado Campero

Mier

Museo Etnográfico Minero

Plaza 10 de Febrero

Rest. Unicornio

Mier

Bolívar

Bolívar

Soria Galvarro

Sucre

Pagador

Sucre

Murgia

La Plata

Plaza Ingavi

Rest. Nayjama

Aldana

Estación de Ferrocarriles

Velasco Galvarro

San Felipe

Arce

Soria Galvarro

Santa Bárbara

Jaén

Hoteles y Hostales

1 *Samay Wasi
2 **International Park Hotel
3 *Hotel Lipton
4 **Hotel Briggs
5 **Hotel Villa Real San Felipe

Museo de Antropología / Museo de Mineralogía / Zoologischer Garten / Universität / Uru Uru

Der Zinnbaron Simón Patiño

Ursprünglich kam der 1860 geborene Mestize Simón Patiño aus ärmlichen Verhältnissen. Sein Vater hatte die Familie verlassen, und seine alleinerziehende Mutter kam bei weitem nicht aus der Spitze der Gesellschaft. Der junge Patiño ging in der Verwaltung eines Bergbaubetriebs in die Lehre und lernte dabei alles über das Minengeschäft.

1897 kaufte er die ausgebeutete Silbermine La Salvadora, die sich wenig später als die reichste Zinnquelle der Welt erweisen sollte. Seine Investition tätigte er genau zum richtigen Zeitpunkt: War Zinn im 18. Jahrhundert noch so gut wie wertlos gewesen, fielen um die Jahrhundertwende die Silberpreise ins Bodenlose und Zinn wurde Dank der Industrialisierung in Europa und in den USA zu einem begehrten Metall, beispielsweise zum Rostschutz von Konservendosen. Die Aufrüstung für die Weltkriege steigerte den Bedarf nochmals enorm. Geschäftstüchtigkeit, verbissener Fleiß und Skrupellosigkeit gegenüber Konkurrenten und Arbeitern machten Patiño binnen zweier Jahrzehnte zu einem der reichsten Männer seiner Zeit. Zeitweise beherrschte er mehr als die Hälfte des weltweiten Zinngeschäftes.

In den 1920er Jahren war sein Reichtum so groß geworden, dass er quasi die Bank der bolivianischen Regierung wurde, die von seinem Wohlwollen abhängig war. Er verlangte Steuerprivilegien, forderte die Armee zur Niederschlagung von Arbeiteraufständen in seinen Minen an und stürzte Präsidenten, die nicht in seinem Sinne agierten. Den Preis für diesen Reichtum und diese Macht zahlten, wie schon im 18. Jahrhundert in Potosí, die indigenen Arbeiter, die die gefährliche und gesundheitsschädliche Schwerstarbeit in den Zinnminen Oruros gegen Hungerlöhne verrichteten. Mit der Revolution von 1952 wurde die Familie des 1947 verstorbenen Simón Patiño enteignet, aber da waren die Minen schon weitgehend ausgebeutet.

Unterkunft   Samay Wasi, Calle Brasil 392/Ecke Aroma „B", Tel. 527-6737, www.hotelsamaywasi.web.bo. Das Hotel bietet alles was man braucht – aber nicht viel mehr. Dafür ist das Personal ausgesprochen freundlich und hilfreich. DZ für 28 US$.

International Park Hotel, Calle Raija Vakovic, Tel. 527-6737. Von dem recht schicken Hotel hat man einen schönen Blick über die Stadt. DZ für 35 US$.

Hotel Briggs, Calle Washington 1206, Tel. 525-1724, Fax 525- 0608, www.s-hotelbriggs.com.bo. Ausgesprochen freundliches Personal, Heizung, komfortabel. DZ ab 67 US$.

Diablada

Nur einmal im Jahr ist in Oruro – im wahrsten Sinne des Wortes – der Teufel los. Nämlich dann, wenn bei der Diablada, dem berühmten Karneval von Oruro, die Göttin *Ñusta* den Teufel *Wari* vertreibt. Dann ist Oruro am Faschingssonntag das Festzentrum von Bolivien. Zehntausende reisen an, um das Spektakel mitzuerleben, alle Hotelzimmer sind Wochen vorher ausgebucht.

Die zweiwöchige Diablada, das „Teufelsmaskenfest", eine Verschmelzung andiner Kultriten mit Geisterglauben und christlichem Brauchtum, wird alljährlich in der Karnevalszeit gefeiert. Genaugenommen beginnt sie aber schon am 1. November mit der *Iniciación de los Preparativos* und den Probeaufführungen der verschiedenen Fest-Vereinigungen *(fraternidades)*. Die neuen Tänzer und Tänzerinnen leisten vor der *Virgen del Socavón* einen Schwur, drei Jahre an der Diablada teilzunehmen. Vor dem Karneval versammeln sich die *fraternidades* zum Abschluss in der *Iglesia del Santuario de la Virgen del Socavón*. Am Donnerstag vor dem Karnevalswochenende beginnen erste Feiern und kleinere Zeremonien.

Erster Höhepunkt ist am Samstag die *Entrada,* der Eröffnungsumzug, an dem mehrere Dutzend Conjuntos mit lautstarken *bandas* und farbenprächtig maskierten Teufelstänzern zur Iglesia del Santuario de la Virgen del Socavón ziehen. Auf der Plaza del Socavón vollzieht sich dann der dramatisch-sinnbildliche Höhepunkt, der Kampf des Erzengels Michael, *Arcángel San Miguel,* gegen die sieben Dämonen.

Sonntagmorgen um 4 Uhr setzt sich die Diablada mit dem *Saludo del Alba,* dem Morgengruß vor der Kirche, fort. Die Krönung ist dann der *Corso del Domingo de Carnaval,* der kilometerlange Sonntagsumzug der *Conjuntos folklóricos,* der am Nachmittag von

einem Kinderumzug abgelöst wird. Doch auch montags wird weitergetanzt: Attraktion ist *La Challa*, ein andines Ritual zu Ehren der Mutter Erde *Pachamama,* der Hochprozentiges und Süßgebäck geopfert wird.

Auch an den restlichen Tagen der Woche finden weitere kleinere Umzüge und Zeremonien statt, bevor am Sonntag mit volkstümlichen Lobgesängen und Tänzen der Karneval im Stadtzentrum „begraben" wird.

Kai Ferreira Schmidt

Restaurants Eine reichhaltige Karte mit regionalen Gerichten findet man im *Unicornio,* Calle La Plata, an der Plaza. Etwas internationalere Gerichte gibt es im *Nayjama,* Calle Aldana.

Verkehrs-verbindung **Cochabamba:** Täglich mehrere Busse auf asphaltierter Straße, Fahrzeit 4 h.

La Paz: Unzählige Busse auf guter Straße, Fahrzeit ca. 3 h.

Potosí: Mehrmals täglich Busse, acht Stunden auf guter Straße.

Uyuni: Mehrere Nachtbusse, Fahrzeit acht Stunden, an Schlaf ist auf der holprigen Piste aber kaum zu denken. Alternativ gibt es viermal wöchentlich einen Zug, der die Strecke in derselben Zeit zurücklegt, aber wesentlich komfortabler ist.

Parque Nacional Sajama

Rund um den Nevado Sajama, der mit 6542 Metern nicht nur der höchste Berg Boliviens, sondern auch einer der höchsten Vulkane der Welt ist, liegt der *Parque Nacional Sajama.* Das Gebiet wurde bereits 1945 unter Schutz gestellt und ist der älteste Nationalpark Boliviens. Auf seiner insgesamt 80.000 Hektar großen Fläche liegen noch weitere Vulkane, viele Lagunen, heiße Quellen und Geysire. Mit etwas Glück lassen sich Vicuñas, der Suri (Andenstrauß) Gürteltiere und Andenwildkatzen beobachten.

Unterwegs im Nationalpark mit dem Gipfel des Nevado Sajama im Hintergrund

Höhepunkt des Nationalparks ist aber zweifellos der Sajama selbst. Der kegelförmige Vulkan ist seit mindestens 25.000 Jahren erloschen und gilt in den umliegenden Dörfern als Heiligtum. Bis auf eine

4

Höhe von 5000 Metern ist er mit Queñua-Bäumen bewachsen, die den höchsten Wald Boliviens bilden.

Im Juni 2007 fand am Sajama auf 6000 Metern ein Fußballspiel statt. Evo Morales, der das einzige Tor schoss, wollte damit gegen eine neue Regelung der FIFA protestieren, nach der ab sofort keine Länderspiele mehr über 2500 Meter stattfinden dürfen. Auch das weltweit höchste Fußballspiel wurde auf dem Sajama ausgetragen, und zwar auf dem Gipfel.

Akapana Tours in La Paz (Adresse siehe dort) organisiert Ausflüge in den Sajama Nationalpark und hat auch erfahrene Führer für die Gipfelbesteigung. Gipfelkletterer müssen sich auf eine viertägige schwere Hochgebirgstour einstellen.

Uyuni

Wer einem Bolivianer erzählt, dass er nach Uyuni fährt, erntet bedauernde Blicke. „Qué frío – wie kalt!" ist die unweigerliche Antwort, und das Mitleid ist berechtigt. Auf 3670 Meter Höhe ist es in der trostlosen Hochlandeinöde so kalt und windig, dass die

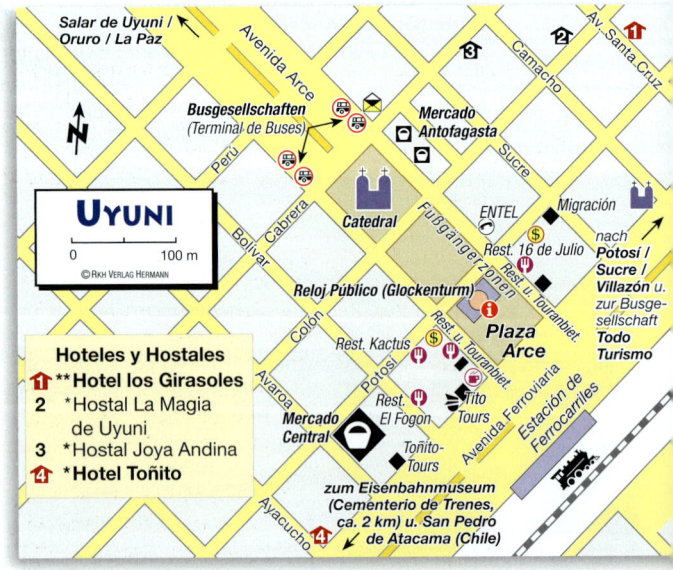

Hoteles y Hostales

1 **Hotel los Girasoles
2 *Hostal La Magia de Uyuni
3 *Hostal Joya Andina
4 *Hotel Toñito

wenigen Bäumchen des 14.000-Einwohnerstädt-
chens mit schweren Gummireifen vor dem eisigen
Wind geschützt werden müssen. Uyuni wurde 1889
als Garnisonsstadt von dem damaligen Präsidenten
Aniceto Arce gegründet und jemand anders als die
dienstverpflichteten Soldaten wäre hier auch kaum
anzusiedeln gewesen. Heute wäre Uyuni längst in
völliger Bedeutungslosigkeit versunken, läge nicht
direkt vor seiner Haustüre der *Salar de Uyuni,* der
größte Salzsee der Erde, der Touristen aus aller Welt
anzieht.

Weißes Meer – der Salar de Uyuni

Salz, wohin das Auge schaut: 10 Milliarden Tonnen
auf einer Fläche von 12.000 Quadratkilometern, drei
bis fünf, an einer Stelle sogar über 90 Meter dick
und fest genug, um von Jeeps und sogar von Lastwagen befahren zu werden. Das ist der Salar de
Uyuni, der rund ums Jahr besucht werden kann.
Während der Regenzeit zwischen November und
April wird die Oberfläche zwar von Wasser bedeckt,
doch sie bleibt meistens befahrbar und wird zu
einer spiegelnden Fläche, die den tiefblauen
Himmel reflektiert.

Ursprünglich gehörte der Salar zum großen
Anden-Binnenmeer *Lago Minchíns.* Als der gewaltige Ursee vor Jahrmillionen austrocknete blieben
Salzseen zurück. Im Salar fallen immer wieder die
ojos auf, blubbernde Salzquellen, auch „Augen des
Salars" genannt. Hier brechen unterirdische Wasser-
läufe und Gase durch die Salzkruste.

In dem Dörfchen Colchani schlagen vermummte
Männer mit Äxten Salzblöcke aus dem Boden, die
in einer windschiefen Salzmühle weiterverarbeitet
werden. 20.000 Tonnen Salz werden so jährlich für
den nationalen Markt gewonnen.

Der größere Reichtum des Salars bleibt hingegen unausgebeutet: Unter der Salzkruste lagert das
größte Lithiumvorkommen der Welt. Das Leicht-
metall wird in Batterien und in der Luft- und
Raumfahrt verwendet und die Vorkommen unter
dem Salar de Uyuni könnten eine wichtige neue
Einkommensquelle für Bolivien werden. Verschiedene Forschungsteams, darunter auch eines mit

4

Experten der Technischen Uni Freiberg, erarbeiten derzeit Methoden, mit denen das Lithium abgebaut werden kann.

Rundreise zum Salar und zu den Lagunen

Zu sehen ist nur Weiß. Endlos breitet es sich bis zum Horizont aus, dazwischen ein paar Inseln, die zu schweben scheinen. Kaum zu glauben, dass das alles Salz ist. Gleißend grell blenden seine winzigen Kristalle. Soweit das Auge reicht, haben sich auf der Oberfläche große Sechsecke gebildet. In der Ferne ist ein dunkler Fleck in der weißen Endlosigkeit zu sehen, das Hotel „Playa Blanca". Davor steht eine kleine Bank – aus Salz. Die Wände sind gebaut aus Salzziegeln, die Tische und Stühle, ja selbst die Betten, alles aus Salz hergestellt. Inzwischen hat das Hotel geschlossen, aber das Gebäude wird nach wie vor von den meisten Touranbietern besucht.

Isla Incahuasi Wie eine Fata Morgana taucht nach einigen Stunden Fahrt plötzlich eine Erhebung aus dem Weiß auf, die **Isla Incahuasi**. Ein gut ausgebauter Wanderweg führt zwischen den Felsen entlang. Viel wächst nicht auf der aus versteinerten Korallen bestehenden Insel: ein paar trockene Grasbüschel und Kakteen. Und was für welche! Bis zu zehn Meter ragen sie in die Höhe, bewehrt mit zentimeterlangen spitzen Stacheln. Sie wachsen jedes Jahr einen Zentimeter, manche sind 1200 Jahre alt. Hier machen die Jeeps der Touristengruppen Rast.

Hinter dem Salzsee steigt die holprige Straße stetig an, bis auf knapp 4000 Metern das Dorf San Juan erreicht wird. Hier wird in einer einfachen, aus Adobeziegeln gebauten Hütte das erste Nachtlager

Meer aus Salz:
Der Salar
de Uyuni

Árbol de Piedra

aufgeschlagen. Am nächsten Morgen wird ein erst kürzlich entdeckter archäologischer Friedhof von 1200 n.Chr. besucht. Hier liegen Mumien in ihren kugelfärmigen Gräbern aus versteinerten Korallen.

Kaum hat man am nächsten Morgen San Juan hinter sich gelassen, findet man sich in einer Landschaft, die wie ein fremder Planet wirkt. Hier beginnt das 714.745 Hektar große **Reserva Nacional de Fauna Andina Eduardo Avaroa** (REA). Soweit das Auge reicht, breitet sich endlose Wüste aus, unterbrochen nur von einigen Felsen, die der ewige, eisige Wind zu bizarren Statuen geschliffen hat.

Darüber spannt sich ein stahlblauer Himmel, und eine fast unheimliche Stille liegt über der kargen Landschaft. Entlang der Grenze zu Chile geht es weiter Richtung Süden, vorbei an einer Kette schneebedeckter Vulkane, die wie eine Barriere am Rande der Wüste emporragen. Über dem Kegel des aktiven Ollagüe hängen kleine Rauchwolken in der klaren Luft.

4

**Laguna
Colorado**

Auf dieser Tour hat man gute Chancen, die sonst scheuen und seltenen Vicuñas aus kurzer Distanz zu sehen. In den Felsen tummeln sich *Vizcachas*, eine Chinchillaart mit Kaninchenohren. In der Ferne hebt sich, rötlich schimmernd, die **Laguna Colorada** in der braunen Landschaft ab. Das Wasser des 60 Quadratkilometer großen Sees scheint aufgrund kupferhaltiger Mineralien und eines Planktons rot gefärbt, zusammen mit der Blauspiegelung des Himmels ergibt dies ein buntes Mosaik. An den Ufern der Lagune stelzen rosafarbene Andenflamingos auf der Suche nach Plankton durch das Wasser.

Laguna
Colorada

In der untergehenden Sonne leuchtet der See noch einmal glutrot auf, bevor die Nacht über die Einöde hereinbricht. Mit der Dunkelheit kommt die Kälte, die beißend bis in die Knochen dringt. Gleichzeitig breitet sich ein Sternenhimmel aus, wie es ihn sonst nirgends auf der Welt zu sehen gibt. Kein Wunder, dass auf der anderen Seite der Grenze, in der chilenischen Atacamawüste, die europäische Südsternwarte errichtet wurde. Denn hier, fernab von menschlichen Siedlungen und gleichzeitig am wohl trockensten Platz auf der Erde, wird die Sicht nach oben durch nichts getrübt.

**Sol de la
Mañana**

Am nächsten Tag wird im Morgengrauen die 5000-Meter-Grenze passiert. Kurz darauf erreichen die Jeeps das Geysirfeld **Sol de la Mañana.** Aus den Felslöchern blubbert es und kochende Geysire schießen aus der Erde. Ganz in der Nähe liegen die heißen, dampfenden Thermen von Polquis in der

Geysirfeld
Sol de la
Mañana

Morgensonne und verströmen leichten Schwefel-
geruch. Es kostet einige Überwindung, sich bei den
Minusgraden aus der dicken Kleidung zu schälen:
Aber was für eine Wohltat, sich dann in dem heißen
Wasser zu aalen. So wunderbar warm wird es dem
Reisenden auf dieser Tour nur einmal. Doch die
Außentemperatur ist eisig, nass gewordene
Haarspitzen gefrieren sofort zu Eiszapfen.

Gegen Mittag kommt die **Laguna Verde** in Sicht,
die die südwestliche Grenze zu Chile markiert. In
der hochstehenden Sonne beginnt sich das Plankton im kristallklaren Wasser zu verfärben, bis der
See türkisgrün leuchtet. Darin spiegelt sich der
Vulkan Licancabur.

Von hier aus führt die Piste wieder Richtung Norden.
Nach dem Besuch bizarrer Felsformationen erinnert kurz vor der Rückkehr nach Uyuni ein Eisenbahnfriedhof daran, dass es hier im Südwesten
Boliviens nicht nur dieses grandiose Salzmeer gibt,
sondern dass hier tatsächlich auch Menschen leben.

Service Uyuni

Information   Tourist Information Office Ranking Bolivia, Av. Potosí 9. In
dem gemütlichen kleinen Laden bekommt man außer
einem Kaffee und Snacks auch aktuelle Lob- & Tadel-Infos
über die einzelnen Touranbieter.

Vorwahl   02

Internet   An der Plaza und in der Calle Potosí gibt es einige
Internetcafés.

Unterkunft   Günstige Hostels gibt es in Uyuni jede Menge, wer etwas
besser unterkommen will, hat hingegen nur wenig Auswahl.

Hotel Toñito, Av. Ferroviaria 60, Tel. 693-3186, www.bo-
livianexpeditions.com/hotel.html. Der Standard ist or-
dentlich, doch als einziges Hotel dieser Preisklasse in der
Stadt hat man es offenbar nicht nötig, freundlich und ser-
viceorientiert zu sein. DZ ab 30 US$.

Hotel Los Girasoles, Av. Santa Cruz 155, Tel. 693-3323,
Fax 693-3323, www.hotelgirasoles.net. Das vermutlich
beste Hotel Uyunis ist nicht nur ausgesprochen hübsch,
sondern wartet auch mit allen Annehmlichkeiten auf und
hat – ganz wichtig – eine Heizung und warmes Wasser. DZ
ab 75 US$.

Hotel Luna Salada, auf kleiner Anhöhe neben dem Salar,
Tel. 278-5438, www.lunasaladahotel.com.bo. Das freundliche, ganz aus Salzblöcken erbaute Hotel zählt zu den
außergewöhnlichsten ganz Boliviens. DZ ab 110 US$.

Unterkünfte während der Tour

Während der Tour ist man normalerweise in Schlafsälen
äußerst einfacher Herbergen untergebracht. Gegen einen
Aufpreis von 40 US$ besteht aber in San Juan die
Möglichkeit, in dem hübschen Hostal La Magia de San
Juan (Tel. 711-74453, www.hostalmagiadesanjuan.com)
unterzukommen, das über warmes Wasser und einen
glasüberdachten Innenhof verfügt.

Komfortabel kommt man in den vier Hotels der Tayka-
Gruppe unter, www.taykahoteles.com. Ein DZ kostet
allerdings rund 100 US$.

Einige der Herbergen an der Laguna Colorada bieten
gegen einen Aufpreis von 10 US$ DZ mit eigener Toilette.

Sagen Sie Ihrem Touranbieter in jedem Fall Bescheid, wenn
sie nicht in den üblichen einfachen Schlafsälen übernachten
möchten, damit er eine der Alternativen arrangieren kann.

Restaurants   Ausgezeichnete Pizzas serviert Minuteman Revolutionary
Pizza im oben erwähnten Hotel Toñito. Verschiedene
Pastas und einige bolivianische Gerichte bekommt man
im gemütlichen Kactus, Calle Potosí.

Touranbieter   Touranbieter gibt es in Uyuni wie Salz im See – schließlich
lässt kaum ein Bolivienreisender eine Salarfahrt aus.
Allerdings macht sich hier deutlich bemerkbar, dass die
meisten Reisenden Backpacker mit kleinem Budget sind
und am liebsten so wenig wie möglich für ihre Tour
bezahlen wollen. So unterbieten sich die verschiedenen
Agenturen gegenseitig, was zu Lasten des Service und der
Wartung der Jeeps geht. Häufig bleiben die Wagen auf
halber Strecke liegen, und das ist in der weitgehend menschenleeren und eiskalten Einöde ziemlich unangenehm.
Deshalb hier ein paar Tipps, worauf Sie bei der Auswahl
eines Touranbieters achten sollten: Schauen Sie sich ihr
Fahrzeug in jedem Fall vor der Abfahrt genau an und über-

prüfen Sie dabei auch die Bremsen. Halten Sie schriftlich sowohl die maximale Anzahl der Passagiere fest als auch die Vereinbarung, dass der Fahrer die Tour über keinen Alkohol trinkt.

Aus eigener Erfahrung kann folgender Anbieter empfohlen werden:

Tito Tours, Av. Ferroviaria, Tel. 724-12048, www.titotours-uyunibolivia.com. Der sehr freundliche Tito hat einen gut gewarteten Wagen, fährt vorsichtig, erklärt ausgezeichnet und spricht etwas Englisch.

Außerdem wird empfohlen Kantuta Tours, Tel. 693-3084, kantutatours@hotmail.com.

Verkehrsverbindungen

Oruro – La Paz: Zahlreiche Nachtbusse, die oft ausgebucht sind. Bis Oruro sind es auf schlechter Piste etwa acht Stunden, bis nach La Paz noch einmal drei. Etwas bequemer sind die speziellen Schlafbusse für Touristen. Buchbar unter www.todoturismo.bo.

Potosí: Mehrere Busse, die vormittags abfahren, Fahrzeit auf inzwischen weitgehend asphaltierter Strecke fünf Stunden.

Flüge: Seit Sommer 2011 gibt es auch Flugverbindungen nach Uyuni. Amaszonas fliegt täglich von und nach La Paz, TAM montags und freitags von und nach Sucre.

Weiter nach Chile: Wer weiter nach Chile will, kann sich von den Agenturen an der Laguna Verde absetzen lassen und wird dort von einer chilenischen Partneragentur aufgesammelt. Der Grenzposten an der Laguna Verde ist täglich bis 12 Uhr besetzt.

4

Eisenbahnfriedhof bei Uyuni

Kleinkamele der Anden

In den Anden sind vier kamelartige Tiere beheimatet: *Guanakos, Vicuñas, Lamas* und *Alpakas*. Lamas (spanisch *Llama*) und Alpakas sind Haustiere, die bereits vor über 7000 Jahre von den damaligen Andenbewohnern domestiziert wurden, während Guanakos und Vicuñas in freier Natur leben. Ihr elastisches Sohlenpolster ermöglicht den Kleinkamelen das Gehen auf lockerem Untergrund. Deshalb ist das Lama auch das ideale Tragtier, das seine Lasten ausdauernd und trittsicher über Geröllflächen und steile Felspfade transportiert. Genügsam trotzt es den eisigen Stürmen und Temperaturschwankungen in über 4000 Meter Höhe.

Der **Guanako** ist die wilde Stammform des Lamas. Er wird nur rund 1,10 Meter hoch und kommt nur noch selten in den Gebirgssteppen Südperus und Chiles sowie in den Bergen Boliviens vor. Guanakos leben in kleinen Familienherden von 15 bis 25 Tieren, die von einem Leithengst angeführt werden. Pumas und Kondore sind die natürlichen Feinde der Guanakos. Ihr Fell ist grau bis rotbraun, zur Bauchdecke hin wird es gelbweiß.

Lamas sind mit einer Schulterhöhe von 1,20 Meter etwas höher als der Guanako und haben ein dichteres Wollfell. Die Fellfarbe variiert zwischen weiß, schwarz, braunrot oder buntgescheckt, die Wolle eignet sich nur bedingt für Textilien. Ein Lama kann eine Last von maximal 25 Kilogramm auf einer Tagesetappe von ungefähr 20 Kilometer tragen. Sollte ihm auch nur ein Kilogramm zu viel aufgeladen werden, legt sich das Tier mit seinem äußerst fein ausgeprägten Gewichtsgefühl einfach zu Boden. Eine Lamakarawane besteht nur aus männlichen Tieren, die von einem Leittier angeführt werden, dem alle übrigen im Gänsemarsch folgen.

Alpakas wurden gleichfalls aus dem Guanako gezüchtet und anschließend mit wilden Vicuñas gekreuzt. Sie leben in Höhen zwischen 4000 und 5000 Metern, in tieferen Regionen kann sich das Alpaka nicht so gut entwickeln und auch die Wollqualität leidet. Hauptmerkmal des Alpakas ist sein langes, feines Fell in den Farben schwarz, weiß oder rotbraun, zottelige Gesichtsbehaarung, kürzere Beine und kürzere Ohren. Auch sein Hals ist kürzer als der eines Lamas. Es ist das „Wollknäuel" unter den Kleinkamelen. Die Verarbeitung der Wolle ist unterschiedlich: Die Frauen auf dem Land verspinnen die Rohwolle traditionell mit Handspindeln zu groben Wollfäden und stricken daraus warme Kleidungsstücke. Da für die Wollverarbeitung weiße Wolle praktischer ist, werden dunkle Tiere systematisch geschlachtet. Schwarze Alpakawolle ist deshalb heute sehr selten und damit am teuersten. Alpakas sind aber nicht nur Woll-, sondern auch geschätzte Fleischlieferanten für delikate Braten.

Das **Vicuña** ist das zierlichste unter den vieren, und mit einer Schulterhöhe von ungefähr 80 Zentimetern auch das kleinste. Es hat sich am besten an den andinen Lebensraum angepasst. Sogar das Blut weist eine besondere, höhenspezifische Eigenschaft auf. Vicuñas können in Höhen bis zu 5000 Metern genauso überleben wie in nahezu wüstenartigen Steppen, wobei sie aber selten unter 3500 Metern anzutreffen sind. Ihr Fell ist von gelbbrauner bis rotbrauner Farbe, das Bauchkleid jedoch weiß. Bei den Inka durfte nur der Herrscher Gewänder aus der seidenfeinen, kostbaren Vicuñawolle tragen. Auf das Töten eines Vicuñas stand die Todesstrafe – heute ist die Jagd in Bolivien bei Gefängnisstrafe verboten. Vicuñawolle ist die teuerste Naturfaser der Welt, dreimal so fein und viermal so teuer wie Kaschmirwolle. Pro Tier wird dabei pro Jahr nur etwa ein Pfund Wolle gewonnen, das Kilogramm kostet bis zu 500 Euro.

Helmut Hermann

4

Lama im
Andenhochland

Das zentrale Hochland

Das zentrale Hochland Boliviens besticht durch die herbe Schönheit der andinen Bergwelt: Stundenlang ziehen schroffe Felsen, kleine Gehöfte, Lamaherden und aus Adobeziegeln erbaute Dörfer an den Reisenden vorbei. Bergpässe von bis zu 4800 Metern sind hier nichts Ungewöhnliches. Nach soviel wilder Einsamkeit wirken die bezaubernden kolonialen Städte des Hochlandes wie wahre Metropolen, doch nervöse Geschäftigkeit sucht man auch hier vergeblich.

In den geschichtsträchtigen Orten Potosí, Sucre, oder Cochabamba erinnert verblassende Grandeur an die bewegte Vergangenheit des Landes. Und Millionen Jahre alte Spuren von Dinosauriern erzählen von einer längst vergangenen Zeit.

Potosí – Das Tor zur Hölle

„Vale un Potosí – das kostet ein Potosí" ist in Spanien bis heute eine stehende Redewendung, wenn man sagen möchte, das etwas ein Vermögen kostet. Denn Potosí war über Jahrhunderte die reichste Stadt der Welt. Diesen Reichtum verdankte die Stadt dem 4800 Meter hohen kegelförmigen *Cerro Rico,* dem „Reichen Berg", der die Stadt überragt und einst voller Silberadern war. Doch die Zeiten, in denen Potosí die Schatzkammer Lateinamerikas war, sind lange vorbei. Heute leben die meisten der über 240.000 Einwohner von den Resten an Zinn- und Zinkerz, die in Handarbeit dem Berg abgetrotzt

Ansicht von Potosí mit Cerro de Potosí im 19. Jh.

Potosí

0 © RKH VERLAG HERMANN 200 m

Estación Central de Ferrocarriles
Baños Termales de Chaquí (50 km)
Sucre

Villa Toledo
San Alberto
Villazón
Av. Arce
1 de Abril
Av. Cívica
Vanguardia

W. Alba
Av. El Maestro
Av. Chayanta
Bustillos
Jaimes Freire
Estadio

América
F. Gumiel
Flores
Av. Antofagasta
n. Oruro / Laguna Tarapaya (25 km)
Busse n. Uyuni (ca. 100 m li.), z. Terminal de Buses (ca. 500 m auf der Av. Antofagasta, die zur Av. Universitario wird)
Av. Cerrudo
Modesto Omiste
La Paz

A. Villa Imperial de Toledo
Templo de Jerusalén
Plaza del Estudiante od. Plaza Bolívar
Oruro
Mercado Artesanal
POLTUR
Quijarro
Sucre

San Bernardo
Av. Camacho
Ingavi
Iglesia y Convento Santa Mónica †
Junín
Chacan

Chicha
Mercado Gremial
San Lorenzo
Rest. Don Lucho
San Agustín
Museo Universitario
Balcón de la Horca

Mercado Vicuña
Bolívar
Mercado Central
Sumac Orcko
Bolívar
Casa de las Recogidas
Matos
La Merced

Plaza Vicuña
Plaza Arce
Rest. El Fogón
Migración
Bustillo
Banco Mercantil (TC)
Teatro Omiste
Belén Café
Hoyos
Café Kaypichu

Olmero
Museo / Convento Santa Teresa
Chicas
Igl. La Compañía de Jesús u. Tour.-Info
Ayacucho
Casa Nacional de la Moneda
Catedral
Plaza 6.8.
Plaza 10.11.
Migración
Linares

Villavicencio
Andesbus nach Sucre
Cobija
Koala Tours
Prefectura
Cúpulas de la Antigua Casa de la Moneda
zum Cerro Rico

Arco de Cobija (Torbogen)
Santo Domingo
Villavicencio
Tarija
Chuquisaca

C. Castillo
Lourdes
Nogales

Mejillones
Gen. Rosas
Convento / Museo San Francisco
Esp. Padilla
Millares
Cortés

Fanola
Fanola
Villa Valda
Periodista Betzi

Av. H. Vásquez
Molins
Plaza Godínez
Ramos
Cañete

San Pedro
Millares
Monquiri

n. Camargo / Tarija / Villazón
Are...nas
Monumento al Minero

Hoteles y Hostales
1 *Hostal Residencal San Antonio
2 **Hostal Colonial
3 *Hotel Compañía de Jesús
4 *Hostal La Casona Potosí
5 ***Hotel Coloso
6 *Hostal Cerro Rico Velasco

5

werden. Etwas anderes als diese kläglichen Reste bleiben der Bevölkerung nicht, denn hier auf 4070 Metern Höhe gibt es kein anderes Auskommen – rund um die am höchsten gelegene Großstadt Boliviens wächst kaum ein Halm.

Trotz der großen Armut ist die Stadt voll von Zeugnissen ihrer Blütezeit: Potosí verfügt über nicht weniger als 36 barocke Kirchen und viele einst herrschaftliche koloniale Häuser. Dieser heute verfallenden Pracht verdankt die Stadt ihren Status als UNESCO-Weltkulturerbe.

Geschichte

Gegründet wurde die Stadt 1545, kurz nachdem der Indígena Diego Huallpa zufällig das Silber auf den Felsen des Berges entdeckte. Kaum hatten die Spanier von dem Schatz erfahren, schickten sie eine Vorhut und gründeten die Stadt *Villa Imperial de Carlos V*. Die Ausbeutung des Berges wurde in großem Stil vorangetrieben. Unbarmherzig kommandierten die Spanier ganze Dorfschaften von Hochlandbewohnern in die unzähligen Bergstollen ab. Dabei half ihnen das inkaische System der *mita,* bei der jeder Untertan einen Arbeitsdienst zu leisten hatte. Die Spanier machten daraus das System der *encomienda*, wonach die Bevölkerung den neuen Herrschern Tribut in Form von Arbeitskraft und Abgaben zu leisten hatte. Die Dörfer wurden verpflichtet, jedes Jahr 13.500 Männer für die Arbeit in den Minen zur Verfügung zu stellen.

Innerhalb weniger Jahrzehnte wuchs Potosí zur größten Stadt des amerikanischen Doppelkontinents heran. 1650 lebten hier 160.000 Menschen,

die Stadt hatte mehr Einwohner als Madrid, Paris oder Rom in jener Zeit und war vorübergehend die zweitgrößte Stadt der Welt. Drei Jahrhunderte lang füllte der Reichtum des Cerro Ricos die Staatskassen Spaniens, bis heute gilt Potosí „die Stadt, die der Welt am meisten gegeben hat" –

Mineneingang
in Potosí

nämlich insgesamt 60.000 Tonnen Silber. Für die Indígena war Potosí dagegen der „Eingang zur Hölle" oder auch „der Berg, der die Menschen lebendig frisst". Nur mit Hilfe des Kauens von Cocablättern war die schwere Arbeit überhaupt zu bewältigen. Verunglückten und starben die Zwangsarbeiter nicht in den Stollen, so erlagen sie früher oder später den unbarmherzigen Arbeitsbedingungen in dieser Höhe oder den Vergiftungen durch Quecksilber, das als Scheidemittel eingesetzt wurde. Nach Eduardo Galeanos Buch „Die offenen Adern Lateinamerikas" hatten bis zum 18. Jahrhundert bis zu 8 Millionen Indígena den Tod gefunden. Die Spanier versuchten auch, Sklaven aus Afrika in den Minen einzusetzen, doch die konnten in der dünnen Höhenluft nicht arbeiten und wurden darauf in die Yungas auf Plantagen gezwungen.

Im 18. Jahrhundert waren die Silbervorkommen des Berges weitgehend ausgebeutet, die Umgebung der Stadt durch das eingesetzte Quecksilber vergiftet und die Einwohnerzahl sank auf unter 10.000. Potosí versank in Bedeutungslosigkeit. Anfang des 20. Jahrhunderts erlebte die Stadt mit dem Abbau von Zinn einen erneuten Aufschwung und machte Männer wie den Zinnbaron *Simón Patiño* reich. 1952 wurden die Minen verstaatlicht. Heute lohnt sich der Abbau der Erzreste für die staatliche Bergbaugesellschaft COMIBOL nicht mehr. Brauchte man früher im Berg nur einer Ader zu folgen, muss nun das Gestein Stück für Stück gesprengt werden. Diese mühsame und gefährliche Arbeit übernehmen heute die Mitglieder der Bergbaukooperativen.

Besichtigung

Das Zentrum des Reichtums

Die Casa Nacional de la Moneda - einst *Casa Real de la Moneda* - war früher das wichtigste Gebäude von Potosí. Hier wurde das Silber zu Münzen geprägt, die dann auf dem Rücken von Lamas über die Anden zum Seehafen von Arica im heutigen Chile transportiert wurden. Das 1572 unter dem Vizekönig Francisco de Toledo erbaute festungsartige Gebäude diente nach der Unabhängigkeit auch als Gefängnis und Kriegshauptquartier. 1930 wurde es zum *Museo de Arte Retrospectivo* und *Archivo Histórico* umgewandelt. 1969 ging die Casa de la Moneda in den Besitz der bolivianischen Zentralbank über und wurde von dieser restauriert. Seit 1995 gehört sie der von der Zentralbank gegründeten *Fundación Cultural del Banco Central de Bolivia*.

Im Innern überrascht der wuchtige Bau mit hübschen Innenhöfen und Bogengängen. In den mächtigen Hallen stehen die riesigen Holzmaschinen mit ineinandergreifenden Zahnrädern, mit denen die Silbermünzen geprägt wurden. Angetrieben wurden diese gigantischen Räderwerke von jeweils vier Maultieren.

Gasse im Zentrum von Potosí

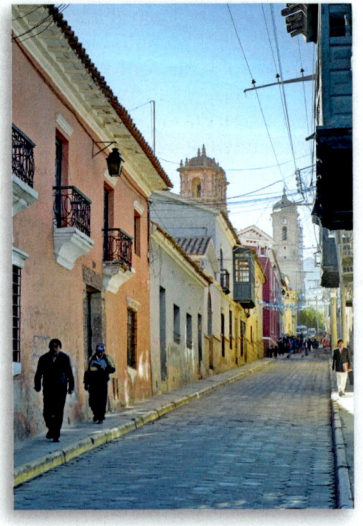

Die Maschinen wurden in Einzelteilen aus Spanien bis nach Arica verschifft und dann auf Lasttieren nach Potosí transportiert. Interessant ist auch eine von deutschen Zimmerleuten gebaute Silberwalze aus Eichenholz und eine der Schatztruhen mit raffiniertem Schließmechanismus, in denen die Münzen nach Spanien transportiert wurden. Neben Prägestempeln und Stanzwerkzeugen ist außerdem eine Kunstsammlung aus der Zeit des Vizekönigreiches zu besichtigen. Glanzstück der Ausstellung ist das Bild der *Virgen del Cerro* von

Gemälde der
Virgen del Cerro

dem aus Potosí stammenden Maler Melchor Pérez de Holguín. Das Gemälde zeigt den Cerro Rico als heilige Jungfrau, die zugleich die Muttergottheit Pachamama darstellt.

Im historischen Archiv werden mehr als 80.000 Schriftstücke, Manuskripte, Bibliographien, Karten und Pläne aus der Zeit von 1550–1985 aufbewahrt, darunter Dokumente über das Leben in Potosí und den Bergbau. Auch die Nachlässe kolonialer und republikanischer Institutionen werden in der Moneda aufbewahrt, die damit eines der die wichtigsten Archive Boliviens ist.

Verfallende Kirchen

Viele der 36 einst prachtvollen Kirchen der Stadt sind vom Verfall bedroht. Es fehlen die Mittel, um all die Dächer und Mauerwerke auszubessern oder die filigranen Steinmetz- und Schnitzarbeiten zu erhalten. Das ist ein Jammer, denn die Kirchen Potosís sind wunderbare Beispiele für den Mestizobarock. Mit Hilfe der UNESCO konnten zumindest einige Kirchen restauriert werden. In einem Raum in der Casa Nacional de la Moneda lagern Überreste von einst prächtigen Altären, vom Zahn der Zeit angenagte Holzstaturen und andere Kunstgegenstände, die aus den verfallenden Kirchen gerettet wurden. Sie mahnen, welche Schätze verloren zu gehen drohen.

Iglesia San Lorenzo

Die wichtigste dieser alten Kolonialkirchen ist die Iglesia San Lorenzo. Das Kirchenbauwerk ist ein Glanzstück indigener Steinmetzkunst und wurde zuletzt 1990 restauriert. Das Portal ist eines der schönsten Beispiele des typischen *estilo mestizo* in Bolivien. Zwischen 1728 und 1744 von einem Indígena aus Siporo erbaut, haben diese in den Hauptpfeiler sogenannte *indiátides* (Säulenfiguren) eingearbeitet, auf denen Sonne, Mond und Sterne und maskenartige Gesichter der indianischen Gottheiten zu sehen sind. Die ausdruckstarken Gemälde in der Kirche stammen von den Malern

Melchor Pérez de Holguín und Gaspar de la Cueva.

Cathedral de Potosí

Die ursprüngliche Kathedrale an der zentralen Plaza wurde im Jahr 1600 fertiggestellt, das Gebäude brach jedoch im frühen 19. Jahrhundert zusammen und wurde in seiner heutigen Form zwischen 1808 und 1836 wieder aufgebaut. Die Kathedrale von Potosí ist eines der größten Kirchenbauwerke Boliviens und ist in ihrem Inneren herrlich ausgeschmückt. Sehenswert ist insbesondere das reiche Schnitzwerk der Säulen, die Mitte des 17. Jahrhunderts von dem Bildhauer Gaspar de la Cueva geschaffen wurden. Im Mausoleum liegen die Honoratioren der Kolonialzeit begraben.

Convento San Francisco
Das Kloster San Francisco wurde 1547 von *Fray Gaspar de Valverde* gegründet und war das erste Boliviens. 1707 war es zu klein geworden, wurde deshalb niedergerissen und in den darauffolgenden 19 Jahren wieder aufgebaut. Im Kreuzgang erzählen mehrere Gemälde von *Gregorio Gamarra* über das Leben des Franz von Assisi. Die dem Kloster angeschlossene Kirche wurde 1691 im Mestizo-Barock aus Granitsteinen erbaut. Hier tauchten auch zum ersten Mal die gedrehten und reichverzierten Säulen auf, die deutlich die Verschmelzung des europäischen Barocks mit indigenen Elementen zeigen.

Santa Teresa
Besucher des Karmeliterklosters Santa Teresa betreten die kleine Welt der jeweils zweitältesten Tochter einer jeder Familie der städtischen Oberschicht – denn sie „gehörten" der Kirche. In den eigens eingerichteten Folterkammern geißelten sich die Mädchen vorsorglich dreimal pro Woche für den Fall, dass sie trotz der Isolation von allem Weltlichen eine Sünde begangen haben sollten. Das Kloster mit seinen insgesamt 18 Kreuzgängen wurde 1692 fertiggestellt und auch hier gibt es wunderschöne Gemälde und Arbeiten im Mestizo-Stil zu bewundern.

_____ **Prächtige Kolonialhäuser**

Wer den in der Höhe anstrengenden Spaziergang nicht scheut, entdeckt überall in der historischen Innenstadt alte Häuser im Kolonialstil mit ihren typischen Holzbalkonen und reichverzierten Eingangsportalen. Ein besonders interessanter Balkon ist an der Ecke der Straßen La Paz/Bolívar zu bewundern. Etwas unterhalb, auf der südlichen Straßenseite der Bolívar, befindet sich die ebenfalls wunderschöne Casa de las Recogidas, auch *Casa de los Tres Portales*, „Haus der drei Türen" genannt.

_____ **Zum Cerro Rico und den Minen**

In den Minen von Potosí wird bis heute gearbeitet, doch an den Arbeitsmethoden hat sich im Laufe der Jahrhunderte kaum etwas geändert. So wie früher werden auch heute noch in Handarbeit und mit Dynamitsprengungen Stollen in den Berg getrieben, und bis heute kauen die Bergleute unentwegt Cocablätter, um die harte Arbeit durchhalten zu können. Das geht seit bald 500 Jahren so, inzwischen gleicht der Berg einem Schweizer Käse. Wie viele Gänge es im Cerro Rico gibt, ist unbekannt, manche schätzen, dass es über 5000 sind. Kaum einer dieser Stollen ist abgestützt und keiner weiß, wo genau sie verlaufen. Jede Kooperative hat ihren Bereich des Berges und schlägt sich ständig tiefer in den Berg hinein, immer in der Hoffnung, doch noch auf eine Ader zu stoßen. Nicht selten stürzen einzelne Gänge ein, wenn ein paar Meter darunter gesprengt wird. Vermutlich wäre es wesentlich einfacher und ungefährlicher, den Berg als Ganzes nach und nach abzutragen, doch ein entsprechender Vorschlag wurde abgelehnt: der Berg soll in seiner Kegelform als Wahrzeichen der Stadt erhalten bleiben.

Blick über Potosí mit dem Cerro Rico im Hintergrund

5

Minenarbeiter bei der Pause, Coca essend

Touristen können die Minen besuchen. Das ist ganz sicher nichts für Menschen mit Platzangst, denn die Vorstellung, gebückt durch Gänge zu laufen, bei denen es nur eine Frage der Zeit ist, wann der nächste Stollen unter dem Gewicht von Millionen Gesteinstonnen darüber zusammenbricht, ist nicht jedermanns Sache. Doch ein Besuch in den Minen von Potosí ist eines der eindrucksvollsten Erlebnisse einer Bolivienreise. Bevor man in die Minen geht, steht ein Besuch auf dem Bergarbeitermarkt an. Hier sind schon manche Kindheitsträume erwachsener Männer wahr geworden: Neben Tee und Keksen liegt hier frei verkäufliches Dynamit in den Regalen. Als Souvenir sind die Stangen jedoch ungeeignet: Seine Leidenschaft für Explosives brachte einmal einen Touristen aus den USA bei seiner Heimreise in größte Schwierigkeiten! Es ist üblich, den Bergarbeitern hier Cocablätter, Zigaretten und Explosives als Mitbringsel zu kaufen.

Service Potosí

Information
Gleich zwei Touristeninformationen befinden sich in der Calle Ayacucho im Edificio Nave de la Compañía. Tel. 622-6432, Fax 622-7137.

Vorwahl
02

Internet
Internetcafés sind in der Calle Junín, Ecke Calle Bolívar und in der Calle Ayacucho 5 zu finden.

Unterkunft
Für eine Großstadt ist die Auswahl an Hotels in Potosí eher klein.

Hotel Compañía de Jesús, Calle Chuquisaca 445, Tel. 622-3173, www.hostal-compania.galeon.com. Das in

Die Minenkinder von Potosí

Der kleine Krämerladen am Fuße des Cerro Rico in Potosí hat alles, was man für den täglichen Bedarf braucht: Kekse, Tee, Dynamit und Zündschnüre. Genau das richtige Gastgeschenk für die Kinder. Dass die Jungs damit Unfug treiben könnten, ist nicht zu befürchten. Dynamit ist ihr wichtigstes Werkzeug bei der Arbeit in den Minen, es mutwillig abzufeuern wäre reine Verschwendung.

„Achtung, Kopf", ruft Jhonnig und geht voran. Die Mine ist nichts anderes als ein kleines Loch im Berg. Es ist so eng und niedrig, dass man nur gebückt darin laufen kann. Die Luft ist dünn, schlecht und voller Staub. Jhonnig scheint das nichts auszumachen. Seit einem Jahr arbeitet der 14jährige in den Minen. Minenarbeit, das heißt, jeden Tag mindestens acht Stunden in einem engen Schacht zu arbeiten, in dem es keine Abstützung, keine Frischluft und kein Licht gibt. Im Innern des Berges ist es feucht und heiß, der Staub zerfrisst mit der Zeit die Lungen. Männer werden in Potosí durchschnittlich nur 39 Jahre alt. So gehen die Söhne spätestens dann in die Minen, wenn die Väter zu krank sind, um ihre Familien ernähren zu können.

Heute geht Jhonnig Edwin und Rodrigo zur Hand. Den drei Jungen kommt das Gastgeschenk gerade recht, denn sie wollen eine Erzader freisprengen. Mit dem weisen Blick dreijähriger Minenerfahrung findet der 16jährige Edwin die richtige Stelle für die Sprengladung im Gestein.

Mit Stemmeisen und Hammer treibt er ein Loch in den Fels. Kopf in den Nacken gelegt, die Augen zugekniffen, damit kein Staub hineinrieselt, die Zähne zusammengebissen. So schlägt er mit dem schweren Hammer einen Meißel in das Granitgestein. Millimeterweise kommt er voran. Sein Gesicht glänzt vor Schweiß, immer wieder muss er absetzen und sich von Rodrigo und Jhonnig ablösen lassen. Zu ertragen ist das nur durch unablässiges Cocakauen, das vertreibt Hunger und Durst und hält wach.

Die Jungen bereiten die Sprengladung vor: Dynamit, Zünder, Ammoniumnitrat – „damit es richtig knallt". Die Zündschnur wird knapp bemessen, denn sie ist teuer. Kaum ist die Lunte entzündet, stolpern die Jungen, so schnell es in der gebückten Haltung geht, den Gang hinunter.

Es knallt ohrenbetäubend, der Berg zittert und ächzt, Steine rumpeln. Mit der Druckwelle schießt eine dichte Ladung Staub durch den Schacht. Erwartungsvoll gehen die drei zurück. Der Staub ist nun so dicht, dass kaum etwas zu erkennen ist.  Zum Schutz ziehen sie sich den Kragen ihrer ausgeleierten T-Shirts über Mund und Nase. Hat sich die Arbeit gelohnt? Da liegt sie, die Ader, anderthalb Meter lang, Zinnkristalle funkeln im Licht der Grubenlampe. Edwin strahlt: „Wir haben in der Lotterie gewonnen."

Etwa tausend Kinder arbeiten in den Minen, weitere tausend helfen draußen mit, das Erz zu sortieren und zu zerkleinern. Dass Kinder arbeiten, ist

5

in der Dritten Welt selbstverständlich, auch wenn in Bolivien offiziell nur Jugendliche ab 14 Jahren arbeiten dürfen. Kinderarbeit in den Minen ist offiziell verboten und wird gelegentlich kontrolliert. Allerdings ist die Folge, dass Kinder nun vermehrt nachts arbeiten, wenn keine Kontrollen zu befürchten sind. „Kinder müssen mitarbeiten, um die Familien zu ernähren. Es hat keinen Sinn, gegen diese Realität zu kämpfen. Wir können nur helfen, ihr Leben erträglicher zu machen", sagt Eloy Oporto. Er leitet in Potosí ein Projekt für die Minenkinder, das die Deutsche Kindernothilfe unterstützt. Täglich kommen 250 Kinder hierher. Siebenjährige, die nach der Schule ihren Müttern helfen, das Erz aus den Steinen zu klopfen. Elfjährige, die gerade anfangen, in den Minen zu arbeiten.

Ihr Leben erträglicher zu machen, dazu braucht es nicht viel. Das Zentrum ist denkbar einfach eingerichtet, aber es ist sauber, es gibt Tische und Stühle, im Vergleich zu den elenden Hütten ist es ein Paradies. Nichts lieben die Kinder mehr, als sich unter dem eiskalten Wasserstrahl die Hände zu waschen. In dem Zentrum bekommen sie die einzige richtige Mahlzeit des Tages. Es gibt eine Ärztin, die die Kinder auf Parasiten untersucht und Verletzungen behandelt. Und hier gibt es Lehrer, die ihnen bei den Hausaufgaben helfen. „Wir bestehen darauf, dass jedes Kind, das zu uns in das Projekt kommt, zur Schule geht. Denn nur wer gut ausgebildet ist, hat überhaupt eine Chance darauf, einmal Potosí und damit die Minen zu verlassen", sagt Eloy.

Er weiß, wovon er spricht, der Sozialpädagoge war selbst einmal Minenarbeiterkind. Dass Schule wichtig ist, das muss man diesen Kindern nicht erst erklären. Konzentriert sitzen sie über ihren Hausaufgaben, fragen nach, freuen sich über alles, was sie verstehen. Dabei haben viele von ihnen nicht nur Schulstunden, sondern schon eine Nachtschicht mit harter Arbeit hinter sich.

Jhonnig, Rodrigo und Edwin schaufeln das Essen in sich hinein. Das beste heben sie sich bis zum Schluss auf: den Hähnchenflügel. Kein Reiskorn bleibt übrig, nach der harten Arbeit in der Mine sind sie völlig ausgehungert.

Wie alle Kinder hier haben auch sie Träume: Rodrigo würde gern Schreiner werden, Edwin Schneider und Jhonnig will etwas mit Computern machen. Wenn sie das schafften, dann wäre das eine Sensation, denn alle Generationen, an die man sich in ihren Familien erinnern kann, waren Minenarbeiter. Und um es zu schaffen, werden sie heute abends wieder in die Schule gehen. Vorher geht es noch mal in die Mine, die Erzader muss von der Höhlendecke geschlagen und aus der Mine transportiert werden. Weitere zwölf Stunden dreckiger, staubiger Knochenarbeit liegen vor ihnen. Umgerechnet vier Euro wird jeder nach Ende der Schicht bekommen. Für die Jungen in Potosí ist das ein richtig guter Tag.

Kinder-Minenarbeit
in Potosí

einem ehemaligen Karmeliterkloster untergebrachte Hotel hat eine ausgesprochen freundliche Atmosphäre und sehr saubere Zimmer. DZ für 12 US$.

Hostal Colonial, Calle Hoyos 4, Tel. 622-4265. Das hübsche Hotel im Kolonialstil liegt nahe der Plaza. Die Zimmer sind etwas klein, aber ansprechend eingerichtet. DZ ab 38 US$.

Hotel Coloso, Calle Bolivar No. 965, Tel. 622-2627, Fax 622-4759, www.potosihotel.com. Komfortables Hotel mit allen Annehmlichkeiten, wobei die Disco etwas laut werden kann. DZ ab 94 US$.

Restaurants Die Spezialität der Region sind Suppen wie der Eintopf *Cazuela* mit Erdnüssen, Fleisch- und Kartoffelstücken oder *Ají de Pataskha* und *Kari-Kari*, beides Suppen, die von einem im Topf liegenden glühend heißen Basaltstein warm gehalten werden. Diese Gerichte werden beispielsweise im *El Fogón*, Calle Frías/Ecke Oruro serviert, das in einem modernisierten Kolonialgebäude untergebracht ist. Auch das sehr beliebte und romantische *El Mesón*, Plaza 10 de Noviembre, tischt regionale Küche auf und gilt als das beste Restaurant der Stadt. Leckeres vegetarisches Essen gibt es in *Pete's Place* an der Ecke Quijarro/Matos.

Wer nur entspannt eine Kleinigkeit essen und einen argentinischen Wein trinken möchte, ist im *Café de la Plata*, Plaza 10 de Noviembre, richtig. Dort wird auch ein ausgezeichnetes Frühstück serviert. An der Plaza 6 de Agosto (Nordseite) befindet sich in einer ehemaligen Kirche das Belén Café-Restauran; Essen durchschnittlich, Ambiente bestens.

Unterhaltung Livemusik in gemütlicher Atmosphäre gibt es abends im *Chatarra,* Calle Matos und im *Pub Offside,* Calle Bustillos 125.

Feste Auch in Potosí wird der Karneval groß gefeiert.

16. Juli: *Fiesta del Carmen* mit großer Prozession. Letztes Augustwochenende: Zur *Fiesta de San Barolomé* kommen Tanzgruppen aus den umliegenden Dörfern zu einem Umzug durch die Stadt zusammen und die Unterkünfte sind dann oft ausgebucht. 1. Sonntag im Oktober: *Procesión de la Virgen del Rosario*, ein buntes Fest, bei dem sich die Einwohner mit Konfetti und Blumen bewerfen.

Touranbieter *Koala Tours,* Calle Ayacucho 5, Tel. 622-4708, Fax 622-2092. Diese Agentur arbeitet mit ehemaligen Minenarbeitern zusammen, die die Touren in den Cerro Rico führen und anschaulich von ihrem Leben berichten. Außerdem werden Touren zu Festen in den Dörfern der Region angeboten.

Amigos de Bolivia, Calle Ayacucho 20, Tel. 622-6462, www.amigostourbolivia.com. Die Agentur bietet Touren in die Minen und die Umgebung an und fördert außerdem den Schulbesuch von Minenkindern.

Silver Tours, Calle Quijarro 12, Tel./Fax 622-3600. Diese als zuverlässig arbeitend beschriebene Agentur organisiert Touren in die Umgebung von Potosí und bis zum Salar de Uyuni.

Verkehrsver-bindungen

Oruro: Mehrere Nachtbusse, die Potosí gegen 19 Uhr verlassen und acht Stunden später ankommen. Von dort gibt es zahlreiche Verbindungen weiter nach La Paz.

Sucre wird von täglich unzähligen Sammeltaxis (Trufis) in drei Stunden auf gut ausgebauter Straße durch eine sehr schöne Landschaft erreicht. Dort gibt es einen Flughafen, Verbindungen siehe unter Sucre.

Uyuni: Mehrere Busse, die vormittags abfahren, Fahrzeit auf inzwischen weitgehend asphaltierter Straße fünf Stunden.

Ausflug von Potosí: Laguna Tarapaya

Wer sich in der Kälte des Hochlandes einmal von Grund auf aufwärmen möchte, dem sei ein Besuch der Thermalbäder an der Laguna Tarapaya empfohlen. Ihnen wird eine heilende Wirkung nachgesagt, und sie sind die am häufigsten besuchten heißen Quellen Boliviens. Angeblich hat bereits der Inca Huayna Capac in der kreisrunden, 35 Grad warmen Lagune Tarapaya gebadet. Dort sollte man wegen der Wasserwirbel allerdings nur am Ufer planschen und nicht in die Mitte des alten Vulkankraters schwimmen.

Anreise

Die Laguna Tarapaya liegt 25 Kilometer von Potosí entfernt. Micros, die von dem Mercado Chuquimia in der Nähe des Busterminals von Potosí abfahren, brauchen für die Strecke etwa eine Stunde.

Von Potosí nach Sucre

Endlose Serpentinen führen von Potosí durch eine grandiose Bergwelt hinab nach Sucre. Je tiefer man kommt, desto häufiger sieht man schöne alte Haciendas. Hier lebten die Familien der spanischen Minenbesitzer Potosís. Auf halber Strecke kommt man an einer gut erhaltenen Hängebrücke *(Puente Sucre)* aus dem 19. Jahrhundert und kurz vor Sucre an dem Schlösschen *de la Glorieta* vorbei. Das 1897 fertiggestellte Castillo ist eine eigenartige Mischung aus französischer Renaissance, Gotik und Jugendstil. Heute dient es als Militärbasis.

Weiße Kolonialpracht Sucre

Nach der eisigen Höhe des Altiplano fühlt man sich in der auf 2790 Meter liegenden Stadt Sucre wie neu geboren. Die 1538 gegründete Stadt zählt heute über 400.000 Einwohner und hat eine ausgesprochen entspannte Atmosphäre und ein andalusisch anmutendes Flair. Mit ihren wunderschönen, weißen Kolonialbauten, den gepflegten *Plazas* und *Parques* ist Sucre die schönste Stadt Boliviens. Sie gilt auch als die am besten erhaltene spanische Kolonialstadt Südamerikas und wurde 1992 zum UNESCO-Weltkulturerbe erklärt.

Sucre ist die konstitutionelle Hauptstadt Boliviens, doch bis auf den obersten Gerichtshof befinden sich alle Regierungseinrichtungen in La Paz – eine Folge des Nord-Süd-Bürgerkriegs. Trotzdem bestehen die als stolz geltenden *Sucrenses* nach wie vor darauf, dass ihre Stadt das Herz des Landes ist. In letzter Zeit häufen sich Demonstrationen, in denen lautstark gefordert wird, dass Sucre künftig nicht nur nominell, sondern auch tatsächlich Hauptstadt Boliviens wird.

Der Stolz der Sucrenses hängt vor allem mit jener Rolle zusammen, die Sucre in der bolivianischen Geschichte spielte, denn General *Don Antonio José de Sucre* begann hier 1809 den Kampf um die Unabhängigkeit. Ihm zu Ehren wurde die Stadt, die die Spanier ursprünglich *Ciudad de la Plata de Nuevo Toledo* (Stadt des Silbers von Neu-Toledo) getauft hatten, 1828 in Sucre umbenannt.

Sicht auf Sucre von der Dachplattform der Kirche San Felipe Neri

5

Haus in Sucre

Während der Blütezeit Potosís gewann auch Sucre an Bedeutung, denn hier in dem gemäßigten Klima konnten die für die einstige Bergbaumetropole benötigten Lebensmittel angebaut werden. 1623 wurde hier eine der ersten Universitäten Südamerikas gegründet, und die 20.000 Studenten der Stadt bestimmen mit ihren Bars und Kneipen heute die Atmosphäre.

Rund um die Plaza 25 de Mayo

Um Sucre kennenzulernen, lässt man sich am besten einfach durch die sauberen Straßen der Stadt treiben oder setzt sich auf eine der Bänke vor dem Denkmal von General José de Sucre an der zentralen Plaza 25 de Mayo. Erst vor ein paar Jahren starb hier ein alter Brauch zur Liebesanbahnung aus: Die Jungen flanierten im Uhrzeigersinn um den Platz, die Mädchen anders herum, und warfen dabei einander interessierte Blicke zu.

Wie überall in den Städten Südamerikas steht auch in Sucre die **Kathedrale** an der zentralen Plaza. Von 1551 bis 1559 im Renaissance-Stil erbaut, wurden im Laufe der Zeit noch Elemente im Barock- und Mestizo-Stil hinzugefügt. Sie besitzt zwei Chöre, einen davon in den Katakomben. Der Zedernholz-Altar stammt aus dem Jahr 1826 und ist im neoklassizistischen Stil geschnitzt. Der Glockenturm mit seinen Aposteln ist gleichfalls sehenswert. In der 1625 angebauten *Capilla de la Virgen de Guadalupe* wird die kostbarste Marienstatue Südamerikas, die *Virgen de la Guadalupe de la Extremadura,* aufbewahrt. 1601

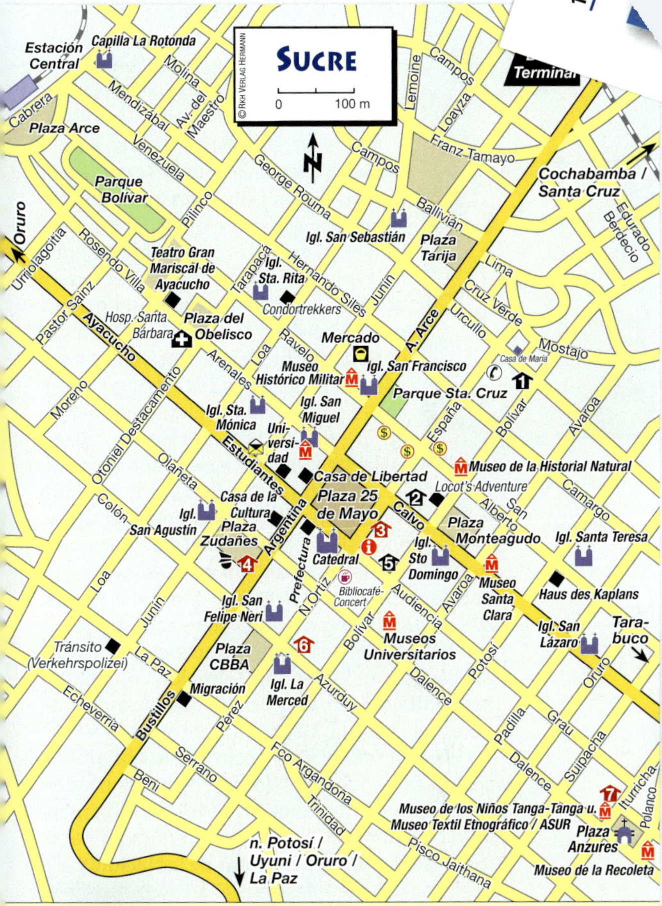

152

SUCRE

© RKH VERLAG HERRMANN

0 ___ 100 m

Estación Central
Capilla La Rotonda
Cabrera
Plaza Arce
Mendizábal
Molina
Av. del Maestro
Venezuela
Parque Bolívar
Oruro
Urriolagoitia
Rosendo Villa
Pilinco
George Rouma
Campos
Lemoine
Campos
Loayza
Franz Tamayo
Terminal
Cochabamba / Santa Cruz
Eduardo Berdeco
Teatro Gran Mariscal de Ayacucho
Pastor Sainz
Ayacucho
Hosp. Santa Bárbara
Plaza del Obelisco
Tarapacá
Igl. Sta. Rita
Hernando Siles
Junín
Igl. San Sebastián
Plaza Tarija
Lima
Cruz Verde
Urcullo
Mostajo
Ballivián
Condortrekkers
Ravelo
Mercado
Igl. San Francisco
Casa de María
Bolívar
Avaroa
Moreno
Loa
Arenales
Museo Histórico Militar
Igl. San Miguel
Parque Sta. Cruz
España
Igl. Sta. Mónica
Olañeta
Coronel Destacamento
Estudiantes
Universi-dad
Casa de Libertad
Plaza 25 de Mayo
Locot's Adventure
Museo de la Historial Natural
Camargo
Colón
Casa de la Cultura
Plaza Zudañes
Igl. San Agustín
Argentina
Prefectura
N. Ortíz
Catedral
Bibliocafé-Concert
Igl. Sto Domingo
Plaza Monteagudo
Alberto
Museo Santa Clara
Audiencia
Igl. Santa Teresa
Haus des Kaplans
Igl. San Lázaro
Tara-buco
Loa
Junín
Igl. San Felipe Neri
La Paz
Bolívar
Museos Universitarios
Potosí
Oruro
Tránsito (Verkehrspolizei)
Bustillos
Plaza CBBA
Migración
Igl. La Merced
Azurduy
Dalence
Dalence
Padilla
Grau
Echeverría
Pérez
Fco. Argandoña
Trinidad
Suipacha
Iturricha
Serrano
Beni
Pisco Jaithana
Museo de los Niños Tanga-Tanga u.
Museo Textil Etnográfico / ASUR
Plaza Anzures
Polanco
5
n. Potosí / Uyuni / Oruro / La Paz
Museo de la Recoleta

Der bolivianische General und Freiheitsheld **A. J. de Sucre,** *nach dem die Stadt ihren Namen trägt*

Hoteles y Hostales

1 *** Glorieta Hotel
2 ** Hotel Independencia
3 ** **Capital Plaza Hotel**
4 * **Hostal Sucre**
5 ** Hostal La Posada
6 ** **Hostal de Su Merced**
7 ** **Casa Kolping Sucre**

Der Turm der Kathedrale von Sucre mit den Apostelfiguren

wurde sie von dem Künstler Fray Diego de Ocaña geschaffen. Allein ihr über und über mit Diamanten, Rubinen, Smaragden und Perlen bestickter Mantel ist ein Vermögen wert.

An der Nordwestseite der Plaza steht das schöne Kolonialhaus *Casa de la Libertad* mit einem hübschen Innenhof. Ursprünglich war dies ein Teil der Jesuiten-Universität von 1621, mit Kreuzgängen im typischen Mudéjar-Stil und einem achteckigen Brunnen. Heute ist im „Haus der Freiheit" ein sehenswertes Museum untergebracht. Der Hauptsalon ist nach wie vor im Stil jener Zeit erhalten, in der er die damaligen Revolutionäre beherbergte. In dem Museum werden die ersten Nationalflaggen sowie all jene Dokumente aufbewahrt, die die historischen Ereignisse rund um die Erlangung der Unabhängigkeit dokumentieren. Die Führungen sind lehrreich und Ausdruck bolivianischen Nationalstolzes. Am interessantesten ist der *Salón de la Independencia,* in dem am 6. August 1825 die Unabhängigkeit Boliviens erklärt und die Unabhängigkeitsurkunde unterzeichnet wurde. Hier hängen außerdem die Gemälde von Bolívar, Sucre und Ballivián. Wer sich für Militärgeschichte interessiert, kann im Militärmuseum eine Vielzahl alter Kanonen und Waffen besichtigen. Auf großen Schautafeln werden die kriegerischen Auseinandersetzungen von der Kolonialzeit bis zur Unabhängigkeit dokumentiert (z.B. Salpeterkrieg, Chaco-Krieg). **Museo Histórico Militar de la Nación,** Calle Ravelo, neben der Iglesia San Francisco, Mo–Fr 9–11.30 u. 15–17 Uhr, Sa 9–12 Uhr.

Zwischen *Casa de la Libertad* und Kathedrale befindet sich der ehemalige Regierungspalast Boliviens, der 1610 errichtet wurde. Bis 1899 wurde vom *Palacio de Gobierno* aus das Land regiert, heute dient das Gebäude als *Prefectura de Chuquisaca.*

Andalusische Kirchen und Klöster

Anders als in den meisten Städten Boliviens wurden in Sucre die Kirchen streng nach andalusischem

Vorbild gebaut, Mestizobarock findet sich hier kaum. Die rund 20 Kirchen der Stadt erstrahlen allesamt in makellosem Weiß und sind durchweg recht gut erhalten.

Die **Iglesia San Felipe Neri** ist die eindrucksvollste Kirche Sucres und wurde durch den Karmeliter *Fray Antonio de San Alberto* 1759 gegründet. Türe, Altar und die Seiten sind in neoklassizistischem Baustil ausgeführt. Von der Dachplattform bietet sich eine tolle Aussicht.

In der 1545 erbauten Kirche **La Merced** sind der schöne, im Renaissance-Stil gehaltene Johannesaltar, die vergoldete Kanzel mit feinen Schnitzereien und die kostbaren Wandgemälde von Melchor Pérez de Holguín zu bewundern. Vom Glockenturm aus hat man einen fantastischen Blick über die Stadt.

Das Kloster **La Recoleta** wurde 1601 von Franziskanern gegründet. Alle Seiten der drei Innenhöfe säumen Arkadengänge und es wurden Gärten mit Rosen und blühenden Geranien angelegt – Orte der Ruhe und Entspannung. Die Wege führen auf die restaurierte Kapelle zu, die ein wunderschönes Chorgestühl mit aus dickem Holz kunstvoll gestalteten Sitzen besitzt. Von hier aus ließen die Mönche jener Zeit ihre Gesänge erklingen. Von den Torbögen außerhalb des Klosters hat man den schönsten Blick auf Sucre und seine hügelige Umgebung.

Plaza Pedro de Anzures mit Kloster La Recoleta

5

Die **Iglesia San Lázaro,** zwischen 1538 und 1544 aus Adobeziegeln erbaut, ist die älteste Kirche Sucres. Die Silberarbeiten des Altares und Gemälde von Zurbarán sind sehenswert.

Ebenfalls aus Adobeziegeln wurde das Karmeliterkonvent **Santa Teresa** errichtet. Im Innenhof des 1665 fertiggestellten Gebäudes steht ein achteckiger Brunnen. Das Innenportal ist im *Estilo mestizo* verziert, eine Seltenheit im sonst so spanisch dominierten Kirchenbaustil Sucres.

Der Glockenturm der **Iglesia San Francisco** beherbergt die bolivianische Freiheitsglocke, mit deren Läuten am 25. Mai 1809 die Unabhängigkeitskämpfer zu den Waffen gerufen wurden. Diese Kirche ist die älteste Boliviens, sie wurde 1967 zu einem „Monumento Nacional" erklärt. Der Kirchenbau wurde 1545 im Renaissance-Stil begonnen, später kamen noch andere Stilrichtungen hinzu. So ist die Decke und der Altar im Mudéjar-Stil ausgeführt.

Bei so vielen spanisch anmutenden Kirchen und anderen kolonialen Prachtbauten wie dem *Hospital de Santa Bárbara* mit seinem schönen Innenhof, dem *Teatro Gran Mariscal de Ayacucho,* dem größten Theater Boliviens, oder dem prachtvollen *Corte Suprema de Justicia* (Justizpalast), vergisst man fast das indigene Erbe der Stadt. Das **Museo Textil Etnográfica y Arte Indígena** (www.bolivianet.com/ausur) zog vom Caserón de la Capellánica (Haus des Kaplans) in der Alberto 413 ins Kindermuseum

Sucre mit dem Berg Churuquella

(Museo de los Niños Tanga-Tanga) an der Plaza Anzures/La Recoleta. Neben zeitgenössischen indigenen Kunstwerken werden auch archäologische Exponate aus Keramik und Stoff gezeigt, die 500 bis 2000 Jahre alt sind. Ausstellungsschwerpunkt sind Webarbeiten der Jalq'a und Tarabuco, auf Tafeln werden die Muster erläutert. Dabei können *tejedoras* bei ihrer Webarbeit mit traditionellen Techniken beobachtet werden. Angeschlossen ist die ASUR (Antropólogos del Sur Andino) mit einem Verkaufsladen.

Auf den Spuren der Dinosaurier

In der Nähe von Sucre wurde in dem Kalksteinbruch Cal Orck'o in einer Steilwand ein einmaliges erdgeschichtliches Dokument entdeckt: Fußspuren von Dinosauriern, die hier vor 65 Millionen Jahren lebten. Insgesamt sind 5000 Fußabdrücke von 300 verschiedenen Tieren aus dieser Zeit für die Nachwelt erhalten geblieben. Die meisten der Abdrücke stammen von Titanosauriern, die zehn bis zwölf Meter lang gewesen sein dürften. Auch von kleineren Raubsauriern sind Spuren erhalten. Daneben wurden auch Reste von Schnecken, Flugsauriern, Köcherfliegen, Krokodilen, Fischen und Schildkröten gefunden. Sogar Fährten von Ankylosauriern sind gefunden worden, die ersten in Südamerika. Die Wand mit diesen Spuren steht fast senkrecht in der Landschaft, geologische Ereignisse haben sie im Laufe der Jahrmillionen aufgerichtet.

Doch diese Zeugnisse der Erdgeschichte werden von den ständigen Erschütterungen in dem benachbarten Zementwerk bedroht. Mit Hilfe des Paläontologischen Instituts der Universität Basel sollen die Fußabdrücke gerettet werden, die UNESCO und die Weltbank haben dazu ihre Unterstützung zugesagt. Zur Rettung der Abdrücke könnten die Touristen beitragen, denn die Entdeckung der Fußspuren hat einen ganz neuen Typus von Reisenden nach Sucre gebracht: Dino-Fans, die eigens nach Bolivien kommen, um sich mit viel Fantasie vorzustellen, wie hier einst die Kolosse miteinander kämpften. Noch sind die Touren des „Dino-Truck" auf reizende Art improvisiert: Mit Hilfe von kleinen Plastikdinos wird nachgespielt, was sich in dem einstigen Sumpf abgespielt haben mag. Diese charmante Führung macht den Besuch der Dinosaurierspuren auch für diejenigen interessant, die sonst mit den Kolossen wenig anfangen können.

Der „Dino-Truck" fährt mehrmals täglich von der Plaza zu den Dinosaurierspuren.

Wandern in der Cordillera de los Frailes

Das 25 Kilometer nordwestlich von Sucre liegende Bergmassiv bietet nicht nur Wanderwege durch zum Teil bizarre Naturlandschaften, sondern man sieht auf seinem Weg auch eine ganze Reihe Sehenswürdigkeiten.

Besucht wird unter anderem eine alte Steinkapelle, die der Jungfrau von Chataquila geweiht ist. In dem Bergmassiv sind außerdem mehrere alte Felszeichnungen und einige Dinosaurierspuren zu finden. Besonders beeindruckend sind die bunten Steinformationen an dem *Cráter de Maragua*. Unterwegs gibt es immer wieder heiße Quellen, in denen man sich wunderbar entspannen kann.

Wer alle Sehenswürdigkeiten zu Fuß besuchen möchte, muss etwa sechs Wandertage einrechnen und sollte über eine Reiseagentur in Sucre einen Führer buchen. Die Agenturen bieten auch zweitägige Ausflüge in die Cordillera de los Frailes an.

Markt in Tarabuco

Jeden Sonntag strömen die Menschen aus den umliegenden Dörfern in ihren farbenprächtigen roten Ponchos, mit *monteras,* helmartigen Kopfbedeckungen, silberbeschlagenen Ledergürteln und sporenbewehrten Holzschuhen zum Markt in dem Örtchen *Tarabuco,* das etwa 65 Kilometer südöstlich von Sucre liegt. Dort kaufen sie all das ein, was sie für den täglichen Bedarf brauchen und was es in ihren kleinen Dörfern nicht gibt. Gleichzeitig ist der Markttag eine willkommene Abwechslung vom Alltag, trifft man hier doch Mitglieder der weitverzweigten Familie und alte Bekannte wieder. Die Campesinos von Tarabuco tragen immer noch ihre *axus* und *chuspas,* typische traditionelle Kleidungsstücke, die seit Jahrhunderten die gleichen charakteristischen Motive und geometrischen Muster aufweisen, und ihre Sprache, das Quechua, hat sich bis heute erhalten.

Der farbenfrohe Markt von Tarabuco ist einer der interessantesten Boliviens und damit gleichzeitig auch ein Ort, der Touristen magisch anzieht – entsprechend groß ist das Angebot an Kunsthandwerk: Es gibt Ponchos, Mantas, Leder- und Stofftaschen und Charangos zu kaufen, doch die Preise sind selbst bei gutem Verhandlungsgeschick höher als irgendwo sonst in Bolivien.

Tarabuco ist nicht nur für seine Trachten, sondern auch seine Musik und Tänze aus der Inkazeit berühmt. Jedes Jahr findet hier um den 12. März eine Art zweiter Karneval mit über 4000 Campesinos statt, der mit dem traditionellen Kriegstanz *Phujllay* seinen Höhepunkt findet. In prachtvollen Trachten tanzen die Menschen zu der typischen Musik, die auf traditionellen Instrumenten wie Quenas, Zampoñas und eigenartigen Blasinstrumenten gespielt wird. Das Fest erinnert an die Schlacht von *Jumbati* am 12. März 1816, die die Unabhängigkeit von Spanien einleitete. Eine etwas kleinere Variante des Festes bietet sich im Oktober bei der *Fiesta de la Virgen del Rosario,* die mit Straßenumzügen und Gottesdiensten begangen wird.

Anreise   Touren nach Tarabuco können über Agenturen gebucht werden. Man kommt aber auch mit den halbstündlich von der Avenida de las Américas abfahrenden Micros in zweieinhalb Stunden dorthin.

Traditionelles Jatun Yampara

Die Einwohner der indigenen Gemeinde Jatun Yampara haben sich dem Ökotourismus verschrieben und aus ihrem Dorf eine Art bewohntes Freilichtmuseum gemacht. Die Landwirtschaft wird noch so betrieben wie zu präspanischen Zeiten, und auch Stil und Art der getragenen Trachten stammen aus dieser Epoche. Hier können traditionelle Häuser besichtigt werden und man kann den Handwerkern bei der Herstellung von Textilien und Töpfereien nicht nur über die Schulter schauen, sondern sich auch selber daran versuchen. Natürlich kann das Kunsthandwerk hier direkt in den Werkstätten gekauft werden.

Anreise   Jatun Yampara liegt 23 Kilometer von Sucre entfernt und wird in der Regel im Rahmen einer gebuchten Tour besucht.

_____ ## Service Sucre

Vorwahl   04

Internet   Im Zentrum gibt es zahlreiche Internetcafés, beispielsweise in der Calle Estudiantes.

Information Die Kolonialstadt Sucre bietet eine Fülle stilvoller Unterkünfte, meist in geschmackvoll restaurierten Häusern. Hier eine Auswahl:

Hostal Sucre, Calle Bustillos 113, Tel. 645-1411, Fax 646-1928, hosucre@mara.scr.entelnet.bo. Gepflegtes Hotel im Kolonialstil mit eher einfachen Zimmern und einem hochherrschaftlichen Frühstücksraum. DZ für 25 US$.

Casa Kolping, Pasaje Iturricha 265, Tel. 642-3812, Fax 643-5249, www.hoteleskolping.net. Tadellos sauberes und neues Haus in altem Kolonialgebäude. Von der Terrasse hat man einen wunderbaren Blick über die Stadt. DZ ab 30 US$.

Hostal de Su Merced, Calle Azurduy 16, Tel. 644-2706, Fax 645-1355, www.desumerced.com. Ein besonders schönes Hotel im Kolonialstil, eingerichtet mit eleganten Möbeln und mit kleinem Restaurant auf der Dachterrasse. Die Zimmer zur Straße hin sind aber recht laut. DZ ab 55 US$.

Capital Plaza Hotel, Plaza 25 de Mayo, Tel. 642-2999, Fax 6453588, www.capitalplazahotel.com.bo. Großzügige, elegante Zimmer mit französischem Dekor und ein großartiger Service machen dieses Kolonialgebäude an der Plaza zu der schönsten Unterkunft der Stadt. DZ ab 55 US$.

Parador Santa Maria La Real, Bolivar 625, Tel. 643-9592 Fax 691-1918, www.parador.com.bo. Das historische Gebäude im Kolonialstil ist ruhig und doch zentral gelegen. Einer der Patios ist mit einer Glaskuppel überdacht und es gibt eine groß Aussichtsterrasse mit Blick über die Stadt. Die großen Zimmer sind mit Antiquitäten eingerichtet. DZ ab 60 US$.

Restaurants Traditionell isst man in Sucre vormittags kleine gepfefferte *chorizos* (Würstchen) und trinkt dazu ein dunkles Bier. Eine weitere Spezialität der Stadt sind die mit Gemüse, Fleisch, Ei und Rosinen gefüllten *salteñas,* erhältlich in *salteñerías* und *empanaderías*. Das *Café Cultura Kaypichu,* Calle San Alberto 168, ist ausgesprochen beliebt, und das nicht nur wegen seines guten vegetarischen Essens und dem reichhaltigen Frühstück, sondern auch wegen der kulturellen Veranstaltungen, die hier regelmäßig stattfinden. Mit die leckersten *salteñas* bekommt man bei *El Patio,* Calle San Alberto 18 und bei *El Hornito,* Calle Dalence/Ecke Calle Potosí. Für den Nachmittag sind Kaffee, Tee und Kuchen im *Las Delicias* in der Calle Estudiantes empfehlenswert. Zum Verweilen lädt auch die *Confitería & Restaurante Damasco* ein, mit schönem Innenhof in der Calle Bolivar 466; sehr guter Kaffee, kleine Snacks, Salate, Sandwich, leckerer Kuchen.

Leibeigene in Bolivien

Im Tiefland des nördlich von Tarija liegenden Departamento Chuquisaca – und auch im Osten Boliviens – gibt es nach wie vor Großgrundbesitzer, *patrones*, die riesige Flächen Land besitzen und dazu quasi versklavte Indígenas. Die Vorfahren dieser Großgrundbesitzer beanspruchten vor 100 bis 200 Jahren eigenmächtig große Ländereien für sich und erklärten es zu ihrem Eigentum. Unbesiedelt war dieses Land jedoch in den wenigsten Fällen, meist lebten dort Guaraní. Diese Menschen wurden kurzerhand ebenfalls zum Eigentum des neuen Patrón erklärt und von diesem zur landwirtschaftlichen Zwangsarbeit verpflichtet, zur *peonaje*. Sie waren von nun an nicht mehr frei, durften das Gelände nicht mehr verlassen und unterstanden der totalen Autorität und Willkür des Patróns. Sie wurden Leibeigene.

Über die Jahre zerstörten die Patrones systematisch das soziale Gefüge der Indígenas, die sich auf ihrem Territorium befanden. Die Nachkommen der *peones* waren automatisch auch Leibeigene. Sie wurden von ihren Eltern getrennt und bekamen von dem Patrón einen Namen zugewiesen. Der Familienname der Eltern wurde nicht übernommen, so dass bald die tatsächliche Herkunft des Kindes in Vergessenheit geriet. Familienbande existierten nicht mehr, was die Solidarität unter den in Schuldknechtschaft Lebenden verminderte und das Zugehörigkeitsgefühl zum Patrón verstärkte. Zudem verteilte der Patrón unter „seinen" Guaraní großzügig Coca und Alkohol und zerstörte damit das soziale Gefüge weiter.

Diese Form der modernen Sklaverei hat sich im Wesentlichen bis heute erhalten. Heutzutage zeigt sich die Unfreiheit der Guaraní hauptsächlich durch ihre vollkommene Abhängigkeit von ihrem Patrón. Aufgewachsen ohne Bildung und Privateigentum bleiben sie chancenlos und sind gezwungen auf dem Land ihres Patróns zu arbeiten. Dieser entlohnt sie inzwischen zwar mit einem Hungerlohn von ungefähr zwei Euro für zwölf Stunden harte Feldarbeit, doch die Abhängigkeit und somit auch die Unfreiheit bleiben.

Erst in den letzten Jahren ist die Zahl der sich in Lohnknechtschaft befindlichen Guaraní rückläufig. Grund dafür ist allerdings nicht das beherzte Eingreifen der bolivianischen Behörden, denn diese werden größtenteils von den Patrones bestochen oder kontrolliert, sondern das Engagement der Kirche und verschiedener Hilfsorganisationen, die zunehmend Leibeigene von ihren Patrones freikaufen. Außerdem waren viele Großgrundbesitzer durch Misswirtschaft gezwungen, ihr Land zu verkaufen, wodurch die Guaraní ihre Freiheit erlangten. Auch die Guaraní selbst üben endlich aktiven Widerstand, sie beginnen für ihre Freiheit zu kämpfen oder versuchen, von dem Territorium ihres Patróns zu fliehen.

Viele haben danach jedoch große Probleme, sich in der Freiheit zurechtzufinden. Hauptgründe hierfür sind nicht nur das fehlende Geld und der Mangel an Bildung, sondern auch der nach Generationen der Leibeigenschaft tief verwurzelte Gedanke, dass jede Arbeit, die sie verrichten, nicht ihnen, sondern dem Patrón zugute kommt. So dauert es oft lange, bis eine kommunale Anstrengung, wie zum Beispiel der Aufbau einer Dorfschule, in Angriff genommen wird. Eine merkliche Verbesserung des Lebensstandards und eine tatsächliche Emanzipation liegen daher für viele der befreiten Guaraní noch in weiter Ferne.

Christoph Aymanns

Im *Bibliocafé,* Calle Ortiz 50, finden sich viele Reisende – schon deshalb, weil dort deutsche Zeitschriften ausliegen, in denen man schmökern kann. Das Essen ist aber auch gut. Gut ist auch *La Vieja Bodega,* gleich neben dem *Bibliocafé.* Nicht weit vom Capital Plaza Hotel entfernt kann man im Restaurant *Pizza Cozzalissi* sehr gute Pizzen essen.

Feste

Mehrmals im Jahr werden auf der Plaza *Feria de la Empanada* abgehalten, bei der Köche und Bäcker um die Wette backen. Der Karneval fällt in Sucre farbenfroh aus und wird mit bunten Paraden begangen – Vorsicht vor Wasserbomben! Bei der *Fiesta de la Virgen de Guadalupe* am 8. September wird ein Marienbildnis durch die Straßen Sucres getragen und dabei von über 80 verschiedenen Tanz- und Musikgruppen begleitet.

Touranbieter

Condortrekkers, Calle Loa 457, Tel. 728-91740, www.condor trekkers.org. Bei diesem kompetenten und freundlichen Touranbieter können ein bis viertägige Touren in die Umgebung Sucres gebucht werden. Das Unternehmen arbeitet nicht gewinnorientiert, sondern die Erlöse kommen Dörfern in der Umgebung zugute.

Eclipse Travel, Calle Avaroa 310, Tel./Fax 644-3960, bietet Touren in die Umgebung von Sucre und darüber hinaus an.

Verkehrsver-bindungen

Busse: Nach Potosí täglich zahllose Busse und Micros, Fahrzeit auf guter Straße etwa drei Stunden. Außerdem gibt es Direktbusse nach Uyuni, Fahrzeit etwa zehn Stunden. Auch in alle anderen größeren Städte fahren Busse, die aber mindestens zwölf Stunden unterwegs sind. Deshalb empfiehlt es sich, stattdessen mit dem Flugzeug zu reisen.

Flüge: Der Flughafen ist in 20 Minuten mit dem Taxi für ca. 30 Bs zu erreichen. Von dort aus gehen täglich Maschinen von AeroSur und BOA nach La Paz, Cochabamba und Santa Cruz und mehrmals in der Woche nach Tarija. Direkt am Flughafen können Langstreckentaxis nach Potosí gebucht werden.

Tarija

Etwas abseits der üblichen Reiserouten liegt im Süden Boliviens Tarija, das am ehesten von denjenigen besucht wird, die über Land von Argentinien oder Paraguay nach Bolivien einreisen. Für bolivianische Verhältnisse wirkt diese vergleichsweise moderne Stadt ausgesprochen europäisch, das liegt nicht nur an der moderaten Höhe von 1850 Metern, sondern auch daran, dass hier vergleichsweise wenige Indígena leben. Viele der knapp 250.000 Einwohner sind Nachfahren der im nahen

Karte S. 161

Argentinien lebenden Gauchos, und darauf sind sie ausgesprochen stolz. Zur Erinnerung an diese Wurzeln findet jedes Jahr im April auf den Tablada-Feldern ein *Rodeo Chapaco* statt. Auch der Karneval wird hier groß gefeiert, und das zwei Wochen lang. Höhepunkt ist ein großer Ball auf der Plaza, auf dem augenscheinlich die ganze Stadt tanzt.

Tarija war im bolivianischen Kampf um die Unabhängigkeit eine wichtige Stadt: Bereits 1810 erklärte sich die Region von Spanien unabhängig, was 15 Jahre später zur endgültigen Befreiung von der Kolonialmacht führte. Bereits 1817 unterzeichneten die Spanier in Tarija nach der Schlacht von La Tablada eine Kapitulationserklärung.

Wegen typisch weißgetünchter Adobehausmauern und rotgebrannter Dachziegel wird Tarija auch die „Rote Stadt" genannt. Die Ziegel, die noch aus der Kolonialzeit erhalten sind, wurden damals auf den Oberschenkeln gebogen und haben deshalb eine so ungleiche Form.

Allzuviel Zeit muss man für den Stadtrundgang nicht einplanen, denn der Reiz der Stadt liegt weniger in ihren Sehenswürdigkeiten als in dem mediterranen Klima. Es lohnt sich dennoch, einige Kirchen im historischen Zentrum zu besichtigen.

So etwa die Kirche **San Francisco**, die im Jahr 1606 gegründet wurde und damit eine der ältesten der Region ist. Hier hängen Gemälde von indigenen Künstlern und auch der spätbarocke Altar ist sehenswert. Der Kirche angeschlossen ist ein Kloster, das – ungewöhnlich für ein Franziskanerkloster – eine Bibliothek besitzt. Der Umfang der gesammelten Werke wird auf 15.000 Bücher geschätzt, die ältesten Werke datieren aus dem Jahre 1501. Die Bibliothek hat einen hohen historischen Wert und ist nach wie vor eine bedeutende Quelle für die Forschung über das Leben und den Widerstand der Guaraní und Chiriguano, die ab 1770 in über 20 Siedlungen in der Gegend um Tarija von den Franziskanern missioniert wurden.

Die Kirche **San Roque** ist das Zentrum für Festlichkeiten. Die 1887 erbaute Kirche steht auf einem Hügel und ist von jedem Punkt der Stadt sichtbar. Ihr Glockenturm ist für Besucher gesperrt, doch auf jenen der 1632 gegründeten Kirche **San Juan** in der Calle Bolívar kann man hinaufsteigen und hat von dort einen fantastischen Rundblick über die gesamte Stadt und die dahinterliegenden Berge.

In der **Metropolitan-Kathedrale,** die 1810 von den Jesuiten erbaut wurde, befindet sich heute eine öffentliche Schule. Auch das Kathedralmuseum ist dort untergebracht. Es zeigt eine Sammlung von Ölgemälden, Silbergeräten und goldene Kelche, die mit Einlegearbeiten aus Stein verziert sind.

Wer sich für Dinosaurier begeistert, kommt im Museum für Archäologie und Paläontologie, *Museo Universitario Paleontológico,* auf seine Kosten. Hier können nicht nur Knochen von in der Umgebung gefundenen Dinosauriern bestaunt werden, sondern es werden auch 200 Versteinerungen von wirbellosen Tieren ausgestellt, die aus der frühesten Zeit der Erdgeschichte, dem Paläozen, stammen. Wer versuchen will, selber Dinosaurierknochen oder Versteinerungen zu finden, hat bei einer Suche in der Gegend um Tarija dafür ausgezeichnete Chancen.

Weingüter bei Tarija

Dank seines milden Klimas eignet sich die Region um Tarija hervorragend für den Anbau von Wein.

Der hat eine lange Tradition, die Wurzeln des Weinbaus in Tarija führen zurück bis in das 16. Jahrhundert, als spanische Missionare die ersten Reben pflanzten. In den letzten Jahren wurde die Qualität der Weine immer weiter verbessert, inzwischen können sich die Winzer ernsthaft Hoffnung machen, die internationalen Märkte zu erobern. Neben anderen bietet auch das älteste Weingut *Kohlberg* Weinproben an. Den besten Wein bekommt man aber auf dem Weingut *La Concepción*.

Service Tarija

Information   Luis de Fuentes y Vargas, an der Plaza Principal, Tel./Fax 663-1000

Vorwahl   04

Internet   Calle Saracho 456.

Unterkunft   Tarija wird nur von wenigen Touristen besucht, dementsprechend klein ist die Auswahl an Hotels.

Hostal Costanera, Calle Las Américas, Tel. 664-4817, Fax 663-2640. Das ebenso freundliche wie schicke kleine Hotel hat modern eingerichtete Zimmer und bietet alle Annehmlichkeiten. DZ für 30 US$.

Hotel Los Ceibos, Av. Víctor Paz Estenssoro, Tel. 663-4430, Fax 664-2461, www.hotellosceibos.com. Das moderne Hotel verfügt neben großzügigen Zimmern über eine fast überdimensioniert wirkende Poolanlage. DZ ab 78 US$.

Restaurants   Die Größe der Fleischportionen erinnert einen daran, dass es nach Argentinien nicht mehr weit ist. Neben diversen Maisgerichten und Erdnusssuppe *(sopa de maní)* ist *saice con arveja* eine Spezialität, die man im Mercado genießen kann. Regionale Gerichte bekommt man außerdem in der *Taverna Gattopardo* an der Plaza, wo man die Weine der Region testen kann. Von den Tischen auf dem Bürgersteig aus lässt sich prima das gemächliche Leben der Stadt beobachten. Beim *Chifa New Hong Kong*, Calle Sucre 235, bekommt man mehr oder weniger das, was China-Restaurants auch in Deutschland anbieten.

Feste   Neben dem ausgesprochen farbenfrohen Karneval und dem oben erwähnten Rodeo-Chapaco werden in Tarija noch zahlreiche weitere Feste mit großem Pomp begangen.

Februar: Die *Feria de la Uva,* das Weinfest, wird zur Weinlese gefeiert.

1. September: *Fiesta de San Roque*. Zu Ehren des Heiligen der Hunde wird ein achttägiges Fest mit zahlreichen Prozessionen abgehalten.

5

Am zweiten Oktoberwochenende finden die *Fiesta de la Virgen del Rosario* statt, die auch *Fiesta de las Flores*, das Blumenfest, genannt wird. Entsprechend groß ist die Blütenpracht.

Touranbieter   *Gaviota Travel,* an der Plaza Principal, Tel. 664-7180, bietet Touren zu den umliegenden Weingütern und Wanderungen auf einem *Camino del Inca* bei Tarija an. Auch Ausflüge zu den Fundstätten von Dinosaurierknochen.

Verkehrsverbindungen   Tarija liegt im hintersten Winkel Boliviens, entsprechend lang sind die Busfahrten in alle größeren Städte des Landes, so dass man besser fliegt als fährt. Zur argentinischen Grenze bei Villazón verkehren mehrmals täglich Busse und Micros, die etwa zehn Stunden unterwegs sind. Nach Yacuiba sind es rund 12 Stunden.

Ein Taxi zum Flughafen kostet rund 10 Bs, und mit dem Flieger kommt man mehrmals wöchentlich nach Sucre, Cochabamba, Santa Cruz und La Paz.

Cochabamba

Cochabamba, 2558 Meter hoch gelegen, zählt mit über 860.000 Einwohnern zu den vier größten Städten Boliviens und ist mit vielen Märkten das quirrlige Zentrum der Region. Die 1574 gegründete Stadt liegt inmitten einer sanften Landschaft aus Hügeln und Feldern. Die Gegend um Cochabamba ist die Kornkammer Boliviens, auf den fruchtbaren Böden wachsen Mais, Weizen, Gerste, Obst und Zitrusfrüchte.

Die Stadt bietet weniger Sehenswürdigkeiten als Sucre oder Potosí, doch Dank des Internationalen Flughafens und der für bolivianische Verhältnisse niedrigen Höhe ist sie ein guter Ausgangspunkt, um eine Reise durch Bolivien zu beginnen.

Cochabamba wird von der 40 Meter hohen Statue **Cristo de la Concordia** überragt. Die Statue steht **östlich des Stadtzentrums und ist** fast von jedem Punkt der Stadt sichtbar. Auffahrt entweder über Serpentinen oder mit einer Gondelbahn. Nachts wird die weiße Figur in grellbunten Farben angestrahlt. Sie soll die größte begehbare Christusstatue der Welt sein, allerdings ist die Tür ins Innere des Cristo oft verschlossen. Hat man Glück und kann die Statue betreten, ist man nach 155 Stufen etwa auf Armhöhe. Weiter geht es nicht, die restlichen Stufen zum Kopf der Statur sind gesperrt. Aber auch

COCHABAMBA

©RKH VERLAG HERMANN

0   200 m

Hoteles y Hostales

⬆ *** **Hotel Aranjuez**
② ** **Hotel Monserrat**
3   ** **Htl. Cesar's Plaza**

5

Innenhof
des Klosters
Santa Teresa

in dieser Höhe hat man durch die Betonlöcher einen tollen Blick auf die Stadt. Vor der Statue steht eine Ehrentafel, in die die Namen der Spender für den Bau des Cristo eingraviert sind. Es wird in Cochabamba behauptet, dass diese Ehrentafel lange vor dem Baubeginn aufgestellt worden ist.

In der Mitte der hübschen und mit Palmen bepflanzten **Plaza Principal** (Plaza 14 de Septiembre) steht eine mit einem Kondor geschmückte Säule. Rund um den Platz ist immer etwas los, hier treffen sich die Cochabambinos zu einem Plausch, bieten Schuhputzer ihre Dienste an und buhlen Straßenverkäufer um Kunden. Direkt an der Plaza liegt die 1701 errichtete Kathedrale mit ihrem im Mestizobarock ausgeführten Portal.

Wer das Kloster **Santa Teresa** in der Calle Baptista besucht, wird hinter den hohen, dicken Mauern von einer wunderbaren Stille empfangen. Das 1767 von Karmeliterschwestern gegründete Kloster besitzt einen sehr hübschen, mit Orangebäumen bestandenen Innenhof und einen Kreuzgang mit wunderbar geschwungenen Arkaden. Die Lieblingsfarbe des Erbauers muss Türkis gewesen sein, denn damit sind nicht nur die Zellen, sondern ist auch die angeschlossene Kirche mit ihrem geschnitzten Chor ausgemalt.

Der größte Markt der Stadt ist *La Cancha Calatayud* an der Avenida Aroma. Hier kaufen die Einheimischen vom Schraubenschlüssel bis zur Unterwäsche alles ein, was sie brauchen. Touristen finden hier zu ausgesprochen günstigen Preisen alles, was das bolivianische Hochland an Kunsthandwerk zu bieten hat. Rund um die Cancha herrschen beständiges Chaos und Lärm. Die Mischung aus hupenden Autos, ausrufenden Händlern und der ohrenbetäubende Musik von den Ständen, an denen Musikkassetten und CDs verkauft werden, machen einen Besuch dieser Ecke Cochabambas zu einem Erlebnis.

Palacio Portales

Inmitten einer sehr gepflegten Parkanlage liegt der *Palacio Portales,* Av. Potosí 1450, den der Zinnbaron Simón Patiño (Exkurs darüber ▶ s.S. 123) zwischen 1915 und 1922 im französischen Renaissancestil errichten ließ. Die prächtig geschmückten Zimmer gleichen eher Sälen, prächtig ausgestattet mit Marmor, handbemalten Seidentapeten, Zedernholz und Kristall. Kunstvolle Schnitzereien konkurrieren mit detailreichen Deckengemälden, manche Räume sind architektonisch der Sixtinischen Kapelle in Rom oder der Alhambra in Granada nachempfunden. Der Palast wurde in verschwenderischer Pracht von dem französischen Architekten Eugene Kliautt entworfen und von italienischen, japanischen und französischen Baumeistern erbaut. Doch

Palacio Portales

5

Simón Patiño hat in seinem Stadthaus selber nie gelebt. Heute werden hier Konferenzen abgehalten, Staatsbesucher empfangen, Konzerte aufgeführt und weitere Kulturprogramme geboten.

Service Cochabamba

Information   Colombia 340. Die Touristenpolizei ist unter 451-0023 zu erreichen. Auf der Webseite www.bolivia-online.net finden sich in deutscher Sprache jede Menge Information rund um Cochabamba.

Vorwahl   04

Internet   Im Zentrum gibt es fast an jeder Ecke ein Internetcafé.

Unterkunft   Die Stadt hat viele Hotels in allen Preiskategorien.

Hotel Monserrat, Calle España 342, Tel. 452-1011, Fax 452-1016, www.hotelmonserrat.com. Ein angenehmes und gepflegtes Hotel in zentraler Lage, das zwar keinen Luxus bietet, aber all das hat, was man als Reisender braucht. DZ ab 44 US$.

Hotel Aranjuez, Calle Buenos Aires E-0563, Tel. 428-0076, Fax 424-0158, www.aranjuezhotel.com. In dem wunderschönen Hotel fühlt man sich zwischen all den kolonialen Möbeln fast wie ein Staatsgast. Der bezaubernde Garten verfügt über einen kleinen Pool. Eines der schönsten Hotels Boliviens. DZ ab 75 US$.

Gran Hotel Cochabamba, Plaza Ubaldo Anze E-415, Tel. 448-9520, www.granhotelcochabamba.com. Das sehr moderne und makellose Hotel verfügt über einen Tennisplatz, einen Pool und bietet den Service, den man vom besten Hotel der Stadt erwarten kann. DZ ab 90 US$.

Die Heldinnen der Coronilla

Auf der Coronilla auf den Hügeln von San Sebastián versammelten sich am 27. Mai 1812 Frauen mit ihren Kindern und auch Greise, um die Stadt gegen die spanischen Truppen zu verteidigen, nachdem der Verteidigungstrupp der Männer drei Tage zuvor vernichtend besiegt worden war. Die blinde Josefa Gandarillas tat sich als Anführerin hervor und forderte entschlossenen Kampf der Frauen. Aber auch dieser Widerstand wurde blutig niedergeschlagen, über 200 Menschen starben dabei. Ein Denkmal auf La Coronilla, *Las Heroínas de La Coronilla*, erinnert an dieses Ereignis. Als Ehrung für die kämpfenden Frauen wurde der bolivianische Muttertag auf den 27. Mai gelegt.

Der „Wasserkrieg" von Cochabamba

Die Wasserversorgung Cochabambas ist in hohem Maße abhängig von den in den letzten Jahrzehnten ständig schrumpfenden Wasserreserven der Lagunen im Hochland – und die Verknappung führt zu immer neuen Konflikten.

„El Agua es nuestra! – Das Wasser gehört uns!" skandierten im Frühjahr 2000 die wütenden Einwohner von Cochabamba. 1999 war die Wasserversorgung der Stadt privatisiert und die Konzession an eine Tochtergesellschaft des US-amerikanischen Bechtelkonzerns vergeben worden. Diese verdreifachte innerhalb von kürzester Zeit die Wasserpreise. Die Wut der Bevölkerung richtete sich nicht nur gegen diese Preissteigerung, sondern auch gegen das gleichzeitig erlassene Wassersektorengesetz. Danach musste jede Versorgungsleistung mit Trinkwasser genehmigt werden, und das betraf auch Nachbarschaftshilfen und Kooperativen, die sich mit Tankwagen und eigenen Brunnen selbst mit Wasser versorgten. Etwa ein Drittel der Wasserversorgung Cochabambas wurde damals so organisiert. Auch Kleinbauern, die seit jeher das Grundwasser für die Bewässerung ihrer Felder und als Trinkwasser genutzt hatten, sollte verboten werden, ohne Genehmigung auf ihrem Land eigene Brunnen zu bohren. Selbst das Sammeln von Regenwasser wurde genehmigungspflichtig. De facto war also die gesamte Wasserversorgung der Region quasi über Nacht in die Hände eines einzigen großen Konzerns gelegt worden, und das mittels eines Gesetzes, das unter fragwürdigen Umständen innerhalb kürzester Zeit durchgedrückt worden war.

Die wütenden Cochabambinos schlossen sich massenweise den aufkeimenden Protesten an und gründeten im November 1999 die „Koordinationsstelle zur Verteidigung des Wassers und des Lebens". Diese *Coordinadora* forderte eine Reform des Wassersektorengesetzes und die Rücknahme der Konzession an den Konzern. Die bolivianische Regierung unter Hugo Banzer ignorierte jedoch die Kritik und weigerte sich, die Coordinadora als Verhandlungspartner anzuerkennen. Stattdessen schickte sie als Antwort auf die zunehmenden Demonstrationen das Militär nach Cochabamba. Der Konflikt eskalierte und fand seinen Höhepunkt im April 2000, als ein jugendlicher Demonstrant durch einen Scharfschützen des Militärs erschossen wurde. Doch erst als die Zahl der Verletzten stieg und die Lage vollends außer Kontrolle zu geraten drohte, lenkte die Regierung ein und erfüllte die Forderungen der Coordinadora. Das Wassersektorengesetz wurde überarbeitet und die Konzession an das private Unternehmen zurückgenommen.

Bei Globalisierungsgegnern erwarben die Protestaktionen in Cochabamba weltweit große Aufmerksamkeit, denn dort gelang es der protestierenden Bevölkerung erstmals, einen multinationalen Konzern an den Verhandlungstisch zu zwingen. Die Wasserversorgung Cochabambas ist allerdings nach wie vor in schlechtem Zustand.

Dr. Andrea Kramer

5

Restaurants Cochabamba gilt vielen Bolivianern wegen seiner großen Auswahl an guten und preiswerten Restaurants auch als „Hauptstadt des Essen". Spezialitäten der Region sind beispielsweise *Phampaku,* in einer Erdhöhle unter dem Feuer gegartes Fleisch oder *Charque,* getrocknetes und gesalzenes Fleisch, das in Öl knusprig frittiert wird. Diese und andere bolivianische Spezialitäten lassen sich in dem ausgezeichneten Restaurant *La Estancia,* Calle Uyuni 718, goutieren. Hervorragende nationale und internationale Gerichte werden im *Suiza,* Calle Ballivián 820, serviert, das als eines der besten Restaurants der Stadt gilt. Vegetarier finden im *Gopal,* Calle España 250, eine große Auswahl leckerer und preiswerter Gerichte. Im *Buffalo's Rodizio*, Torres Soffer, Av. Oquendo 654, 2. Etage, wird an einem großen Grill Fleisch zubereitet, von dem man so lange essen kann, bis man wirklich satt ist. In der *Casa de Campo*, Recoleta Pasaje Boulevard 618, trifft man in netter Atmosphäre und bei gutem einheimischen Essen auf junge Cochabambinos. Gleich neben dem Palacio Portales findet sich in einem Innenhof das Café Visual Muelita, Calle Potosí 1392, mit sehr guter italienischer Küche und einer großen Auswahl deutscher Biere. Zu empfehlen ist auch das Restaurant der Kette *Heladería Globos S.R.L.* in der Calle Gral. Acha 167, nicht weit von der Plaza: sehr guter Kaffee, kleine Snacks, Salate, Sandwich, nettes freundliches Ambiente und kinderfreundlich.

Der Verleger Werner Guttentag

Eine alte Schreibmaschine, ein Fahrrad und der Traum von einer eigenen Buchhandlung war alles, was der 19jährige Jude aus Breslau besaß, als er 1939 vor dem Naziterror nach Bolivien floh. Zunächst verschlug es ihn zur Arbeit in ein Bergwerk, bis er 1945 in Cochabamba die Buchhandlung *Los Amigos del Libro* gründete, aus der bald auch einer der ersten Verlage Boliviens entstand. Werner Guttentag war damit der erste, der bolivianischen Schriftstellern die Möglichkeit zur Veröffentlichung ihrer Werke gab. Daneben stiftete er einen Literaturpreis und schrieb Jahr für Jahr die bolivianische Bibliografie.

Brachte ihn sein Engagement für die bolivianische Kultur in Zeiten der Diktatur noch in eine Gefängniszelle, so wurde Werner Guttentag in den letzten Jahren neben dem deutschen Bundesverdienstkreuz mit allen großen bolivianischen Orden und sogar mit einer eigenen Briefmarke geehrt. Er war außerdem mehrfach Ehrengast der Frankfurter Buchmesse. Doch reich geworden ist er trotz all der Ehrungen nicht: All sein Geld steckte er in hoffnungsvolle bolivianische Autoren, und bis zu seinem Tode im Jahr 2008 lebte er in eher bescheidenen Verhältnissen.

Feste

Das größte und wichtigste Fest der Stadt ist die *Fiesta de la Virgen de Urkupiña,* das jedes Jahr vom 15. bis zum 17. August stattfindet. Das Fest geht auf eine Marienerscheinung zurück und wird mit mehreren Prozessionen, Paraden und reichlich Alkohol gefeiert.

Einkaufen

Eine große Auswahl an Kunsthandwerk gibt es auf dem großen Markt La Cancha. In der Buchhandlung *Los Amigos del Libro,* Calle España S-0153, Tel. 450-4151, findet man auch deutsch- und englischsprachige Bücher sowie ausgezeichnete Landkarten von Bolivien. Das *Spitting Lama,* Calle España 615, verkauft ebenfalls englischsprachige Bücher, ist aber vor allem ein Trekkingausrüster, bei dem man Equipment sowohl kaufen als auch mieten kann und ist außerdem ein Treffpunkt für Reisende.

Touranbieter

Bolivia-Online Tours, Eduardo Loredo 88, Tel. 424-8642, www.bolivien-online.com. Die zuverlässige deutsche Reiseagentur bietet Ausflüge zu allen Umgebungszielen Cochabambas an und begleitet Wandertouren rund um den Tunari.

Spanische lernen

Wer Spanisch lernen möchte, findet bei der *Escuela Runawasi,* Tel./Fax 424-8923, www.runawasi.org, freundlichen und kompetenten Unterricht.

Verkehrsverbindungen

Taxis innerhalb der Stadt kosten je nach Entfernung zwischen fünf und acht Bolivianos, von und zum Flughafen werden 25 Bs fällig. Sichere Wagen können über Tel. 422-8856 gerufen werden.

Mietwagen: *International Rent-a-Car,* Avenida Ayacucho 219, Tel. 422-6635; hat auch Wagen mit Vierradantrieb, ebenso wie *AVIS,* Avenida Pando 1187, Tel. 428-3132.

Busse: Der Busterminal der Stadt liegt in der Nähe des Marktes. La Paz ist auf gut ausgebauter Straße in sieben Stunden mit einer Vielzahl von Bussen zu erreichen. Oruro: Täglich unzählige Busse auf guter Straße, Fahrzeit 4 Stunden. Sucre: Täglich fahren mehrere Busse in 10 Stunden über nur teilweise asphaltierte Straße nach Sucre. Villa Tunari: Von der Calle 9 de Abril/Ecke Oquendo fahren den ganzen Tag über Minibusse in den Chapare.

Flüge: Cochabamba bietet mit seinem internationalen Flughafen mehrmals täglich Flüge in alle wichtigen Städte Boliviens an. Außerdem bestehen auch Verbindungen nach Brasilien, Argentinien, Peru und Paraguay.

5

Ausflüge in die Umgebung

Einstige Hauptstadt Tarata

Kaum glaubhaft, aber tatsächlich war das 1555 gegründete Tarata, das 35 Kilometer südöstlich von Cochabamba liegt, einmal die Hauptstadt Boliviens.

In Tarata

Zu verdanken hat das 5000-Einwohnerstädtchen dies „El Presidente loco", dem verrückten Präsidenten, wie man General Mariano Melgarejo allenthalben respektlos nennt. Es heißt von ihm, dass er als grausamer Despot herrschte und von allen Präsidenten des Landes derjenige mit der größten Inkompetenz war. Immerhin regierte er von 1864 bis 1871, was in Bolivien heute noch eine vergleichsweise lange Zeit im Präsidialamt ist. Man kann getrost annehmen, dass Melgarejo größenwahnsinnig war. Im Tausch gegen ein Pferd verschenkte er 251.000 Quadratkilometer des Acre an Brasilien. Besagtes Pferd Holofernes sollte sich nicht die Hufe in Taratas Bach nass machen müssen, deswegen wurde eigens eine kleine Brücke errichtet, die heute noch zu sehen ist. 1871 setzte sein Schwager dem Spuk ein Ende, in dem er Melgarejo umbrachte.

Das Haus und der Regierungspalast Melgarejos können besichtigt werde, ebenso wie die Häuser der beiden anderen Präsidenten, die ebenfalls aus Tarata stammten, General Don Esteban Arce und General René Barrientos. Beide waren in ihrem Wirken weitaus bedeutender für Bolivien als Melgarejo.

Der eigentliche Charme Taratas liegt aber nicht in den verblichenen Staatsoberhäuptern, sondern in seiner entspannten Ruhe. Tarata ist ein typisches Beispiel für die kolonialen Städtchen der Region. Bei einem Spaziergang durch die Gassen kann man viele Details entdecken, die noch im Original aus der Kolonialzeit erhalten sind: Alte Holztüren mit aufwendig gearbeiteten Beschlägen, liebevoll gestaltete Türklopfer und alte Laternen. Auf der hübschen und erstaunlich getreu restaurierten Plaza spielen die Jungs stundenlang an den Kickern. In der Kirche San Pedro, die gleich an der Plaza liegt, sind schöne Zedernschnitzereien im Mestizo-Stil

zu bewundern. Das Franziskanerkloster San José wartet mit einer mit 8000 Büchern ausgestatteten Bibliothek und einer schöne Sammlung kolonialer Möbel und Gemälde auf.

In der Nähe Taratas liegt das Dörfchen **Huayculi,** das für seine Töpferwaren bekannt ist. Hier kann man den Handwerkern bei der Arbeit zusehen und natürlich auch Töpferwaren kaufen.

Anreise Stündlich fahren Micros von der Avenida de la República in Cochabamba nach Tarata und Huayculi.

Zu den Inkaruinen Inca Racay

Eines vorweg – wer die Ruinen von Inca Racay westlich von Cochabamba besucht (Anfahrt über die Straße Nr. 4), sollte nicht erwarten, dort auf eine Baukunst zu treffen, die der des Heiligen Tals in Peru vergleichbar ist. Trotzdem lohnt sich der Ausflug, schon wegen der wunderbaren Aussicht, die man von den Ruinen aus auf das Tal von Cochabamba hat.

Auf dem Weg zu den Ruinen bietet sich zuvor noch – von Vinto aus – ein Abstecher nach *Payrumani* an. Das herrschaftliche Landgut gehörte, wie der Palacio de Portales, dem Zinnbaron Simón Patiño, und der betrat es ebenso wenig wie seine Residenz in Cochabamba. Stattdessen lebte nach seinem Tod seine Familie dort. Mit seiner großzügigen Parkanlage und den weitläufigen Wirtschaftsgebäuden

Park von
Payrumani

gleicht Payrumani fast schon einem kleinen Dorf. Der Park und das prächtige Gutshaus werden von der Stiftung Simón Patiño so vorbildlich in Ordnung gehalten, das man glauben könnte, der Gutsherr werde jeden Moment zurückerwartet.

Weiter unterwegs nach Inca Racay kommt man zunächst durch das friedliche Kolonialstädtchen **Sipe Sipe** und etwas später an einer über und über mit Blumen geschmückten Hütte vorbei. An dieser winzigen Wallfahrtsstätte bieten Kinder an, für den Besucher zu beten, Wunder würden dann geschehen. Wer ihnen ein paar Bolivianos gibt, wird von einem maschinengewehrfeuerartigen Gebet überwältigt – eine ebenso absonderliche Erfahrung wie auch Ausdruck der dortigen Religiosität.

Von hier aus geht es in staubigen Serpentinen immer weiter hinauf, bis schließlich kurz vor dem Pass die Ruinen von Inca Racay erreicht werden. Die heute verfallenden Bauten waren einst ein Außenposten des Inkareichs, von dem aus die Region verwaltet wurde. Einige der einst insgesamt zwölf Gebäude sind soweit erhalten geblieben, dass sie betreten werden können. In dem einstigen Sonnentempel sind deutlich die Nischen in den Wänden zu erkennen, in denen die Priester rituelle Gegenstände aufbewahrten. Von Inca Racay aus bietet sich, vor allem in der Dämmerung, ein grandioser Blick auf das tief im Tal liegende Cochabamba. Wer genau hinschaut, kann sogar den Cristo ausmachen.

Wer auf dem Rückweg hungrig wird, bekommt im charmanten Restaurant *La Casona* in der Straße 20 de Diciembre in Quillacollo beste typische Gerichte.

Die Ruinen von Inkallajta

Präkolumbische Anbauterrassen ziehen sich durch das Tal von Inkallajta, das etwa 120 Kilometer südöstlich von Cochabamba in Richtung Samaipata liegt. Hier war einst eines der wichtigsten landwirtschaftlichen Zentren des Inkareiches, in dem Mais, Weizen, Gerste, Kartoffeln und Gemüse angebaut wurden.

Die Ernte wurde in der Zitadelle von Inkallajta gelagert, die von Inca Yupanqui und später durch dessen Sohn Huayna Capac auf einem Hügel errichtet wurde und die Struktur einer Festung aufweist.

Anreise   Ohne arrangierte Tour wird die Anreise unverhältnismäßig aufwendig.

Parque Nacional Toro Toro

Der Nationalpark Toro Toro ist zwar mit 165 Quadratkilometern nur das kleinste unter den Naturschutzgebieten Boliviens, doch mit seiner faszinierenden Berglandschaft ein echtes Juwel. Die tiefeingeschnittenen Täler sind die Heimat der Andenkatze und des Andenfuchses. Die Hauptattraktionen des Parks sind jedoch die über 2500 versteinerten Dinosaurierspuren, die über 60 Millionen Jahre alt sind. Echte Dino-Fans sagen, dass sie die faszinierendsten ganz Südamerikas seien. Auch Fragmente von Dinosaurierknochen sind hier zu finden. Auf dem *Cementerio de Tortugas,* dem Schildkrötenfriedhof, liegen versteinerte Haifischzähne und die Fossilien von Riesenschildkröten. Dass es hier auch noch zu späteren Zeiten Schildkröten gab, beweisen die roten Wandmalereien an den Felsen von *Batea Cocha,* die auch geometrische Muster, Schlangen und andere Tiere zeigen. Höhlenwanderer sind von den unterirdischen Wasserfällen des Río Umajalanta begeistert. In den Höhlenseen leben blinde Katzenfische, und von der Decke und dem Höhlenboden wachsen Tropfsteine einander entgegen. Schließlich gibt es im Nationalpark Toro Toro auch noch die Inkaruinen von *Llamachaqui* mit ihrem gut erhaltenen Aussichtsturm.

Die Anfahrt dauert von Cochabamba aus etwa vier Stunden. Touren nach Toro Toro können bei Bolivia Cultura in Cochabamba gebucht werden, Details siehe dort.

Bitte schreiben oder mailen Sie (verlag@rkh-reisefuehrer.de), wenn sich in Bolivien Dinge verändert haben oder Sie Neues wissen. Wir beantworten jede Zuschrift. Danke!

6

Das Amazonasbecken

Die östlichen Andenflanken fallen steil ins Tiefland ab, und nach nur wenigen Stunden Abfahrt über teils abenteuerliche Pisten finden sich Reisende urplötzlich mitten im Regenwald wieder. Hier, auf einer Höhe von nur noch 600 Metern, beginnt das Flusseinzugsgebiet des Amazonas, eine in Bolivien in weiten Teilen noch immer unberührte Landschaft. Boliviens „grüne Lunge" ist nicht nur der Lebensraum für unzählige Tierarten, sondern auch das tropische Gebiet für eine noch viel größere Anzahl von Pflanzen, die eng ineinander verwoben ein schier undurchdringliches Dickicht bilden.

Ein Besuch in dieser Wildnis gehört für viele Bolivienbesucher zu den Höhepunkten ihrer Reise. Tatsächlich eignet sich Bolivien für eine Urwaldtour sehr viel besser als beispielsweise Brasilien, nicht nur, weil ein solcher Trip hier sehr viel preisgünstiger zu haben ist, sondern auch, weil in Bolivien wesentlich mehr von dem ursprünglichen Regenwald erhalten blieb als im riesigen Nachbarland.

Chapare – Tor zum Amazonas

Regenwald aus der Vogel- bzw. Flugzeugperspektive

Für die Bolivianer ist der Begriff „Chapare" gleichbedeutend mit „Coca", denn hier im tropischen Nordosten von Cochabamba ist das Hauptanbaugebiet des Cocastrauches. Rund 60.000 Familien leben in dieser Region vom Coca-Anbau, und es werden immer mehr, denn Siedler aus dem Hochland ziehen massenweise in die Region, um hier mit dem Anbau von Coca Geld zu verdienen. Der Chapare war jahrelang Schauplatz heftiger Auseinandersetzungen zwischen Cocaleros und Militär, das auf Druck der USA Cocafelder zerstörte. Unter der Führung von Evo Morales, selber Cocabauer aus dem Chapare, formierte sich dagegen heftiger Widerstand, der den charismatischen Anführer letztlich bis ins Präsidentenamt hob.

Zumindest formal wird auch heute noch gegen die illegale Kokainproduktion vorgegangen, und so werden Busse, Lastwagen und Privatautos von Polizei- und Militär darauf kontrolliert, ob darin für die Kokainproduktion benötigte Chemikalien versteckt werden.

Villa Tunari

Das kleine Städtchen Villa Tunari am Río Chapare liegt nur noch auf 350 Meter Höhe. Der tropische Ort ist mit seinen hübschen Badeplätzen am Río Chapare ein beliebtes Wochenendziel für die *cochabambinos,* und hat deshalb eine bemerkenswerte Hotelauswahl. Außerdem bemüht man sich, rund um das 2000-Einwohnerstädtchen einige Ausflugsmöglichkeiten zu schaffen. Vor allem aber ist Villa Tunari Ausgangspunkt für Touren in den Regenwald und Sitz eines in Bolivien einzigartigen Tierschutzprojektes, des *Inti Wara Yassi*. Es liegt etwa einen Kilometer vom Stadtzentrum entfernt gleich hinter der Brücke über den Fluss in Richtung Santa Cruz.

Tierschutzprojekt Inti Wara Yassi

In dem 1996 gegründeten Projekt *Inti Wara Yassi* werden Wildtiere, die von Zirkussen, Straßenhändlern oder auch Privatleuten misshandelt oder nicht artgerecht gehalten wurden, gepflegt und nach Möglichkeit wieder ausgewildert. Ein Besuch lohnt sich schon wegen der außergewöhnlichen Fotomotive. Wer mindestens zwei Wochen lang Zeit hat, kann als Freiwilliger dort mitarbeiten und hat so die wohl einzigartige Möglichkeit, hautnah

Boliviens Arche Inti Wara Yassi

Ein Polizist kommt den kleinen Pfad, der durch dichtes Dschungelgrün führt, herauf. Nach einer kurzen Begrüßung greift er vorsichtig in seine Jackentasche, holt eine kleine Pelzkugel heraus und übergibt sie Nena. Die Bolivianerin, die das Refugium leitet, seufzt und dankt. „Fast täglich bringt uns die Polizei neue Tiere, die sie irgendwo beschlagnahmt haben. Wir sind froh über jedes Tier, das gerettet wird, aber wir wissen schon lange nicht mehr, wie wir das bezahlen sollen", sagt Nena, während sie sorgfältig das kleine Tier untersucht. „Ein nachtaktives Äffchen, etwa zwei Wochen alt", stellt sie fest.

Über 200 Affen, hunderte Papageien und Tukane, Pumas, Ozelote und sogar Jaguare haben hier bei Inti Wara Yassi eine Zuflucht gefunden. Das Projekt, dessen Namen übersetzt „Sonne, Sterne, Mond" bedeutet, ist in Bolivien einzigartig.

„Als wir anfingen, hatten wir nichts außer einem Zelt, ein paar misshandelte Tiere und viel Hoffnung", erinnert sich der Gründer Juan Carlos. Auf einer Reise durch das Land hatte er einige Affen aus der Gefangenschaft freigekauft. In Villa Tunari fand er 1996 das geeignete Areal, um sein Refugium für misshandelte Wildtiere zu gründen. Es ist ein idyllischer Ort: Affen turnen durch die Baumwipfel, im satten Grün sitzen bunte Papageien, ein Bächlein plätschert. „Unser Ziel ist es, die Tiere auszuwildern. Aber oft ist das unmöglich, gerade bei den Affen. Wenn sie einmal an Menschen gewöhnt sind, kann man sie nicht einfach aussetzen." Wie zum Beweis turnt ein Spinnenaffe heran und nimmt auf Carlos' Kopf Platz. „Das ist

6

Freiweillige
beim Tierprojekt
Inti Wara Yassi

Pedro, der seine täglichen Streicheleinheiten einfordert", erklärt Carlos ungerührt und beginnt, den großen schwarzen
Affen zu kraulen.

Versorgt werden die Tiere von Freiwilligen aus aller Welt, die
hier manchmal für Monate hängenbleiben. Die Arbeit ist hart:
Affenkäfige säubern, Verschläge bauen, Touristen herumfüh-
ren und mit den Katzen spazieren gehen. Ja richtig, mit den
Katzen spazieren gehen. *El Gato* wartet schon ungeduldig auf
seinen Auslauf. Der Puma wurde aus einem Zirkus befreit. Sein
Dompteur hat ihn so heftig auf die Hinterläufe geschlagen,
dass er nie wieder jagen kann. Ihn auszuwildern ist somit unmöglich. Die Philosophie des Projektes ist es, jedem einzelnen
Tier soviel Freiheit wie irgend möglich zu geben. In El Gatos Fall
heißt das, mit ihm an einer langen Leine spazieren zu gehen,
oder vielmehr, ihm zu folgen, wohin auch immer er gehen
mag.

Der Handel mit Wildtieren hat weltweit ein Volumen von
jährlich fünf Milliarden US-Dollar. Um ein seltenes Tier zu besitzen, sind Liebhaber aus Nordamerika und Europa bereit, jeden
Preis zu bezahlen. Dazu kommt, dass viele Bolivianer Wildtiere
als Haustiere halten. Die Geschichte ist immer dieselbe: Die
Mütter werden erschossen, die Jungtiere der oft vom Ausster-
ben bedrohten Arten verkauft. Wenn sie durchkommen, erwar-
tet sie ein jämmerliches Leben in Gefangenschaft. Bolivien hat
zwar das internationale Abkommen unterzeichnet, das den
Handel mit Wildtieren verbietet, doch das bitterarme Land hat
dringendere Probleme als verwaiste Affen und Papageien mit
gestutzten Flügeln. So bringen die Ordnungshüter zwar aufge-
fundene Tiere nach Villa Tunari in das Auswilderungsprojekt,
aber wie Nena und ihre Leute dann für diese Tiere sorgen, ist
einzig deren Problem, vom bolivianischen Staat gibt es keinen
Centavo. Getragen wird das Projekt von den Spenden der Freiwilligen und den Eintrittsgeldern von Besuchern. Das Geld ist
knapp, und Nena und Carlos wissen oft nicht, wie sie das
Fleisch für die Wildkatzen, das Holz für die Verschläge, die
Kosten für den Tierarzt bezahlen sollen.

Aber es gibt auch Erfolgserlebnisse. Papageien, deren
Schwungfedern nachwuchsen, ziehen heute im Wald ihre
Jungen auf. Eine Gruppe von Affen lebt inzwischen fast völlig
autark im benachbarten Regenwald. Und selbst ein Puma
konnte ausgewildert werden.

mit Affen oder Pumas in Berührung zu kommen. Mehr Informationen über das Projekt und über die Möglichkeiten, dort mitzuarbeiten unter www.inti warayassi.org.

Service Villa Tunari

Vorwahl   04

Unterkunft   Als Wochenendziel der Cochabambinos verfügt Villa Tunari über eine Vielzahl von Unterkünften in allen Kategorien.

Hotel Querencia, gleich hinter Brücke Richtung Santa Cruz, Tel./Fax 411-4116. Das Hotel liegt in einem sehr schönen tropischen Garten mit kleinem Pool und bietet einfache, aber saubere Zimmer. DZ für 20 US$.

Hotel El Puente, vier Kilometer außerhalb, Tel. 425-9392. Dieses Dschungel-Hotel bietet hübsch eingerichtete, sehr atmosphärische Cabañas an. Statt eines Pools gibt es 14 natürliche Wasserbecken, die mitten im tropischen Wald liegen. Cabaña für zwei Personen ab 27 US$.

Restaurants   *Encuentro Sur,* Plazuela Pioneros, ist das einzige Restaurant in Villa Tunari, das diese Bezeichnung tatsächlich verdient. Serviert werden einfache, aber sehr schmackhafte internationale Gerichte.

Touranbieter   *José R. Delgadillo,* Salto Monte, an der Carretera kurz vor der Brücke, Tel. 714-77013. Bietet Tagesausflüge zu den nahegelegenen Fledermaushöhlen, Exkursionen zur Vogelbeobachtung und in den Parque Nacional Carrasso an. José kann außerdem als Führer für mehrtägige Märsche durch den Urwald angeheuert werden.

Verkehrsverbindungen   Von Villa Tunari fahren täglich zahllose Minibusse in etwa vier Stunden nach Cochabamba. Es besteht auch die Möglichkeit, von Villa Tunari nach Puerto Villarroel zu fahren und dort am Flusshafen auf einem Frachtschiff auf dem Río Chapare eine Passage nach Trinidad zu finden. Von Trinidad aus kann man mit dem Bus in die Chiquitania und nach Santa Cruz fahren, ebenso nach Rurrenabaque oder nach La Paz.

6

Besuch bei den Yuracaré-Indianern

Unter deutsch-bolivianischer Leitung entstand im Chapare ein ebenso engagiertes wie ungewöhnliches Tourismusprojekt: Der Stamm der Yuracaré wirbt um Ökotouristen und nimmt für einige Tage Besucher bei sich auf, die dann am täglichen Leben in ihrem Dorf teilnehmen. Der Grund dafür ist, dass die Indianer immer weiter von Siedlern zurückgedrängt werden. Die kommen aus dem Hochland und lassen sich hier nieder, um die lukrative Coca anzubauen. Von dem Tourismus versprechen sich die Yuracaré nicht nur eine kleine Einnahmequelle, sondern auch Aufmerksamkeit für ihre Situation. Ein Besuch bei ihnen ist ganz sicher nichts für diejenigen, die viel Wert auf ein gewisses Maß an Komfort legen. Doch wer nicht nur kurz in den Regenwald reinschnuppern, sondern mehr über das Leben in der Wildnis wissen möchte und dazu eine ordentliche Portion Abenteuerlust mitbringt, ist hier richtig.

Im Anschluss an einen Besuch in der Yuracaré-Gemeinde kann eine mehrtägige Kanutour durch den Nationalpark *Isiboro Sécure* unternommen werden. Es werden außerdem vergleichbare Besuche zu Indígena-Gemeinden im Hochland von Cochabamba angeboten. Auch dort kann man für ein paar Tage in das Leben der Urbevölkerung eintauchen. Nähere Informationen zu dem Projekt gibt es unter www.fundacion-delpia.org. Wer das Indianerdorf im Rahmen einer durchorganisierten Bolivienrundreise besuchen möchte, kann bei www.sued amerikatours.de buchen.

Trinidad – Die Heilige Dreifaltigkeit

Trinidad ist die Hauptstadt des Departamento Beni, 95.000 Einwohner, nur 14 Grad südlich des Äquators im Amazonasbecken am Fluss Arroyo San Juan gelegen. Ursprünglich wurde die Stadt 1686 als jesuitische Missionsstation mit dem Namen *La Santísima Trinidad*, Die Heiligste Dreifaltigkeit, am Río Mamoré gegründet. Knapp 100 Jahre später zwangen allerdings Überschwemmungen und Seuchen die Dreifaltigkeit zu einer Umsiedlung an den heutigen Standort. Eine zweifelhafte internationale Aufmerksamkeit wurde Trinidad zuletzt 1991 zuteil, als Einheiten der US-amerikanischen Anti-Drogenbehörde DEA (Drug Enforcement Administration) die Stadt kurzzeitig besetzten, um den florierenden Kokainhandel zu sprengen. Seit damals bestehen hier angeblich noch vereinzelt Ressentiments gegen Touristen und US-amerikanische Reisende.

Tourismus gegen Kokain

Ein paar Tage bei einem Indianerstamm im Amazonasgebiet Boliviens leben – das ist ein Abenteuer, bei dem schon die Anreise ein Erlebnis ist. Stundenlang geht es mit einem klapprigen Taxi immer weiter hinein in den Chapare, vorbei an Dörfern, in denen jede der windschiefen Bretterbuden mit einer großen Satellitenschüssel ausgerüstet ist. „Na ja", sagt der Fahrer augenzwinkernd „Coca ist eben ein gutes Geschäft." San Gabriel ist das letzte Dorf vor dem Ziel, dem Nationalpark Isiboro Sécure, der den Yuracaré-Indianern als Siedlungsgebiet zugewiesen wurde. Von hier ab ist die Straße nur noch eine Schlammpiste, die der Fluss schon halb verschlungen hat, mit Brücken, die nicht mehr sind als zwei Bretter in Reifenbreite.

In zerrissenen Shorts und T-Shirts stehen die Abgesandten der Yuracaré-Indianer am Wegesrand und warten auf die Gäste. Don Freddy sagt nicht viel, er nimmt das Gepäck auf die Schulter und läuft voran auf einem schmalen Pfad, der sich durch dichtes Unterholz bis an den Fluss schlängelt, wo ein Kanu wartet.

Schließlich wird die kleine Lagune im Nationalpark erreicht, an deren Ufer die Yuracaré leben. Die Hütten der zwölf Familien stehen auf Pfählen, über Leitern klettert man auf einen aus Blättern geflochtenen Zwischenboden, auf dem Schlafstätten eingerichtet sind. In der gesamten Konstruktion steckt kein einziger Nagel, die Querhölzer sind mit Lianen an die Stützpfeiler festgezurrt.

Doña Maria Luz schuppt frischgefangene Pirañas und brät sie an Holzstecken über einem offenen Feuer. Wer hier herkommt, hat anfangs das Gefühl, in dem beschaulichen dörflichen Leben ein Eindringling zu sein. Doch die Besucher werden nicht als Störenfriede, sondern eher als Retter betrachtet. „Wir sind zwar noch nicht richtig daran gewöhnt, Fremde hier zu haben, und wir wissen nicht so genau, was die Gäste sich wünschen. Aber wir sind froh, dass sie kommen, denn der Tourismus ist für uns die letzte Überlebenschance", erklärt Don Freddy.

Bis vor einer Generation waren die Yuracaré Jäger und Sammler, die von dem lebten, was der Urwald ihnen bot. Doch ihr Lebensraum wird immer kleiner, die Gebiete sind längst nicht mehr groß genug, um darin umherzuziehen. Der Stamm löst sich langsam auf, gerade mal 200 Familien leben noch in dem zugewiesenen Areal.

Doch weil in dieser Gegend der lukrative Cocastrauch gedeiht, sind immer mehr Siedler aus dem Hochland auf der Suche nach Anbauflächen für das „grüne Gold". Sie machen dabei weder vor Nationalparkgrenzen noch vor Gebietsansprüchen der Ureinwohner halt und beginnen, den Regenwald brandzuroden. Über Google Earth ist gut auszumachen, wie die Cocafelder Wunden in

6

den Dschungel reißen. Die Yuracaré haben keine Möglichkeit, die Siedler zurückzudrängen und auch keine Lobby in der Regierung, die sie schützen würde.

„Wenn Touristen zu uns kommen, verschafft uns das eine Stimme, denn dann bekommen wir Aufmerksamkeit und können nicht mehr so einfach ignoriert werden", erklärt Don Freddy den Einstieg seines Stammes ins Reisegeschäft. „Außerdem können wir so etwas Geld verdienen. Ohne Touristen bleibt uns nur, selber Wald zu roden, um Coca anzubauen."

Mit Hilfe einer deutsch-bolivianischen Initiative haben die Yuracaré deshalb ein Programm für Ökotouristen entworfen: Wanderungen durch den ursprünglichen Regenwald mit Erklärung der verschiedenen Pflanzen gehören dazu, ebenso nächtliche Kanuausfahrten zur Kaiman-Beobachtung.

„Das Projekt will den Yuracaré mit dem Tourismus eine Alternative zum Coca-Anbau bieten und so zum Erhalt der Kultur dieses Stammes beitragen", sagt Bastian Müller. Der Münchner ist einer der Initiatoren des Ökotourismus-Programms. Wer möchte, kann beim Aushöhlen eines Einbaums mithelfen oder lernen, wie traditionelles Kunsthandwerk hergestellt wird, kann sich mit Pfeil und Bogen versuchen oder beim Fischen mit anpacken. Übernachtet wird nicht in einer Lodge oder im Zelt, sondern in einer traditionellen Hütte, selbstverständlich ohne Strom, dafür mit nächtlichem Urwaldkonzert und garantiert ohne Straßenlärm.

Das moderne Leben scheint hier unendlich weit weg zu sein – solange, bis plötzlich von irgendwo aus der Ferne das Knattern einer Motorsäge herüberklingt.

Der Spring-
brunnen mit
Ureinwohnern

Auch Trinidad ist, wie die meisten anderen bolivianischen Städte, schachbrettartig aufgebaut. Eine Besonderheit der Stadt sind die offenen, parallel zu den Straßen verlaufenden und mittelalterlich anmutenden Abwasserkanälchen, die vor den Hauszugängen von kleinen Betonbrücken überspannt werden. In der Mitte des urbanen Schachbrettes ist ein Feld ausgespart – die für südamerikanische Städte obligatorische *Plaza*. Neben Palmen und blühenden Büschen fällt ein Springbrunnen ins Auge: Aus der Mitte eines mit grün angelaufenen Jaguarköpfen verzierten Bassins ragt eine Stele empor, an deren Fuß abwechselnd lebensgroße, metallene Figuren von mit Pfeil und Bogen bewaffneten Ureinwohnern und Flussdelphinen stehen.

Ansonsten sind die Sehenswürdigkeiten der Stadt eher bescheiden, und keiner der ohnehin wenigen Touristen kommt wegen einer Stadtbesichtigung nach Trinidad, sondern deshalb, weil die Stadt Ausgangspunkt für mehrtägige Flussfahrten ist. Zur Orientierung sei gesagt, dass so ziemlich alles, was man als Reisender brauchen könnte, im Umkreis von drei *cuadras* um die Plaza liegt.

Service Trinidad

Information	Das Touristenbüro liegt an der Südlichen Seite der Plaza.
Vorwahl	03
Internet	An der Westseite der Plaza und in den Straßen darum.
Unterkunft	**Hotel Monte Verde**, Avenida 6 de Agosto 65, Tel. 422-2750, Fax 422-2044. Die einfachen Zimmer sind sauber und gepflegt und verfügen über Ventilatoren. DZ für 21 US$.
	Jacarandá Hotel, Avenida Simón Bolívar 229, Tel. 462-1659. Zentral gelegenes, hübsches Hotel mit tropischem Garten und Klimaanlage. DZ für 38 US$.

6

Restaurants   Die *Heladería Kivon* an der Ostseite der Plaza serviert nicht nur Eis, sondern auch warme Snacks für zwischendurch und ist ein guter Ort, um das Treiben auf der Plaza zu beobachten. Gleich daneben ist das *La Casona,* wo es gute Pizzen gibt. Saftige Fleischgerichte findet man in der gutbesuchten *Churrasquería Carlitos,* die – wenig überraschend – ebenfalls an der Plaza liegt.

Agenturen   *Turismo Moxos,* Avenida 6 de Agosto 114, Tel. 422-1141, Fax 462-2189. Organisiert Bootsfahrten auf dem Rio Mamoré, mehrtägige Ausflüge in den Dschungel und Reitausflüge.

Fremen Tours, Calle Loreto/Ecke Riberalta 332, Tel. 422-2276, Fax 422-1400, www.andes-amazonia.com. Hat mehrtägige luxuriöse Flusskreuzfahrten auf dem Río Mamoré im Angebot.

Verkehrsverbindungen   Hauptverkehrsmittel in Trinidad sind Motorradtaxis, die laut knatternd durch die Gegend rasen. Eine Fahrt vom Flughafen kostet um die 8 Bs, innerhalb Trinidads etwa 4 Bs.

Busse: Trinidad liegt etwa auf halber Strecke zwischen Santa Cruz und Rurrenabaque. In beide Orte fahren täglich Busse. Nach Santa Cruz fährt man zwischen acht und zehn Stunden, die Straße ist in weiten Teilen ausgebaut. Nach Rurrenabaque sind es auf Buckelpiste mindestens 12 Stunden, mehrmals wird der Bus auf ein Floß verladen, um über Flüsse überzusetzen.

Flüge: Amaszonas fliegt einmal täglich nach Santa Cruz, Rurrenabque und La Paz, AeroSur mehrmals wöchentlich nach La Paz, Cochabamba und ebenfalls nach Santa Cruz.

Boot: Von den nahegelegenen Flusshäfen Puerto Almacén und Puerto Barador fahren in unregelmäßigen Abständen Schiffe auf dem Rio Mamoré sowohl ostwärts nach Guayaramerín an der brasilianischen Grenze als auch westwärts nach Puerto Villarroel in den Chapare. Für beide Strecken muss man je nach Wasserstand und Schiffstyp zwischen vier und sechs Tage Fahrt rechnen. Übernachtet wird in Hängematten, das Essen ist äußerst einfach. Trotzdem ist diese Reise für Abenteuerlustige ein großartiges Erlebnis, bei dem man jede Menge Zeit hat, mit Mitreisenden ins Gespräch zu kommen.

Ausflüge in die Umgebung

Ein Nachmittag in dem kleinen Flusshafen Puerto Barador, der etwa 13 Kilometer südwestlich der Stadt liegt, verspricht die Beobachtung pinkfarbener Flussdelphine und ist eine ausgesprochen entspannte Angelegenheit. Hier kann man auch auf eigene Faust einen Fischer anheuern, der einen dann mit seinem Boot den Rio Mamoré rauf und runter fährt. Am Flussufer gibt es mehrere kleine, auf Stelzen stehende Restaurants, in denen Fisch serviert wird. Etwas näher an Trinidad liegt Puerto Almacén, allerdings ist dieser Flusshafen wegen der mächtigen Betonbrücke nicht ganz so idyllisch.

Anreise   Zu beiden Flusshäfen fahren Pickups, die Passagiere mitnehmen, von der Avenida Santa Cruz in Trinidad ab. Ein Motorradtaxi kostet hin und zurück ca. 30 Bs.

(Das Trinidad-Kapitel verfasste Lennart Pyritz)

Rurrenabaque

Gäbe es die Touristen nicht, dann wäre Rurrenabaque nur eines von vielen vergessenen Urwald-Pueblitos, wie es so viele im Tiefland Boliviens gibt. Doch von dem 10.000-Einwohnerstädtchen aus lassen sich unkompliziert und äußerst preiswert Touren ins Amazonasgebiet organisieren. So ist Rurrenabaque neben Uyuni mit seinem einzigartigen Salzsee der wichtigste Anlaufpunkt für Touristen in Bolivien.

Zu verdanken hat Rurrenabaque seine Popularität einem Unglücksfall, bei dem zwei ausländische Touristen ums Leben kamen und zwei andere nur knapp davonkamen. Reichlich blauäugig machten sich 1982 ein Schweizer, ein Österreicher, ein Amerikaner und ein Israeli mit schlechten Karten und völlig unzureichender Ausrüstung zu einer Expedition in den Dschungel auf. Nach kürzester Zeit

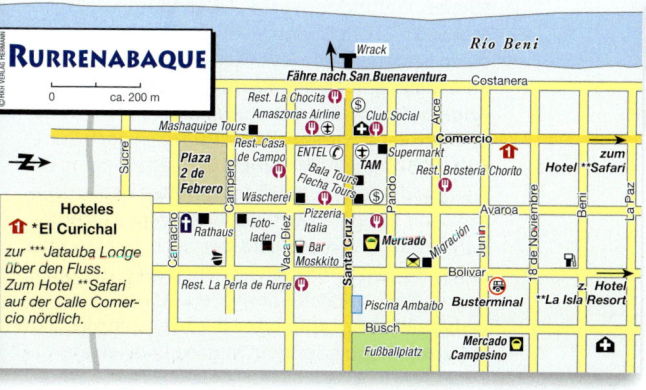

Rurrenabaque

waren sie unterernährt und von Parasiten übersät. Der Österreicher und der Schweizer entschieden sich, die Expedition abzubrechen und zurückzukehren. Seither sind beide verschollen. Die beiden anderen versuchten auf einem selbstgebauten Floß den Río Tuichi zu befahren und verunglückten dabei.

Während der Amerikaner von Fischern aus Rurrenabaque aus dem Fluss gezogen wurde, irrte der Israeli zwei Wochen lang durch den Urwald, bis er schließlich von besagten Fischern, die von dem Amerikaner überredet worden waren, ihn zu suchen, gefunden wurde. Über seine Erlebnisse schrieb Yossi Ghinsberg das Buch „Back from Tuichi", das in Israel bis heute jedes Kind kennt und das auch im englischsprachigen Raum sehr bekannt wurde. Angelockt von der abenteuerlichen, wahren Geschichte kamen immer mehr Touristen nach Rurrenabaque, um den Dschungel kennenzulernen. Der Fischer, der Yossi Ghinsberg gerettet hatte, gründete mit Fluvial-Tours die erste Agentur Rurrenabaques und wurde bald der reichste Mann des Ortes. Bis heute machen Israelis wegen der ungeheuren Popularität des Bestsellers in Israel einen unverhältnismäßig großen Teil der Touristen nicht nur in Rurrenabaque, sondern in ganz Bolivien aus.

Wer durch den Ort geht, sieht ein prosperierendes Städtchen mit unzähligen Touranbietern, das aber dennoch weit davon entfernt ist, in Hektik zu verfallen. An dem kleinen Bootsanleger am Río Beni herrscht am Wochenende ein reges und buntes Treiben, besonders dann, wenn die Urwald-Campesinos ihre Früchte und tropischen Produkte auf dem Markt verkaufen.

Etwas weiter flussaufwärts ist in einen Stein, der *El Suzi* genannt wird, eine Schlange eingemeißelt, die angeblich 1500 Jahre alt sein soll. Die Einheimischen vermuten, dass die Gravur bereits vor Urzeiten vor Hochwasser warnen sollte, denn wenn die Schlange nicht mehr zu sehen ist, bilden sich Strudel und der Río Beni sollte dann nicht mehr befahren werden. Zumindest heute hält man sich in Rurrenabaque an dieses Zeichen.

Von dem kleinen Anleger aus kann man mit dem Boot auf die andere Flussseite nach San Buenaventura fahren. Viel zu sehen gibt es dort nicht, aber nach dem Ausflug kann man daheim erzählen einen Ort namens „Heiliges Gutes Abenteuer" besucht zu haben, und schon allein deshalb lohnt die Überfahrt. Hinter San Buenaventura beginnt der endlose Urwald. Um Rurrenabaques romantischen Sonnenuntergang in voller Pracht zu genießen, lohnt sich der schwere und steile Aufstieg zum Aussichtspunkt „Mirador".

Service Rurrenabaque

Vorwahl   03

Internet   Internetcafés gibt es im Zentrum Rurrenabaques an jeder Ecke.

Unterkunft   Rurrenabaque ist voll mit einfachen Backpackerunterkünften, gehobene Hotels sind hingegen rar.

El Curichal, Calle Comercio 1490, Tel. 389-22647, el-curichal@ hotmail.com. Unter all den vielen Budgetunterkünften der Stadt ist dieses kleine ebenso gepflegte wie freundliche Gästehaus mit seinem hübschen Innenhof mit Hängematten ein echtes Juwel. DZ für 8 US$ (ja, mit Bad!).

Hotel Safari, am Ende der Calle Comercio, Tel./Fax 892-2210, hotel-safari@hotmail.com. Das direkt am Fluss gelegene Hotel strahlt Dschungelflair aus und bietet mit seinem hübschen Garten und Pool alles, was man für ein paar erholsame Tage braucht. Die großzügigen Cabañas kosten 40 US$.

6

La Isla Resort, zwischen Av. Bolivar und Amutari, Tel. 892-2305, www.islatucanes.com. In einem schön angelegten großen Garten mit Pool stehen komfortable Cabañas mit zwei bis drei Schlafzimmern und Wohnzimmer. 30 US$ pro Person.

Jatauba Lodge, auf der anderen Seite des Flusses, nur per Boot zu erreichen, Tel. 711-86533. Das Luxusresort verfügt über stilvoll eingerichtete Cabañas, die inmitten eines ursprünglich belassenen Waldes liegen. Statt in gekachelten Pools badet man hier in natürlichen, von kleinen Wasserfällen gespeisten Becken. DZ ab 70 US$.

Restaurants   Rurrenabaque hat sich auf die Masse der zumeist jungen Touristen kulinarisch derart eingerichtet, dass an jeder Ecke Pizzen verkauft werden. Jene in der *Pizzeria Italia*, Calle Avaroa, schmecken ausgezeichnet. Etwas traditionellere bolivianische Gerichte bekommt man in der *Casa de Campo*, Calle Vaca Díez. Der *Club Social*, Calle Comercio, bietet nicht nur ordentliche internationale Küche, sondern auch einen wunderschönen Blick auf den Fluss. Das beste Restaurant der Stadt ist *La Perla de Rurre*, Calle Bolívar, mit seinen ausgezeichneten Fisch- und Fleischgerichten und wirklich exzellentem Service.

Unterhaltung   Zwischen den vielen Bars sticht die *Moskkito-Bar,* Calle Vaca Díez, mit ihrer fantasievollen Dschungel-Dekoration und großen Cocktailauswahl hervor. Ein echtes Plus dieser Bar ist es, dass es hier nicht wie sonst fast überall in Rurrenabaque Karaoke, sondern wirklich nette Musik gibt.

Touranbieter   An buchstäblich jeder Ecke in Rurrenabaque wird der Reisende mit günstigen Tourangeboten in den Madidi-Park oder die Pampa umworben. Die große Konkurrenz hat zum einen zu äußerst günstigen Preisen, andererseits aber auch zu einem sehr schlechten Standard geführt. Außerdem missachten viele Anbieter die Grundregeln des Ökotourismus: Um den Besuchern möglichst viele Tiersichtungen und aufregende Fotos zu ermöglichen, werden häufig Affen mit Futter angelockt, Babykaimane eingefangen und kleine Anakondas um Schultern drapiert. Diese kleinen, aber massenweise Eingriffe in die Natur stören die Tiere und führen dazu, dass sie sich immer weiter zurückziehen. Dieses Buch verzichtet ganz bewusst auf die Empfehlung solch günstiger Anbieter und nennt stattdessen Agenturen, die sich durch eine besondere Qualität und ein außergewöhnliches Angebot auszeichnen, jedoch auch etwas teurer sind.
  BalaTours, Av. Santa Cruz zwischen Comercio und Avaroa, Tel. 892-2527, www.balatours.com. Dieser gehobene Touranbieter verfügt in der Pampa über eine sehr ordentliche Herberge in einer schönen Anlage mit Schattenbäumen und Hängematten. In dem mit Fliegengittern

geschützen Restaurant wird abwechslungsreich und lecker gekocht.

Die Einnahmen des Tour-Büros *Mashaquipe,* Calle Comercio, Tel. 711-38286, www.mashaquipe.com, fließen zurück zu den Familien im Dschungel, die man während seiner Tour besucht. Dadurch sollen deren Lebensweise und Kultur erhalten bleiben. Die Gruppen der Touristen werden gezielt klein gehalten, damit die Tiere nicht durch lärmende Großgruppen frühzeitig verschreckt werden. Übernachtet wird in einfachen Lodges. Mashaquipe bietet außerdem auch Touren in die Pampa an. Es gab allerdings Beschwerden darüber, dass Touren zeitweise nicht durchgeführt werden.

Auch die Einnahmen aus der *Chalalan-Lodge,* www.chalalan.com, Calle Comercio (halber Block von der Plaza), Tel. 892-2419, Fax 892-2309, kommen dem Volk der Tacana zugute. Doch im Unterschied zu Mashaquipe hat man es hier mit einer hochluxuriösen, perfekt durchgestylten Anlage zu tun, die keine Wünsche offen lässt und dennoch alle erdenklichen Ökostandards einhält.

Verkehrsver-bindungen

Bus: Nach La Paz braucht der Bus auf teilweise äußerst schlechter Piste 18 Stunden.

Flug: maszonas und TAM fliegen mehrmals täglich von und nach La Paz, außerdem einmal täglich via Trinidad nach Santa Cruz.

Parque Nacional Madidi

Der Madidi-Nationalpark ist ein riesiges und artenreiches Gebiet. Seine gigantisch große Fläche von 1,8 Millionen Hektar reicht von den Kordilleren mit ihren 6000-Meter-Bergen bis runter in das Amazonasbecken auf gerade mal 200 Metern. Der Madidi umfasst verschiedene Ökozonen mit hoher Biodiversität: Im Norden Pampas, im Osten Tieflandregenwald, im Zentrum Trockenwald, an der Südwestecke die Gletscher der Hochanden mit den Nebelwäldern der Andenabbrüche. Kein Wunder, dass der Madidi als einer der artenreichsten Nationalparks der Welt gilt. Neben verschiedenen Affenarten leben hier auch Faultiere, Tapire, Kaimane, Flussdelphine und jede Menge Vogelarten, darunter auch Aras. Auch Ozelote, Pumas und sogar Jaguare sind hier noch heimisch, aber man braucht schon sehr viel Glück, um eine Großkatze in freier Wildbahn zu Gesicht zu bekommen. Außerdem sind im Madidi verschiedene Ruinen aus der Inkazeit sowie noch deutlich ältere Steingravuren zu finden.

Ein Besuch im Dschungel ist kein Spaziergang. Die Wanderungen durch den Urwald sind nicht nur wegen der tropischen Hitze schweißtreibend, sondern werden auch durch die Millionen stechender Insekten nicht angenehmer. Doch die Einblicke, die man bei einer Wanderung durch primären Regenwald gewinnt, entschädigen für vieles. Einheimische Führer erklären ausführlich, wie die einzelnen Pflanzen von den Ureinwohnern genutzt werden, aus welchen Lianen Wasser getrunken werden kann und welche Baumrinden gegen Rheuma, Fieber oder Moskitos helfen. Zu bestaunen sind auch verschiedenste Urwaldriesen, wie etwa der „Telefonbaum": Schlägt man gegen seine wuchtigen Brettwurzeln, erzeugt dies einen starken Ton, der noch in zwei Kilometer Entfernung zu hören ist. Nach der Demonstration antwortet oft jemand von einem anderen „Telefonbaum" aus.

Anders als in den meisten anderen Nationalparks Boliviens kann im Madidi der Regenwald nicht nur auf einer mehrtägigen Wanderung mit Zeltlagern erkundet werden, sondern hier geht das ausnahmsweise auch komfortabler: Mit dem Besuch einer Ökolodge, die von den Einheimischen in Eigenverwaltung betrieben wird. Zwei dieser Lodges werden oben im Serviceteil von Rurrenabaque beschrieben.

Mit dem Außenborder ins Amazonastiefland

Besuch in der Pampa

Die dreitägige Tour entlang des Río Yacuma im Süden Rurrenabaques gilt als ein Highlight für Touristen, denn hier gibt es eine Garantie dafür, Tiere zu sehen, die sonst schwer zu entdecken sind. Wie eine grüne Ader zieht sich der üppig bewachsene Fluss durch die sonst steppige, weite Pampa. Seine Ufer bieten ein nur kleines Refugium für zum Teil seltene Arten, die im tiefen Regenwald kaum auszumachen sind. Während tagelange Märsche mit Gepäck durch den Dschungel anstrengend sind und im dichten Urwald nur mit viel Glück allenfalls ein Affe gesichtet wird, kann man hier an dem schmalen Flusslauf, der sich durch endlose Viehweiden schlängelt, jede Menge Tiere bequem vom Boot aus beobachten.

Im schlammig-braunen Wasser aalen sich Capybaras (Wasserschweine), gleich neben ihnen liegen dicht an dicht unzählige Kaimane, einige davon über zwei Meter lang. An manchen Stellen weitet sich der Fluss zu einem kleinen Becken, in dem immer wieder prustend rosa Flussdelphine auftauchen, um gleich darauf wieder im Wasser zu verschwinden. Zahllose Fotos von nichts weiter als der braunen Wasseroberfläche werden bei dem Versuch geschossen, eines der eleganten Tiere zu fotografieren. Wer will, kann mit den Delphinen schwimmen. Sie halten die Kaimane fern – manche behaupten, sie schützen die Menschen vor den Raubtieren.

Ein wenig weiter flussaufwärts tobt eine Herde kleiner gelber Kapuzineräffchen durch das Unterholz, während sich die größeren schwarzen Spinnenaffen an ihren langen Gliedmaßen durch die Baumkronen schwingen.

Auch Pirañaangeln steht auf dem Programm, wobei es sich oft mehr um Piraña-Anfüttern handelt. Kaum hält man den Angelhaken mit einem großen Brocken rohen Fleisches ins Wasser, da ist der Leckerbissen auch schon verschwunden.

Mit der Dunkelheit bricht ein ohrenbetäubendes Konzert aus. Tausende Grillen beginnen zu zirpen, begleitet von dem nicht minder lauten Quaken der Frösche. Jetzt ist der richtige Zeitpunkt, um Kaimane zu beobachten. Der Führer lässt das Licht der

6

Rosa Flussdelphine

Plötzlich prustet es, und aus dem Augenwinkel ist ein rosa Rücken mit einer breiten, höckerartigen Rückenfinne zu sehen, der kurz aus dem schmutzig-braunen Wasser auftaucht, um gleich wieder zu verschwinden. Mehr dürfte bei einer Bootsfahrt in Nordbolivien in den meisten Fällen von den sagenumwobenen rosa Flussdelphinen nicht zu entdecken sein. Einen rosafarbenen Rücken sieht man nur, sofern man ein ausgewachsenes Tier vor sich hat. Denn bei *Inia geoffrensis,* so der wissenschaftliche Name, haben die Jungtiere zunächst eine silbergraue Farbe und werden erst mit zunehmendem Alter rosa. Der Gattungsname *Inia* stammt übrigens aus der Sprache der *Guarayo*-Indianer, die entlang des *Río San Miguel* in Bolivien leben, die Artbezeichnung *geoffrensis* geht zurück auf den französischen Zoologen Geoffroy Saint-Hilaire, der sich das erste konservierte Exemplar von *Inia* in Lissabon um 1800 im Namen Napoleons aneignete und in das Museum für Naturgeschichte in Paris brachte, wo es sich bis heute befindet.

Lange Zeit waren die *bufeos* eine vergessene Tierart. Obwohl es einige vage wissenschaftliche Berichte aus dem 19. Jahrhundert über die Flussdelphine gibt und sie 1956 von einer britischen Expedition wieder entdeckt wurden, machte erst Jacques Cousteau 1987 die Tiere durch eine Fernsehdokumentation wirklich öffentlich bekannt.

Um die *bufeos* ranken sich eine ganze Reihe von Sagen: So heißt es, dass sie sich nachts in gutaussehende junge Männer in weißen Gewändern verwandeln, denen unerwünschte Schwangerschaften in den indianischen Dörfern zugeschrieben werden. Es wird auch erzählt, dass sie in der Unterwasserwelt in Städten aus Schildkrötenpanzern leben und in Hängematten aus Anacondahäuten schlafen. Eine andere Legende schützt sie davor, gejagt zu werden: Wer einen *bufeo* tötet, beschwöre den Tod eines Angehörigen herauf.

Heute sind die Flussdelphine in Bolivien gesetzlich geschützt. Allerdings ist die Art durch Gewässerverschmutzung, Bohrungen der Erdölindustrie und durch Beifang in Fischernetzen gefährdet. Zudem gelten in anderen Regionen die Augen und Genitalien der Tiere als Aphrodisiakum und werden beispielsweise auf Märkten in Brasilien und Ecuador zum Verkauf angeboten.

Lennart Pyritz

Taschenlampe über das Wasser gleiten, und in seinem Kegel leuchten die Augen der Kaimane rot auf. Wie groß die Tiere sind, lässt sich nur am Abstand der roten Punkte erahnen. Im Schein der Lampe blinzelt auch eine verschlafene Capybara-Familie den Besuchern zu.

Die Pampa, durch die der Río Yacuma fließt, gehört zu den Ländereien eines Rinderbarons. Nur ein paar Meter hinter dem mit üppigem Grün dicht bewachsenen Ufer beginnen die endlosen, steppigen Weiden. Von einer Hacienda oder auch nur einer Hütte keine Spur. Soweit das Auge reicht breitet sich das nach der Trockenzeit ausgedörrte Land aus, auf dem hier und da magere Kühe das trockene Gras kauen. In der Regenzeit steht die ganze Fläche unter Wasser. Hier leben Anakondas, riesige Würgeschlangen, die bis zu zehn Metern lang werden und ein ganzes Kalb verschlingen können. Und manchmal findet man im Sand frische Jaguarspuren. Der Jaguar selbst hält sich jedoch meistens verborgen.

Kapuziner-
affen beim
Mittagsmahl

Der weite Südosten

Südlich des Amazonasbeckens erstrecken sich die weiten Ebenen der Pampas. Riesige Rinderherden ziehen durch das Grasland, Reis, Zuckerrohr, Soja und Baumwolle werden angebaut. Doch der große Reichtum der Region liegt nicht in der Landwirtschaft, sondern schlummert unter der Erde: Bolivien verfügt über die zweitgrößten Erdgasvorlagerstätten Südamerikas und über bedeutende Erdölvorkommen.

Wirtschaftliches Zentrum der Region ist die Metropole **Santa Cruz.** Die Stadt ist der ideale Ausgangspunkt, um in jeweils mehrtägigen Touren zwei besonders schöne Nationalparks zu entdecken: Den Amboró und den Noel Kempff. Von Santa Cruz aus kann man sich außerdem auf Spurensuche nach **Che Guevara** begeben und die Region **Chiquitania** mit ihren von der UNESCO zum Weltkulturerbe erklärten einzigartigen Holzkirchen besuchen.

Santa Cruz

Wer vom Hochland Boliviens nach Santa Cruz kommt, glaubt, in ein anderes Land gereist zu sein: Hier in der mit über 1,5 Millionen Einwohnern zweitgrößten Stadt Boliviens geht alles schneller, das Leben ist besser organisiert und der Reichtum der Stadt fällt sofort auf: Straßen, Autos und Häuser sind in deutlich besserem Zustand als sonstwo im

Koloniales
Santa Cruz

zur Casa Kolping
u. Hotel Los Tajibos

Zoo / Aeropuerto / Viru Viru /
Montero / Warnes / Monumento al Cristo

Hotel Cortez

Ciudad
Universitaria

Plazuela del Estudiante

Av. Busch

Palacio de
Justicia

Av. Uruguay

Av. Trinidad

Av. Canoto

Castedo

SANTA CRUZ

© Ron Van As / REISE KNOW-HOW

0   200 m

Primer Anillo

Ibañez

Rafael Peña

Vaca Diez

Parque
El Arenal

6. de Agosto

Aguirre

Micros n. Cotoca
und Pto. Pailas

España

27 de Mayo

Liberdad

Cuellar

Museo Etno-Folklórico

Supermercado

Suárez Arana

Micros in die Chiquitania

Seoane

Caballero

Mercado
de los Pozos

Migración

San Andrés

Beni

Murillo

Aroma

Charcas

Avaroa

Barrón

Argomosa

Av.

Mercado
Florida

Buenos Aires

24 de Septiembre

Plaza
Chávez

Santa Bárbara

Sarah

Florida

Museo Histórico

Junin

Prefectura

Bar Irlandés

Arenales

San Francisco

Rest. La Casona

Café Lorca

Bolívar

Quijarro

Campero

Santuario de
Cotoca /
San Ramón /
San José de
Chiquitos

Cobija

Oruro

Pinto

Brasil

La Merced

Av. Ayacucho

Casa de la Cultura
O. Reiche

Basílica
de San
Lorenzo

Plaza 24 de Sept.

Av. Sucre

Museo de Arte

Ingavi

Río Piraí /
Jardín
Botánico

Suárez de Figueroa

TAM-Airline

rosa
Fläche
= Altstadt

Ballivián

Nuflo de Chávez

de Chávez

Capilla Jesús
Nazareno

Parque
Callejas

Warnes

Republiquetas

z. Terminal de Buses
u. Bahnhof

La Católica

Camiri

Colón

Pari

Velasco

René Moreno

3

LAB-
Airline

La Paz

Potosí

Cochabamba

Salvatierra

Tarija

Cobija

Moldes

Vallegrande

Mercado

Salvatierra

Chuquisaca

4

Hoteles y Hostales
🔺 *Hotel Globetrotter

San Roque

Lemoine

Independencia

Saavedra

Av. Canoto

Parapetí

La Riva

Taxi Montero

Aero Sur

Av. Irala

Av. Irala

Museo de la Historia Natural

Mendoza

Villarroel

Av. Argentina

Grigotá

n. Samaipata /
Camiri / Grigotá /
Cochabamba / La Paz

Salazar

Supermercado

Manzo

Las Américas

Gran Parque
Urbano

Parque
Don Bosco

Cuellar

7

Taxis n. Samaipata

Solis de Olguín

Moreno

Santistevan

Mendoza

Av. Omar Chávez

Pozo

Sec. Regional de Turismo

Estadio
T. Aguilera

Av. Ejército Nacional

Plaza Héroes
del Chaco

2 ***Hotel Canciller
3 ***Gran Hotel
     Santa Cruz
4 ***Hotel Asturias

Ana Barba

Río Grande

Av. El Trompillo

zur
FAN (Fundación Amigos de la Naturaleza)

Segundo Anillo

↗ Aeropuerto El Trompillo

Lande, selbst die Hütten der Armen scheinen weniger elend. Vieles erinnert an Argentinien, von den Menschen – es leben hier deutlich mehr Weiße und Mestizen und weniger Indígenas als im Hochland –, die lebhafter wirken als in den Anden, über die einladenden Cafés bis hin zu den riesigen Fleischportionen auf den Restaurant-Tellern.

Den Wohlstand verdanken die Stadt und das Departamento Santa Cruz vor allem den Bodenschätzen der Region, zugleich der Grund für heftige politische Auseinandersetzungen mit der Regierung in La Paz: Boliviens Finanzhaushalt wird nämlich zum Großteil mit den Steuereinnahmen des reichen Santa Cruz gefüttert, und nach Ansicht der *cruceños* verbleibt viel zu wenig von diesem Kapital hier in der Region. Deshalb strebt Santa Cruz die finanzielle Eigenständigkeit an. „Bald verlangen wir Visa, wenn jemand aus dem Hochland kommt", heißt es scherzhaft in der Stadt. Zur Zeit der Zuckerrohrernte kommen verstärkt Indígenas aus dem Hochland als Erntearbeiter. Viele hausen am Stadtrand und ihre Lage ist in dem sonst so reichen Santa Cruz miserabel.

Santa Cruz wurde 1561 von *Don Ñuflo de Chavéz* gegründet und war ab dem 17. Jahrhundert Ausgangspunkt der Jesuiten-Missionare, die die Indianer der **Chiquitania** christianisierten. Diese Region wurde von Europäern besiedelt, die sich weit vom Osten Südamerikas nach hierher aufmachten.

Bis zur Entdeckung der Erdöl- und Erdgasvorkommen führte Santa Cruz ein eher unbedeutendes Dasein. Doch dank der Nähe zu den wirtschaftlich interessanten Märkten Brasiliens und Argentiniens strömt immer mehr Kapital in die Tieflandmetropole. Seit viele Unternehmer unter der Regierung von Evo Morales die Verstaatlichung ihrer Betriebe befürchten, und hoffen, hier eher davor geschützt zu sein als in La Paz, hat die Stadt nochmals einen Schub bekommen. Nicht zu unterschätzen sind auch die Überweisungen aus dem Ausland: Aus keiner anderen Stadt Boliviens gehen so viele Leute ins Ausland. Außerdem ist Santa Cruz nach wie vor *die* Drogenhauptstadt des Landes und

Im Gesundheitszentrum von Kolping

Francisco Pérez liegt auf dem OP-Tisch und wartet darauf, dass ihm gleich der Graue Star gestochen wird. Er ist nervös, natürlich, aber zugleich froh darüber, dass er bald wieder richtig sehen kann. Im Hintergrund läuft leise klassische Musik, als sich der Arzt über den 60jährigen beugt und mit der Operation beginnt.

Draußen im Gang ist es voll. Hunderte Patienten warten darauf, behandelt zu werden. Der Andrang ist groß, denn das Gesundheitszentrum des katholischen, in Deutschland gegründeten Kolpingwerks ist für die ärmere Bevölkerungsschicht weit und breit die einzige Möglichkeit, sich kostengünstig behandeln zu lassen. Umgerechnet zwei Dollar kostet jede Konsultation. „Schließlich wollen wir, dass sich unser Gesundheitszentrum selbst trägt und der laufende Betrieb nicht auf Spenden angewiesen ist", meint Thomas Dietze, der Leiter von Kolping in Santa Cruz. Diejenigen allerdings, für die selbst zwei Dollar zuviel sind, können sich an den Sozialdienst von Kolping wenden und zahlen dann, was sie können – oder auch nichts. In Bolivien gibt es, zumindest für die ärmere Bevölkerung, keine Krankenversicherung. Arztbesuche müssen aus eigener Tasche bezahlt werden, und das ist teuer. „In einer normalen Praxis kostet jeder Arztbesuch mindestens 20 Dollar. Dazu kommen dann noch die Medikamente. Das können sich Menschen, die umgerechnet 100 Dollar im Monat verdienen, kaum leisten." 36.000 Patienten werden jeden Monat in dem Gesundheitszentrum behandelt und jeder in Santa Cruz kennt Kolping, der Name ist sogar auf den Schildern der Buslinien angeschlagen.

Ein besonderes Anliegen ist Thomas Dietze die Augenabteilung. 270 Patienten haben die Augenärzte von Kolping in Santa Cruz im letzten Jahr den Grauen Star gestochen, der weltweit der häufigste Grund für Erblindung ist. Bis zu 200 US-Dollar kostet die Operation bei Kolping. Andere Ärzte verlangen zwischen 800 und 1200 Dollar dafür, viel zu viel für einen einfachen Mann wie Francisco Pérez.

Einen Tag nach der Operation nimmt ihm der Arzt den Verband ab, um das Auge zu kontrollieren. Der Eingriff ist gut verlaufen. „Ich kann jetzt schon wieder sehen! Ich bin sehr glücklich darüber, und in ein paar Wochen kann ich wieder arbeiten", lächelt der Lastwagenfahrer, der wegen des Grauen Stars in der Dunkelheit kaum noch etwas sah und deswegen kein Geld mehr verdienen konnte. „Ohne Kolping wäre das nicht möglich gewesen, denn in einer normalen Klinik hätte ich mir den Eingriff niemals leisten können."

7

die riesigen Gewinne aus diesem Geschäft heizen den Boom weiter an. Alle diese Faktoren zusammen machen Santa Cruz zum bedeutendsten Wirtschaftszentrum Boliviens.

Orientierung   Rund um das Zentrum verlaufen große Ringstraßen, die *Anillos de Circunvalación* heißen. Vom Zentrum aus führen in alle vier Himmelsrichtungen Hauptstraßen. Nördlich der Stadt liegt der internationale Flughafen Viru Viru, der nationale Stadtflughafen liegt im Süden. Der Bahnhof befindet sich östlich des Zentrums am 3. Ring, ebenso wie der Busterminal.

Für den Besucher hält Santa Cruz vergleichsweise wenige Sehenswürdigkeiten bereit. Rund um die palmengesäumte Plaza 24 de Septiembre liegen die wenigen interessanten Gebäude der Stadt. Die Kathedrale *Basílica Menor de San Lorenzo* wurde erst 1845 gebaut und 1915 eingeweiht, sie ist mehr mächtig als schön. Der Hauptaltar mit seinen Silberarbeiten ist, neben den Reliefs aus der Jesuitenreduktion von San Pedro de Moxos, der einzige Blickfang. In dem Museum der Kathedrale ist eine jesuitische Sammlung von Gold- und Silberreliquien zu besichtigen.

Die *Casa de la Cultura Raúl Otero Reiche* lohnt für einen Theater- oder Kinobesuch. Außerdem befindet sich hier eine Dauerausstellung über die indianische Kultur.

Kathedrale
Santa Cruz

Abends herrscht auf der Plaza ein reges Treiben, Spaziergänger und fliegende Händler genießen die Kühle des Abends. Die Straßen rund um die Plaza säumen fast ausschließlich hübsche Häuser aus der Kolonialzeit, hier schließen sich Geschäfte, Bars und Restaurants. Mindestens genauso viel los ist in der Gegend rund um die Avenida San Martín, die im Vergleich ultramodern wirkt. Hier trifft sich am Wochenende die herausgeputzte Jeunesse Doreé der Stadt.

Service Santa Cruz

Information Casa de Interpretación, Plaza 24 de Septiembre.

Vorwahl 03

Internet In der Calle España und der Calle Junín gibt es zahlreiche Internetcafés.

Unterkunft In Santa Cruz gibt es recht viele teure, aber eher wenige gute und günstige Hotels und die Übernachtungspreise sind grundsätzlich höher als in La Paz.

Hotel Globetrotter, Calle Sarah 49, Tel. 337-2754. Das in einem Kolonialhaus untergebrachte Hotel liegt sehr zentral, ist mit der Zeit aber etwas heruntergekommen. Nur für diejenigen, die unbedingt in der Altstadt wohnen wollen. Der Besitzer spricht deutsch. DZ für 25 US$.

Casa Kolping, Calle Bernabé Sosa, Tel. 334-9946, Fax 334-4327, www.hoteleskolping.net. Sehr sauber und mit ausgesprochen freundlichem Service. DZ 32 US$.

Hotel Cortez, Av. Cristóbal de Mendoza 280 (nördlich des Zentrums), Tel. 333-1234, Fax 335-1186, www.hotel-cortez.com. Modernes Hotel mit allen Annehmlichkeiten und schönem Poolbereich. DZ ab 77 US$.

Hotel Los Tajibos, Av. San Martín 455, Tel. 342-1000, Fax 342-6994, www.lostajiboshotel.com. Die beste Adresse der Stadt – in diesem etwas außerhalb gelegenen luxuriösen Hotel bleiben keine Wünsche offen. DZ ab 179 US$, gelegentliche Werbeaktionen mit stark reduzierten Preisen.

Restaurants Eine Spezialität der Region ist *majarito,* Reis mit Ente, eine andere *sonzo,* gegrillte Yuca mit Käse am Spieß. Fleischportionen sind generell riesig.

Restaurant La Casona, Calle Arenales 222, in einem alten Kolonialgebäude, sehr angenehmes Ambiente. Ausgezeichnetes deutsches Essen mitten in Südamerika – der deutsche Besitzer und Koch entzückt seine Gäste durch seine wunderbare Kochkunst.

Restaurante Parrilla, Av. Viedma 586. Cruceños, die etwas auf sich halten, treffen sich hier in dem hübschen Patio bei beeindruckenden Mengen von frisch gegrilltem Fleisch.

Unterhaltung   Um zu sehen und gesehen zu werden, trifft man sich in Santa Cruz in den Bars rund um die Avenida San Martín, beispielsweise im *Fridolín,* Av. Monseñor Rivero. Wem das zu schick ist, der fühlt sich vermutlich im *Café Lorca,* Calle Rene Moreno, direkt an der Plaza, wohler. In dem stilvollen und gemütlichen Kulturcafé gibt es neben Getränken auch kleine Snacks. Fast jeden Abend treten Künstler auf, wer aktuell, das lässt sich unter www.lorcasantacruz.org nachschauen.

Bar Irlandés, Calle 24 de Septiembre, direkt an der Plaza im 1. Stock des Shopping Center Bolívar. Auf der großen Terrasse gibt es jede Menge Plätze, von denen man in lauer Luft und bei leichter Musik einen ausgezeichneten Blick auf das Treiben rund um die Plaza hat.

Discoteca Vodoo Varadero, Av. San Martín, neben Equipetrol. Informelle Kleidung reicht aus, um in diesem bei Cruceños zwischen 20 und 40 Jahren beliebten Tanztempel Einlass zu erhalten.

Feste   Karneval wird in Santa Cruz groß gefeiert, ebenso wie die *Fiesta de San Juan* am 24. Juni.

Touranbieter   *Amborotours,* Libertad 417, 2. Etage, Tel. 339-0600, www.amborotours.com, bietet nicht nur Touren in den Nationalpark Amboró an, sondern zu allen Parks und Sehenswürdigkeiten im Departamento Santa Cruz. *Jenecheru Tours,* Tel. 348-8618, www.jenecherutours.com, ist eine kompetente Agentur für Touren in die Chiquitania.

Descubre, Tel. 348-5437, descubre@yahoo.com, organisiert kompetent Ausflüge mit deutschsprachigem Fahrer.

Verkehrsverbindungen   **Taxis** kosten pro Ring etwa einen US-Dollar. Zum 16 Kilometer entfernten Flughafen Viru Viru werden 50 Bs fällig.

Mietwagen: *International Rent-a-Car,* Avenida Uruguay/ Ecke Pedro Antelo, Tel. 334-3012. *AVIS,* Carretera Norte, Kilometer 3,5, Tel. 343-3939.

Busse: Täglich mehrere Busse, die San Javier in vier Stunden erreichen. Von dort aus fahren die meisten Busse weiter in die Chiquitania mit Stopps in allen Orten auf der Strecke. Die Straße ist inzwischen bis Concepción asphaltiert. – Samaipata: Minibus und Sammeltaxis fahren den ganzen Tag über sobald sie voll sind von der Avenida Omar Chavéz. Drei Stunden Fahrzeit. – Vallegrande: Täglich mehrere Busse, die etwa acht Stunden brauchen. Nur ein Teil der Straße ist asphaltiert.

Auch die großen, weiter entfernten Städte Boliviens können mit dem Bus erreicht werden, doch die Fahrten dauern mindestens 10 Stunden. Deshalb besser fliegen.

Zug: Boliviens schönste Zugstrecke führt von Santa Cruz nach Puerto Suárez, von wo aus man nach Brasilien weiterreisen kann. Die Fahrt dauert je nach Zugtyp zwischen 12 und 26 Stunden.

Flüge: Vom Stadtflughafen El Trompillo aus starten täglich mehrere Maschinen der Linien AeroSur und BOA nach Sucre, La Paz und Cochabamba. Einmal täglich fliegt Amaszonas via Trinidad nach Rurrenabaque. Nach Puerto Suárez und Tarija gibt es mehrmals wöchentlich Flugverbindungen.

Internationale Flugverbindungen in die USA, nach Chile, Paraguay, Brasilien, Peru, Kolumbien und Uruguay bestehen vom Flughafen Viru Viru.

Ausflüge rund um Santa Cruz

Lomas de Arena

Am Stadtrand von Santa Cruz liegen die Sandhügel Lomas de Arena, die besonders am Wochenende ein beliebtes Ausflugsziel der Cruceños sind. Die bis zu 50 Meter hohen Dünen sehen so gar nicht nach Südamerika, sondern viel mehr nach Sahara aus. Das Gebiet steht unter Schutz und darf offiziell nicht befahren werden, trotzdem sieht man oft Jugendliche auf vierrädrigen Motorrädern durch den Sand brausen. Man kann aber Sandboards mieten und die Abhänge heruntergleiten. Wenn es ausreichend geregnet hat, bildet sich zwischen den Dünen ein kleiner See, der zu einem erfrischenden Bad einlädt.

Es gibt hierhin keine öffentlichen Verkehrsmittel, die Dünen liegen aber nur 15 Kilometer vom Stadtzentrum entfernt und ein Taxi kostet rund 50 Bs.

Cotoca

Cotoca ist eine typisch ländliche südamerikanische Kleinstadt, in der die Cruceños am Wochenende gerne Essen gehen. Sehenswert ist die Kirche aus dem Jahr 1902. Sie beherbergt den Schrein mit der Schutzheiligen von Santa Cruz, der Jungfrau von Cotoca und ist ein Pilgerziel. In der Nacht vom 7. auf den 8. Dezember findet ihr zu Ehren eine Prozession von Santa Cruz nach Cotoca statt.

Cotoca liegt etwa 20 Kilometer von Santa Cruz entfernt an der Landstraße, die über den Río Grande in die Chiquitanía führt und ist mit den Bussen, die in diese Richtung fahren, zu erreichen.

Parque Nacional Amboró

Der 6376 Quadratkilometer große Amboró Nationalpark liegt im Westen des Departamento Santa Cruz und im Süden des Departamentos Cochabamba und er erstreckt sich vom tropischen Tiefland über eine eindrucksvolle Vulkanlandschaft bis zu den andinen Tälern auf einer Höhe von 2500 Metern. Je nachdem, von welcher Seite aus man den Nationalpark erkundet, findet man sich in völlig unterschiedlichen geografischen Zonen wieder. Im Amboró leben unter anderem Andenbären, Riesenotter, Tapire, verschiedene Affenarten und Großkatzen. Insgesamt wurden hier über 700 verschiedene Vogelarten gesichtet, darunter der Andenfelsenhahn und der Ara rubrogenys. Die Chance, eines der zum Teil seltenen Tiere zu Gesicht zu bekommen, sind recht gut, denn der Nationalpark ist nicht nur reich an Arten, sondern auch von diesen dicht bevölkert.

Besonders faszinierend ist der südliche Teil des Amboró, in den man von Samaipata aus gelangt. Hier in den Bergnebelwäldern wachsen gewaltige Baumfarne, ragen rote Tafelberge aus dem üppigen Grün und ergießen sich glitzernde Wasserfälle in kristallklare natürliche Becken. Auch weitgehend unerforschte Inkasiedlungen können hier erkundet werden.

Unterkunft und Touren

Refugio Los Volcanes, Tel. 072-115475, www.refugiovol-canes.net. Die von einem Deutschen geführte Lodge verfügt über komfortable Zimmer und liegt inmitten einer der geschützten Pufferzone zum angrenzenden Amboró-Nationalpark. Statt in einem Pool können die Gäste in glasklaren, von Wasserfällen gespeisten Becken baden. DZ kosten 70 US$. Das Refugio Los Volcanes vermittelt lokale Führer für Besuche im Nationalpark und bietet außerdem spezielle naturwissenschaftliche Exkursionen an.

Weitere Touranbieter für den Nationalpark Amboró finden sich in Santa Cruz und Samaipata, Adressen siehe jeweils dort.

Malerisches Samaipata

Das beschauliche Samaipata, ein Städtchen mit 1500 Einwohnern, liegt auf einer Höhe von 1640 Metern inmitten einer unberührten Hügelland-schaft. Es ist ein beliebtes Wochenendziel der Cru-ceños. Die Besucher kommen wegen des nahegele-genen Nationalparks Amboró und den Ruinen von El Fuerte. Samaipata ist außerdem ein Ziel der Che-Guevara-Tour (s.u.), denn „El Comandante" hatte 1967 den Polizeiposten des Städtchens überfallen und das Munitionslager ausgeräumt.

El Fuerte de Samaipata

Die präinkaische Felsenruinen liegen neun Kilometer südöstlich von Samaipata auf einem Bergvorsprung und sind am besten mit dem Taxi zu erreichen. Der Komplex ist insgesamt etwa 40 Hektar groß. Er zählt zum UNESCO-Weltkulturerbe

Tafelberge im Amboró-Nationalpark

El Fuerte de
Samaipata

und wurde zu einem „Nationalen Denkmal"
Boliviens erklärt. Wahrscheinlich ist El Fuerte ein
ehemaliger Kultplatz, der aber auch zusätzlich als
Festung gedient haben könnte. Manche Archäo-
logen halten die Anlage für einen Tempel des
Schlangen- und Jaguarkultes, der vor rund 1500
Jahren entstand. Die Anlage wurde später von den
Inkas ausgebaut und ist damit sowohl einer der am
weitesten südlich als auch östlich gelegenen
Außenposten der Inka. Viel weiter kamen die Inka
nicht, denn im bolivianischen Tiefland trafen die
Eindringlinge auf die äußerst starken Guaraní von
denen sie in einer Schlacht bei Santa Cruz geschla-
gen wurden. Kurz vor Einfall der Spanier in das
Inkareich überrannten die Guaraní auch El Fuerte
und vertrieben die Inka aus ihrem Gebiet.

Rund um die Anlage wurde ein weitläufiger, gut
beschilderter Wanderweg angelegt, für den man
mindestens eine Stunde Zeit einplanen muss. Der

Templo
Panorámico

Aufstieg ist anstrengend, wird aber mit großartigen Ausblicken und einem Echo belohnt. Der Heilge Felsen selber darf nicht betreten werden. Es wurden aber einige Plattformen errichtet, von denen aus man einen guten Überblick auf den zeremoniellen Ort hat. Er ist 60 mal 220 Meter groß und als erstes fallen die beiden parallel verlaufenden und über 26 Meter langen Spurrinnen auf. Die etwas abgesetzte Felsplattform vor den aufsteigenden Rinnen wird als *Altar de los Jaguares* bezeichnet, abgeleitet von den beiden in den Fels gemeißelten Kreisbildnissen, die eine Art Raubkatze darstellen sollen. Überall auf dem Fels sind drei- und rechteckige Becken, Rillen, Bohrlöcher, fortlaufend sich kreuzende Abläufe und kanalartige Ausarbeitungen zu erkennen.

Auf der südlichen Seite der Felspyramide befinden sich eine Reihe von trapezartigen Mauernischen und die Priesterhäuser mit einem inneren und äußeren Sitzkreis.

Der Rundweg führt weiter zu verschiedenen kleineren Gebäudekomplexen und zur zentralen Plaza der Siedlung. Südlich davon soll sich das Verwaltungszentrum *Kallanka,* im Osten das *Acllahuasi* („Haus der Sonnenjungfrauen") befunden haben. Wer möchte, kann auch noch zu einem brunnenartigen Schacht, *La Chincana* („Labyrinth"), abbiegen. Über einen ehemaligen Wohnhügel führt der Rundgang zum Eingang zurück.

_____ **Service Samaipata**

Information

Information Unter www.samaipata.com finden sich auch auf Deutsch Informationen zu Hotels, Restaurants und Umgebungszielen.

Vorwahl 03

Unterkunt **Hotel Landhaus**, Calle Murillo, Tel./Fax 944-6033, www.samaipata-landhaus.com. Zimmer und Cabañas in einem schönen Garten mit Pool und Sauna. Cabaña für zwei Personen 30 US$.

El Pueblito, etwa 1,5 Kilometer südlich von Samaipata, Tel. 944-6383, www.elpueblitoresort.com. Das wie ein Dorf angelegte Resort hat sehr schöne Zimmer, einen Pool und einen wunderschönen Blick über Samaipata. DZ ab 50 US$.

Restaurants *La Oveja Negra*, Calle Campero 217, hat auch vegetarische Gerichte auf der Karte und bietet Büchertausch an. Von den Restaurants an der Plaza hat das La Chakana besonders leckeres Essen.

Touranbieter *Michael Blendinger Nature Tours*, Calle Bolívar, gegenüber vom Museum, Tel. 944-6227, www.discoveringbolivia.com. In dem deutschstämmigen Diplombiologen finden Naturbegeisterte einen wirklich versierten Führer für naturkundliche Exkursionen in die verschiedenen Nationalparks des Departamento Santa Cruz.

Ben Verhoef Tours, Calle Campero 217, Tel. 944-6365, www.benverhoeftours.com. Der auch Deutsch sprechende Niederländer bietet unter anderem Tagesausflüge in die Umgebung Samaipatas an und hat sich auf die Che-Guevara-Tour spezialisiert.

_____ **Ausflug von Samaipta**

Rund 20 Kilometer von Samaipatra in Richtung Santa Cruz liegen die Wasserfälle Las Cuevas. Sie sind zwischen 8 und 15 Meter hoch und speisen jeweils einen kleinen Teich. Die Wasserfälle liegen inmitten eines Panoramas wunderschöner schroffer Felsen. Auch wenn man nicht baden möchte, ist dies ein schöner Tagesausflug.

_____ **Che-Guevara-Tour**

Eine ganz spezielle Touristenattraktion ist die Tour auf den Spuren des inzwischen legendären Ernesto „Che" Guevara. Die nachfolgend beschriebene drei-

tägige Tour führt zu den Stätten, an denen der Revolutionär 1966 und 1967 versuchte, einen Volksaufstand zu organisieren und bis nach La Higuera, wo er in einer Schule hingerichtet wurde. Diese steht heute noch und wurde inzwischen in ein kleines Museum umgewandelt, in dem Fotos hängen. La Higuera verwandelt sich alljährlich an Ches Todestag, dem 9. Oktober, zu einem Pilgerziel für Che-Fans aus aller Welt.

Richtig spannend ist die Tour eigentlich nur für echte Fans, denn gut 40 Jahre nachdem Guevara hier in dem von Anfang an zum Scheitern verurteilten Unterfangen den Tod fand, ist von den Guerilla-Camps, Revolutionsdörfern und Urwaldverstecken natürlich nichts mehr zu sehen. Man kann höchstens noch nachfühlen, wie beschwerlich die Märsche durch das unwegsame Gebiet für den asthmakranken Che und seine schlecht verpflegten Guerilleros gewesen sein müssen. Angesichts der steilen, mit Kakteen bewachsenen Berge wird die Aussichtslosigkeit seines Umsturzversuchs sofort überdeutlich. Die Tour führt in sehr entlegene, landschaftlich aber wunderschöne Gegenden und ist dadurch auch etwas für diejenigen, die sich weniger für den Revolutionär als für das ländliche und abgelegene Bolivien interessieren.

Die Touren auf der „Ruta del Che" dauern in der klassischen Variante drei Tage und führen von Santa Cruz via Samaipata nach Vallegrande und La Higuera. Manche Anbieter besuchen auch ehemalige Revolutionsdörfer und Urwaldverstecke, dann kann der Abstecher bis zu einer Woche dauern. Von La Higuera aus führt eine landschaftlich sehr schöne Strecke über Villa Serano und Tarabuco nach Sucre.

Unterkunft **Posada Casa del Telegrafista,** www.lacasadeltelegrafista.com, in La Higuera. Die einfache, aber hübsche Unterkunft betreibt ein Franzose und bietet ausgezeichnete Küche. DZ 12 US$.

„Che" in Bolivien

Nach der erfolgreichen Kubanischen Revolution 1959 hätte sich der Argentinier Ernesto „Che" Guevara eigentlich von dem aufreibenden Leben als Revolutionär verabschieden und als Industrieminister, zusammen mit Fidel Castro, die Geschicke Kubas leiten können. Doch das ruhige Leben lag ihm nicht, er verzichtete auf den Ministerposten und ließ sich stattdessen 1966 nach Bolivien einschleusen, um dort gemeinsam mit den gerade streikenden Bergarbeitern eine Revolution vorzubereiten.

Mit der Unterstützung Castros hatte Che 44 Guerilleros um sich versammelt, teils Veteranen des Kuba-Kampfes, aber auch Neulinge wie die Ostdeutsche Tamara Bunke. Der Comandante stationierte seine kleine Truppe in den südöstlichen Berghängen der Anden, in der Hoffnung, dort unter den Bauern Mitstreiter zu finden. Doch der Gruppe von Revolutionären gelang es nicht, die verarmten Bauern davon zu überzeugen, für ihre Rechte zu kämpfen. Kein einziger Campesino schloss sich Ches Gruppe an und auch die erhoffte Unterstützung durch die Kommunistische Partei Boliviens blieb aus. In einer seiner Schriften hatte Che Guevara vermerkt: „Diese Art von Krieg ohne die Unterstützung der Bevölkerung verwirklichen zu wollen, ist der Auftakt zu einer unvermeidlichen Katastrophe". Und genau die ereilte ihn und seine Truppe. Die Partisanengruppe war auf sich gestellt, die Verpflegungslage schlecht, und da zudem das bolivianische Militär frühzeitig von

Ehemaliges Schulhaus
in La Higuera

ihrer Anwesenheit in den Bergen erfahren hatte, waren sie ständig gezwungen, ihr Lager zu wechseln und Scharmützel auszutragen. Binnen weniger Monate war die Gruppe auf 14 Mann zusammengeschmolzen und wurde schließlich von einem Bauern verraten.

Die Guerilleros, die man am 8. Oktober 1967 in der Yuro-Schlucht in der Nähe des Dorfes La Higuera festnahm, waren keine strahlenden Helden, sondern abgekämpfte, halbverhungerte Gestalten, die von den ständigen Gewaltmärschen durch die steilen, mit Dornengestrüpp bewachsenen Berge der Region völlig erschöpft waren.

Nur einen Tag später wurde Che Guevara ohne Gerichtsverhandlung von einem Feldwebel der bolivianischen Armee erschossen. Nach der Ermordung sollte die Leiche Che Guevaras spurlos beseitigt werden. Um beweisen zu können, dass es sich tatsächlich um den damals schon legendären Che handelte, wurden beide Hände entfernt und in Formaldehydlösung eingelegt. Seinen Körper vergrub man an einer geheimen Stelle neben der Fluglandebahn von Vallegrande. Bis 1997 galt die Leiche als verschollen. Erst 30 Jahre nach Che Guevaras Tod wurden seine Gebeine vom bolivianischen Militär wieder ausgegraben und nach Kuba gebracht, wo Che bei einem Staatsbegräbnis in einem eigens errichteten Mausoleum in Santa Clara beigesetzt wurde.

Che Guevara fand zwar damals bei seinem Revolutionsversuch in Bolivien keine Unterstützung, doch heute beruft man sich in Bolivien gerne auf den inzwischen mythisch verklärten Revolutionär. Er gilt als Vorbild für ganz Bolivien und steht als Symbol für die Regierungspartei MAS. Bei einer Gedenkfeier erklärte Evo Morales: „Den Kampf, den Che begonnen hat, beenden jetzt wir."

7

Chiquitania: Jesuiten-Reduktionen

Wie auf einer Perlenkette reihen sich in einem großen Bogen nordöstlich von Santa Cruz die Jesuiten-Reduktionen der Chiquitania von San Javier bis San José de Chiquitos auf einer Streckenlänge von 450 Kilometern aneinander.

Die Chiquitos-Reduktionen waren jesuitische Missionsdörfer, in denen zwischen 2000 und 3000 Guaraní- beziehungsweise Chiquito-Indianer unter der Aufsicht von Jesuiten-Patern lebten. Die Missionen waren so konzipiert, dass sie autark bestehen konnten. Grundpfeiler waren dabei die Land- und Viehwirtschaft sowie handwerkliche Berufe und Werkstätten. Die Erträge kamen dem Gesundheits- und Sozialwesen zugute, es gab sowohl eine Waisen- als auch eine Altersversorgung und außerdem einen indigenen Gemeinderat.

Die meisten der Reduktionen wurden um 1750 gegründet. Die Anlage einer Missionsstation war fast immer gleich: Um einen großen, meist quadratischen Versammlungsplatz mit einem großen Kreuz in der Mitte lagen an drei Seiten die Wohnhäuser der Indianer. An der vierten Platzseite stand die Kirche, dahinter lagen Nebengebäude, Werkstätten und Gärten. Vor dem Dorf lagen die Felder und Viehweiden.

Die Guaraní siedelten sich nicht ungern in den Reduktionen an, denn hier waren sie vor Sklavenjägern, Ausbeutung, Verschleppung und Knechtschaft sicher. Das Vertrauen zu den Jesuiten war groß, denn diese beherrschten ihre Sprache und respektierten ihre Lebensweise. Talentierten Guaraní wurden neue handwerkliche Fertigkeiten beigebracht, und so wurden viele von ihnen hervorragende Steinmetze, Schnitzer, Maler, Weber oder Musiker. Dafür mussten sie aber regelmäßiger

> *Wie auf einer Perlenkette reihen sich in einem großen Bogen nordöstlich von Santa Cruz die Jesuiten-Reduktionen der Chiquitania aneinander.*

Arbeit und einer geordneten Lebensweise nachgehen und vor allem den christlichen Glauben annehmen. Die Jesuiten unterrichteten die Indianer aber nicht nur, sondern sie schlossen sie auch erfolgreich gegen eindringende brasilianische Sklavenjäger zusammen und organisierten den Widerstand, so dass die Guaraní zwischen dem Río Paraná in Brasilien und der Chiquitania in Bolivien schließlich frei leben konnten.

Die Arbeit der Jesuiten wurde aber mit der Zeit sowohl durch christliche als auch weltliche Neider angefeindet und in Frage gestellt. Obwohl sie der spanischen Krone Tribut bezahlten, befahl Kaiser Karl III. im Jahr 1767, die Reduktionen in ganz Südamerika zu verlassen. Ein erfolgreiches Experiment war zu Ende. Doch während sich über den paraguayischen Reduktionen größtenteils wieder der Dschungel schloss, wurden die meisten der bolivianischen nicht zerstört. Die Bewohner hielten hier an ihrer christlich-guaranischen Lebensweise und an ihren Traditionen fest und gaben auch ihre Dörfer nicht auf. 1875 und 1892 griff die bolivianische Armee blutig ein.

Heute sind die ehemaligen Missionssiedlungen verschlafene Städtchen inmitten einer wunderschönen, immergrünen Hügellandschaft. Die UNESCO erklärte die Reduktionen *Concepción, Santa Ana, San Francisco Javier, San José de Chiquitos, San Miguel* und *San Rafael* wegen der spezifischen Architektur ihrer Kirchenbauwerke zum Weltkulturerbe. Die Restaurierungsarbeiten an den Jesuitenreduktionen wurden größtenteils mit Spendengeldern aus Deutschland finanziert und vielfach unter Leitung des 1999 verstorbenen und in der Region hochverehrten deutschen Architekten Hans Roth durchgeführt.

Barock-Musik in der Chiquitania

Die Jesuiten brachten im 17. Jahrhundert nicht nur das Christentum und den eigentümlichen Baustil der Reduktionen in den Südwesten Boliviens, sondern auch barocke Kirchenmusik. Schnell stellten sie fest, dass die Ureinwohner sehr musikalisch und künstlerisch veranlagt waren und in Kürze erlernten, die barocken Streichinstrumente nachzubauen und die mittelalterliche Barockmusik darauf nachzuspielen. Schon bald brachten sie eigene Komponisten hervor, und es entstand eine einzigartige Form der Barockmusik, in der europäische und indigene Elemente miteinander verwoben sind.

Mit der Vertreibung der Jesuiten geriet die amerikanische Barockmusik in Vergessenheit. Erst als Hans Roth die Holzkirchen restaurierte, entdeckte er die Überreste der alten Partituren. Dem deutschen Pater Walter Neuwirth ist es zu verdanken, dass diese klassische Musik wieder gespielt wird. Er sorgte dafür, dass Instrumente angeschafft und begabte Kinder unterrichtet wurden. Unter der Leitung von Rubén Diario entstand das Jugendorchester *Urubichá*, das sich weltweit einen Namen machte und auch in Deutschland auf Tournee war. Inzwischen verfügen auch andere ehemalige Missionsorte über recht gute (Jugend-)Orchester. Die Aktivitäten werden über die „Asociacion Pro Arte y Cultura" (APAC) in Santa Cruz koordiniert. Auf www.festivalesapac.com werden die Termine veröffentlicht. Hauptattraktion ist das alle zwei Jahre stattfindende „Festival internacional de música renacentista y barroca en las missiones de Chiquitos", jeweils in den geraden Jahren Ende April/Anfang Mai. In den ungeraden Jahren findet ein nationales Barockmusikfestival statt.

Holzkirche von
Concepción

Wer alle ehemaligen Missionen besuchen möchte, muss für die Tour, die sich von und zurück nach Santa Cruz über 950 Kilometer erstreckt, insgesamt mindestens vier Tage einplanen. Und er muss genug Sitzfleisch für die doch recht langen Fahrten über die anfänglich asphaltierten Straßen mitbringen.

San Javier

Die Reduktion San Javier wurde 1691 gegründet und war damit die erste Jesuiten-Reduktion in Chiquitania. Nahezu alle Gebäude und Häuser wurden aus Holz gebaut, und dank der zwischen 1987 und 1993 von dem Deutschen Hans Roth durchgeführten Restauration sind viele Bauwerke aus der alten Zeit wieder intakt und in sehr gutem Zustand. San Javier war seit 1730 auch das Zentrum der Musik, hier wurden unter Anleitung der Jesuiten Harfen, Violinen und andere Musikinstrumente gebaut. Die Kirche von San Javier wurde 1752 nach dreijähriger Bauzeit unter Leitung des Jesuitenpaters Martin Schmidt fertiggestellt. Der Schweizer spielte hier auch Orgel, begleitet von einem indianischen Chor. Sehenswert sind die geschnitzten Holzsäulen und Verzierungen der Kirche, die Gemälde und der Altar. Über dem holzgeschnitzten Portal prangt eine lateinische Inschrift.

San Javier lebt nach wie vor von der Land- und Viehwirtschaft und ist ein beliebtes Wochenendziel der Cruceños.

7

Innenansicht
der Holzkirche
von Concepción

Concepción

Die Holzkirche von *Concepción*, die von Martin Schmidt 1756 vollendet und zwischen 1975 und 1982 von Hans Roth völlig authentisch restauriert wurde, ist ein kleines architektonisches Juwel. Die Kirche ist der Madonnenverehrung geweiht und der in Rot und Gold erstrahlende Marienaltar ist ihr Schmuckstück. Die Säulenreihen des Hauptschiffs und der beiden Seitenschiffe tragen das gesamte Dach.

Im Städtchen fallen die traditionell eingeschossigen Hausbauten mit den typischen Laubengängen auf. Auch Concepción lebt von der Viehwirtschaft und ist außerdem die Stadt der Orchideen. Jedes Jahr findet deshalb am zweiten Oktoberwochenende das Orchideenfestival statt.

San Ignacio de Velasco

Auch San Ignacio de Velasco geht auf eine Reduktion zurück, der Ort war das wirtschaftliche Zentrum der Jesuiten-Missionen. Hier stand einmal die größte Kirche der Jesuiten. Sie wurde 1974 abgerissen und 2000 durch einen Neubau ersetzt, der mit der ursprünglichen Kirche nahezu identisch ist. Heute leben hier noch sehr viele Chiquito-Indianer. In der Casa de la Cultura zeigt eine Ausstellung alte Musikinstrumente und Reste der ehemaligen Kirche.

Santa Ana

Die Häuser von Santa Ana haben die letzten Jahrhunderte im Originalzustand überlebt und sind nach wie vor, ebenso wie die Kirche, mit Palmblättern gedeckt. Die mit sehr schönen Schnitzereien und bemerkenswerten Malereien ausgestattete Kirche wurde 1755 erbaut und 2000 renoviert. Das Innere ist mit dem rohen Backsteinboden und den gebrochenen weichen Erdfarben vergleichsweise rustikal.

San Rafael

In San Rafael besticht die 1696 gegründete und ebenfalls unter Hans Roth restaurierte Jesuitenkirche mit handgeschnitzten Säulen, die das Dach tragen, und mit einem sehr schönen Altar. Das Innere ist mit viel Glimmer und Gold ausgekleidet. Auf den ersten Blick ähnelt die Front der Kirche der Missionskirche von San Javier.

San Miguel

Auch San Miguel besitzt eine vollständig renovierte und sehenswerte Kirche, die im Innern, ganz in Rot und Gold gehalten, als das prächtigste Beispiel jesuitischer Architektur in der Chiquitania gilt. Ihr Glockenturm ist nicht wie bei den anderen Kirchen aus Holz, sondern aus Adobeziegeln erbaut. In dem Gebäudekomplex befindet sich eine Werkstatt, in der Holzschnitzarbeiten verkauft werden.

San José de Chiquitos

Die Kirche von San José de Chiquitos ist für die Chiquitania eher ungewöhnlich. Die ehemalige Mission wurde 1698 unter Anleitung der Jesuiten von den Chiquitos völlig aus Stein und im spanischen Barockstil erbaut. Mit der Pfarrei, dem Glockenturm, der kerzenförmigen Jesuitenkirche und der Totenkapelle nimmt die Baugruppe eine ganze Seite der Plaza ein.

Wenn montags in San José der große Markt stattfindet, kommen auch viele deutschstämmige Mennoniten aus der Umgebung. Wer Glück hat und mit ihnen ins Gespräch kommt, kann – vielleicht sogar durch eine Einladung –, viel von der Lebensweise und vom Alltag dieser streng nach Gottes Geboten lebenden Bauern erfahren.

Service Chiquitania

Vorwahl   für die gesamte Chiquitania: 03

Unterkünfte   **Concepción:** *Gran Hotel Concepción,* an der Plaza Principal, Tel. 964-3031, Fax 964-3021, www.granhotelconcepcion.com. Großzügige Zimmer und ein schöner Garten mit Pool und Hängematten machen dieses Hotel zum Besten des Ortes. DZ 45 US$.

San Ignacio de Velasco: Apart Hotel San Ignacio, Calle 24 de Septiembre, Tel./Fax 962-2157. Das hübsche Hotel hat moderne Zimmer und einen schönen Garten mit Hängematten. DZ für 35 US$.

Hotel La Misión, Plaza 31 de Julio, Tel./Fax 962-2333, www.hotel-lamision.com. Das Hotel wurde ganz im Stil der jesuitischen Missionen errichtet – inklusive handgeschnitzter Säulen. Die im Kolonialstil eingerichteten, geschmackvollen Zimmer lassen keine Wünsche offen. DZ ab 60 US$.

In San José de Chiquitos: *Hotel Beula*, direkt an der Plaza. Sehr sauber, gepflegt und freundlich, aber weiter nichts Besonderes. DZ ab 30 US$.

Villa Chiquitana, Calle 9 de abril letztes Haus, Tel. 731-55803, www.villachiquitana.com. Das geschmackvoll aus Adobeziegeln errichtete Hotel unter französischer Leitung verfügt über hübsche Zimmer und einen Pool. DZ 52 US$.

Restaurants   Keiner der beschriebenen Orte verfügt über Restaurants, die diese Bezeichnung tatsächlich verdienen würden. Einfache Lokale finden sich jeweils an der Plaza oder in deren Seitenstraßen. Wer sich darauf nicht einlassen will, wird in den Restaurants der beschriebenen Hotels bestens bedient.

Touranbieter und Mietwagen   Touren in die Chiquitania kosten je nach Länge und Anzahl der mitreisenden Person zwischen 70 und 1000 US$. Die Adressen zweier Agenturen sind unter Santa Cruz aufgeführt, ebenso wie Autovermietungen. Mit dem Mietwagen lässt sich die Chiquitania gut in Eigenregie erkunden, verfahren kann man sich kaum und es gibt nicht viel Verkehr.

Öffentliche Verkehrsmittel   Zwischen allen Orten der Chiquitania verkehren Busse, allerdings fahren die nicht sehr häufig, so dass es ziemlich lange dauert, bis man alle Jesuitenreduktionen gesehen hat.

Mennoniten – Leben wie vor 300 Jahren

Im Südosten Boliviens leben rund 25.000 strenggläubige Mennoniten nach ihren alten Bräuchen aus dem 17. Jahrhundert. Ein „gottgefälliges Leben" soll sie vor den Verlockungen der Moderne schützen.

Die großen Schaufelräder des Traktors, mit dem Bernhard Dyck sein Feld bestellt, fallen sofort auf. Sie sollen den 40jährigen Bauern vor der Fahrt in die Hölle bewahren. „Wir haben diese Räder, um der Versuchung zu widerstehen, spazieren zu fahren", erklärt Bernhard in langsamem, hölzern klingendem alten Deutsch, und tatsächlich machen die eisernen Schaufeln die Räder für jede Straße unbrauchbar. Bequem spazieren zu fahren – das wäre nicht gottgefällig.

Die Zeit scheint stehengeblieben zu sein im Südosten Boliviens, in der Mennoniten-Kolonie „Nueva Esperanza" (Neue Hoffnung). Hier hat die Familie Dyck gefunden, was ihre Vorfahren so lange gesucht haben: Guten, günstigen Boden und einen Staat, der sich nicht in ihre religiösen und persönlichen Angelegenheiten einmischt.

Die konfessionellen Wurzeln der Mennoniten liegen in der Reformationszeit. Das Täufertum verbreitete sich in den 1520er und 1530er Jahren in vielen Städten Süd- und Mitteldeutschlands, in Tirol und entlang der Rheinschiene bis in die Niederlande und in Niederdeutschland, wo seine Gedanken auf besonders fruchtbaren Boden fielen. „Mennoniten" leitet sich ab von dem Täufer *Menno Simons*. Von Deutschland wanderten die Mennoniten anfangs des 19. Jahrhunderts in osteuropäische Länder und später auch in die USA und nach Kanada aus. Als ihnen dort nach dem Ersten Weltkrieg ihre Privilegien, wie eigene Schulen und Freistellung vom Militärdienst aberkannt wurden, zogen die besonders Konservativen nach Mittel- und Südamerika weiter. Rund 25.000 von ihnen leben heute in Bolivien.

Zwölf Stunden dauert die Fahrt von Santa Cruz bis zur ihrer Kolonie. Das ist weit genug, um die Moderne auf Abstand zu halten. „Wir kämpfen jeden Tag aufs Neue, auf dass wir das Wort Gottes richtig verstehen", meint Bernhard und streicht fast ein wenig verlegen über seine grobe Latzhose. Das bedeutet, auch „nur von dem zu leben, was wir durch unserer eigener Hände Arbeit und durch die Gnade Gottes erhalten". Jeden Morgen um fünf stehen er und seine Frau Anna gemeinsam mit ihren acht Kindern auf und machen sich ans Tagwerk: Kühe

7

melken, Hühner füttern, den Gemüsegarten pflegen und die
Felder bestellen. Dass seit einigen Jahren Traktoren für die
Feldarbeit verwendet werden, war keine Selbstverständlich-
keit. Doch am Ende entschied der Vorstand der Kolonie, dass
„es Gott gefällig ist, wenn die Ernte reich wird".

Bernhards Frau Anna hat ihre langen blonden Haare unter
einem Kopftuch versteckt. Emsig tritt sie das Pedal ihrer alten
Singer-Nähmaschine. Ihre von der Feldarbeit rauen Hände bleiben immer wieder an dem Stoffrest hängen, aus dem sie für
ihre vierjährige Tochter Katharina ein Kleid näht. In ihren 38
Lebensjahren scheint sie nur selten gelächelt zu haben, und
das ist konsequent, denn von weltlichen Freuden halten sich
die Mennoniten fern. Tanz und Musik sind verpönt, nur
Kirchenlieder sind gestattet. Doch das Vorwort des 1996 in
Kanada in alter Druckschrift erschienenen Gesangbuchs
mahnt: „Du wollest, christlicher Leser, dieses Gesangbuch nicht
aus bloßer Gewohnheit gebrauchen, noch Deine Sinne nur an
den Melodien ergötzen, sondern zum Lobe Gottes und zur
Erbauung Deiner Seele anwenden".

Auch Besitz ist nicht gottgefällig, und so hat Familie Dyck ihr
Herz wahrlich nicht an weltliche Güter gehängt: Die Einrichtung des aus unverputzten Ziegelsteinen erbauten und mit
Wellblech gedeckten Hauses besteht aus ein paar Betten,
einem Holztisch mit Bänken und einer Kommode, auf der eine
Emailschüssel zum Waschen steht. Keine Bilder, kein Spiegel,
kein Kinderspielzeug. Das einzige Zugeständnis an den Fort-
schritt ist eine Packung Maggie-Brühwürfel.

Die dreizehnjährige Elisabeth arbeitet auf dem Hof ihrer Eltern mit wie eine Erwachsene. Die Kinder besuchen hier nur bis zu ihrem zwölften Lebensjahr die Schule, in der die Bibel, das Gesangbuch, Lesen, Schreiben und Rechnen gelehrt werden. Zur Ernte- oder Saatzeit und wenn geschlachtet wird fällt die Schule aus, also ziemlich oft. Nur so können sich die Familien, die Geburtenkontrolle ablehnen, mit bis zu 16 Kindern ernähren. „Einer jeglicher tuet das, was er kann", sagt Elisabeth achselzuckend. Die Arbeiten werden streng nach Geschlechtern getrennt: Mit ihren zwei älteren Schwestern arbeitet Elisabeth im Haus und auf dem Hof, während die Brüder mit dem Vater die Feldarbeit erledigen und Handel treiben – die Mennoniten gelten in Bolivien als ausgezeichnete Viehzüchter und sind für ihren Käse bekannt. Nur die Männer sprechen ein wenig Spanisch und müssen für ihre Frauen übersetzen, wenn diese einmal die Kolonie verlassen, was ziemlich selten vorkommt, denn Kleiderstoffe, Salz und Kaffee werden im Krämerladen der Kolonie gekauft, alles andere stellen die Familien selbst her. Untereinander sprechen die Mennoniten bis heute ausschließlich Altplattdeutsch, das sich über die Jahrhunderte hinweg in dieser von der Außenwelt abgekapselten Gesellschaft erhalten hat. Im Gottesdienst wird das Deutsch der Bibel und dem Gesangbuch verwendet. Wie abgesondert die Mennoniten leben, zeigt sich auch beim Blick in die Gesichter: Seit 300 Jahren leben die Mennoniten alleine und heiraten untereinander, mit der Folge, dass nicht wenige geistig behindert sind.

Viel der Mennoniten in Bolivien, die so abgeschieden von der modernen Welt leben, wissen fast nichts über ihre alte Heimat. Die Fragen an den Besucher, der „durch die Welt spazieren fährt", sind zahllos: Wie heißt der König von Deutschland und wie groß ist sein Volk? Dass dort Kühe im Stall gehalten werden und Medikamente bekommen, findet Bernhard unbegreiflich. Das Fleisch kann doch nicht gut sein, meint er. Manchmal, so sagt er, möchte er doch etwas wissen von der Welt. Sein größter Wunsch ist ein Atlas, „denn es ist schön, wenn einer sich fremde Länder besehen kann." Aber selbst einmal „spazieren zu fahren", um „die Welt zu besehen", das wäre nicht gottgefällig.

7

Parque Nacional
Noel Kempff Mercado

Der Noel Kempff ist nach dem Madidi-Nationalpark der größte und wichtigste Nationalpark Boliviens und zählt zum UNESCO-Weltnaturerbe. In seinen spektakulären Landschaften und in fünf verschiedenen Ökosystemen leben Brüllaffen, Tamanduas, Nachtaffen, Pekaris, Mähnenwölfe, Riesenameisenbären, Riesengürteltiere, Jaguare, Panther und die bizarren *marsupials,* die als Vorbild für die beliebte Comicfigur Marsupilami dienten. Auch zahlreiche Reptilien- und Fischarten sind hier zu finden, ebenso wie rund 700 Vogelspezies.

Der Park liegt jedoch so weit abseits der üblichen Wege, dass er nur mit einem Flugzeug zu erreichen ist, wenn man nicht tagelang von Santa Cruz aus dorthin reisen möchte. Entsprechend teuer ist ein Besuch – aber dafür muss man sich diese wunderbare Landschaft nur mit sehr wenigen anderen Besuchern teilen.

Seinen Beinamen „Die vergessene Welt" verdankt der 1979 eingerichtete Nationalpark dem gleichnamigen Roman von Sir Arthur Conan Doyle. Er wurde von einem Bericht über eine Expedition in diese großartige, ursprüngliche Landschaft zu diesem Buch inspiriert. Tatsächlich möchte man angesichts der gewaltigen, von dichtem Urwald bewachsenen Tafelfelsen nicht ausschließen, hier Dinosauriern zu begegnen.

Der 80 Meter hohe Wasserfall *El Encanto* ist wahrlich eine Freude und von dem roten Tafelberg *Meseta Caparu* hat man einen wunderschönen Blick in die umliegenden, ebenfalls roten Täler. Eine eher bizarre Attraktion sind die Ruinen von Huanchaca II, dem einst größten Kokainlabor des Landes, in dem abseits vom wachsamen Auge des Gesetzes in den 1980er Jahren das „Weiße Gold" hergestellt wurde.

Bitte schreiben oder mailen Sie (verlag@rkh-reisefuehrer.de), wenn sich in Bolivien Dinge verändert haben oder Sie Neues wissen. Wir beantworten jede Zuschrift. Danke!

Anhang

Anhang

Danke!

Christian Nusch für die Fotos und dafür, dass er seine gute Laune auch in schwierigen Situationen in den hintersten Winkeln diese Welt nicht verliert. Und dafür, dass er immer da ist, wenn ich ihn brauche. Tim dafür, dass er so gerne mit uns reist und unterwegs alle Menschen, denen wir begegnen, bezaubert.

Meinen Eltern dafür, dass sie den Mut hatten, mit einem Kleinkind nach Peru zu ziehen und Südamerika so zu meiner zweiten Heimat machten und meiner Mutter für die sorgfältige Lektorierung des Manuskriptes.

Außerdem Dank an

- Thomas Dietze vom Kolpingwerk in Santa Cruz, der mich mit Neuigkeiten aus Santa Cruz versorgt.
- Eva und Werner Guttentag für die Einblicke in ihr Leben und in die Geschichte Boliviens.
- José Jordán vom Hotel Aranjuez, der mir alle Sehenswürdigkeiten rund um Cochabamba zeigte.
- Dr. Andrea Kramer, die für die GTZ in La Paz arbeitet, für die mühsame Kleinarbeit bei der Recherche zu den Personen hinter den Straßennamen Boliviens und für die ständigen aktuellen Informationen zur politischen Situation im Land.
- Bastian Müller für eine unvergessliche Reise zu den Yuracaré-Indianern.
- Den Schöttle-Brüdern von Akapana-Tours in La Paz, die mir alles über Trekking in Bolivien verraten haben und mich über La Paz auf dem Laufenden halten.
- Den Motorradreisenden Konstanze Viez und Harald Bittdorf für Straßen-Infos
- Arne Obermayr vom DED für Neuigkeiten aus der Chiquitania.

Die Autorin

Katharina Nickoleit (www.katharina-nickoleit.de), Jahrgang 1974, verbrachte einen Teil ihrer Kindheit in Peru und hat seither das Gefühl, nach Hause zu kommen, wenn sie in Südamerika landet. Nach Abschluss ihres Jurastudiums beschloss sie, ihre Leidenschaft für das Reisen zum Beruf zu machen und beendete 2002 den Aufbaustudiengang Journalismus an der Uni Mainz. Katharina Nickoleit ist Autorin beim WDR-Fernsehen und -Radio und schreibt für verschiedene Tageszeitungen und Magazine. Ihr Buch „Peru kompakt" erscheint ebenfalls im Reise Know-How Verlag.

Der Fotograf

Für Christian Nusch (www.nusch.org), Jahrgang 1965, ging auf dem Bergarbeitermarkt von Potosí ein lang gehegter Kindheitstraum in Erfüllung: Der Kauf einer Stange Dynamit. Der freie Fotograf und Kameramann hat für verschiedene Tageszeitungen, Magazine, Fernsehsender, das Goethe-Institut und die Neue Nationalgalerie gearbeitet.

Katharina Nickoleit und Christian Nusch leben in Köln und haben einen gemeinsamen Sohn.

Bildnachweis

Christian Nusch: S. 10 (1, 4), 11 (4), 12 (1, 2), 18, 25, 28, 37, 39, 40 (o/u), 51, 56, 59 oben, 60 unten, 63 (o/u), 65, 77, 80, 83, 111, 115, 116, 117, 118, 139, 140, 141, 143, 144 unten, 145, 146, 168, 172, 174, 177, 179, 184, 192, 195

Katharina Nickoleit: S. 12 (4), 43, 94, 166, 167, 188, 196, 200, 205, 206 (o/u), 210, 220

Helmut Hermann: S. 4, 20, 36, 41, 53, 59 unten, 60 oben, 74, 99, 119, 125, 128/129 unten, 144 oben

Bolivialine: Titelei, S. 8, 10 (2), 11 (2, 3, 5), 10/11 unten, 12 (3 + unten), 13, 29, 34, 38, 45, 57, 66, 67, 70 ,71, 72, 73, 102, 103, 105, 108, 110, 129 oben, 130, 131, 150, 152, 153, 154, 223

Gudrun Ziermann und Tobias Groenen: S. 10 (3), 31, 44, 95, 216

Kai Ferreira Schmidt: S. 101, 124 oben, 135

Akapana-Tours: S. 92

Andrea Kramer: S. 11 (1), 69, 124 unten,

Dr. María Alvarado de Schröder: S. 149, 156

Thomas Schröder: S. 133

Bartosz Hadyniak: Titel (iStockphoto.de, hadynyah, #13997739)

Gerard Coles: S. 152 (iStockphoto.de, gcoles, #10496274)

Lennart Pyritz: S. 185 · lilli87: S. 218 (Fotolia #4525410)

Rednax: S. 215 (Fotolia #2849920)

Julien Leblay: S. 79 (Fotolia #5299130)

Reise-Literatur

Romane

Louis de Bernières: *Der zufällige Krieg des Don Emmanuel,* Fischer, Frankfurt 2005. Ein Kaleidoskop lateinamerikanischer Geschichte, Lebensart, Politik und Gesellschaft, lebhaft und spannend erzählt. Der Roman spielt zwar nicht in Bolivien, sondern in einem fiktiven südamerikanischen Land, aber mit seinen hinreißend exzentrischen Charakteren und den ständigen politischen Wirren könnte es fast Bolivien sein. Mit den Büchern *Señor Vivo und die Kokabriefe* und *Das Kind des Kardinals* setzt der Autor sein Lateinamerikaepos fort, in dem die Götter- und Geisterwelt immer wieder auf magische Weise in das Geschehen eingreift.

Reiseberichte

Andreas Altmann, *Reise durch einen einsamen Kontinent*, DuMont 2007. Der Autor lässt sich während seiner Reise durch die Andenstaaten unzählige Lebensgeschichten erzählen, die zusammen ein Kaleidoskop Südamerikas ergeben. Er beobachtet und beschreibt die kleinsten Details seiner Begegnungen in ausgefeilter Sprache. Seine egozentrische und wenig objektive Kommentierung dessen was er erlebt ist allerdings nicht jedermanns Sache.

Roland Schulz, *Begegnung im Himmelszug,* Picus Verlag Wien 2007. Eine Sammlung von Reportagen aus Südamerika, die unter anderem bei GEO und *mare* erschienen. Drei der fast literarischen Texte befassen sich mit Bolivien. Sie beschreiben das Leben und die Gedanken eines Minenarbeiters, eines Marinesoldaten am Titicacasee und eines Flusskapitäns. Das Buch verschafft Einblicke in Land und Leute, wie man sie als Tourist kaum bekommt.

...sberg, Dem Dschungel entkommen, National Geographic, ...009. Der Erlebnisbericht lässt den Leser den Kopf schütteln über die Dummheit der Abenteurer, die sich reichlich blauäugig in den Dschungel aufmachten und dabei den Grundstein für Rurrenabaque als Touristenort legten. Anschaulich und spannend schildert der Autor seinen Überlebenskampf im Urwald und verschafft so einen guten Eindruck von den Gefahren der grünen Hölle.

Joachim Held, *Abenteuer Anden,* eine Radreise durch das Inka-Reich, Reise Know-How 2003. Ein Jahr mit dem Fahrrad durch die südamerikanischen Anden – das sind 10.000 Kilometer durch Sturm, Sand und Schnee, über 5000 Meter hohe Gebirgspässe und Wüstenplateaus. Der Autor entführt den Leser in den geheimnisvollen Zauber einer Kultur, in der noch immer Naturverbundenheit und uralte Mythen das Leben bestimmen: die Lamas, die Berge oder „Pachamama", die heilige Mutter Erde. Eine spannende Reportage über Menschen und Mythen, Geschichte und Gegenwart.

Karin Muller, *Entlang der Inkastraßen,* National Geographic, München 2002. Die Autorin nimmt den Leser mit auf eine ungewöhnliche Reise durch die Andenstaaten, bei der sie kein Abenteuer auslässt. Während touristische Sehenswürdigkeiten allenfalls am Rande gestreift werden, geben ihre anschaulichen und spannenden Berichte Einblicke in das Leben der Bevölkerung, das dem Reisenden üblicherweise verschlossen bleibt. Ein Buch, das Maßstäbe in der Reiseberichtliteratur setzt.

Rusty Young, *Marching Powder,* Sidgwick & Jackson, London 2003. Das nur auf Englisch erschienene Buch erzählt die Geschichte des Drogenhändlers Thomas McFadden, der fünf Jahre im Gefängnis San Pedro in La Paz absaß. Erst beim Anblick der Fotos beginnt man langsam zu glauben, dass das tatsächlich alles wahr ist.

Reiseführer

Kai Ferreira Schmidt, *Peru/Bolivien,* Reise Know-How, 6. Auflage 2009. Auf über 800 Seiten alle Informationen für unabhängiges Reisen in beiden Ländern. Zu empfehlen für alle, die mit kleinem Budget auch abseits gelegene Ecken Boliviens kennenlernen wollen.

Thomas Wilken, *Rother Wanderführer Bolivien,* Rother, München, 2008. Der Bergsteiger und Bolivienkenner beschreibt in seinem Buch nicht nur die beliebtesten Wanderrouten des Landes, sondern verrät auch echte Geheimtipps. Alle Routen werden detailliert mit Campingmöglichkeiten, Sehenswürdigkeiten und Karten dargestellt.

Kultur, Geschichte und Politik

Stephan Lahrem, *Che Guevara,* Suhrkamp, Frankfurt a.M. 2005. Diese ausgezeichnete Biografie erzählt von den Lebensstationen Ches und setzt sich mit seinem Lebenswerk auseinander. Dabei wird der Mensch Ernesto Guevara nicht wie so oft verklärt, sondern das Buch liefert eine schlüssige Erklärung dafür warum El Che weltweit zur Ikone und zum Mythos wurde.

Astrid Martínez Paternina, *Das Anden-Kochbuch,* Verlag die Werkstatt, Göttingen 2005. Ein Kochbuch, in dem nicht nur die Rezepte für typische Gerichte der Anden stehen (zum Teil auch von Bolivien), sondern in dem auch viel über die Geschichte der einzelnen Speisen und Zutaten sowie die Kochtradition Südamerikas zu erfahren ist.

Thomas Pampuch, Augustín Echalar, *Bolivien*, Beck'sche Reihe, München 2009. Dieses Buch gibt einen hervorragenden Überblick über Geschichte, Politik und Gesellschaft in Bolivien, der die komplexen Zusammenhänge klarer werden lässt und zugleich unterhaltsam geschrieben ist. Ein hochinformatives Werk, das in seiner neuesten Auflage auch die Ereignisse rund um Evo Morales eingeht.

Leo Spitzer, *Hotel Bolivia*, Picus, Wien 2003. Bolivien war kurz vor dem Ausbruch des Zweiten Weltkrieges eines der wenigen Länder, das jüdische Flüchtlinge aufnahm. Der im bolivianischen Exil geborene Autor machte sich auf die Spurensuche in den Anden und verknüpft deutsche mit bolivianischer Geschichte.

DVD

Thomas Kronthaler, Schreibe mir – Postkarten nach Copacabana, 2010. Der deutsche Regisseur erzählt die Geschichte eines jungen Bayern, der sich am Titicacasee in eine Bolivianerin verliebt und mit ihr eine Familie gründet. Der Film spielt in verschiedenen Zeiten und hat unterschiedliche Handlungsstränge. Mit seinen schönen Landschaftsbildern und der stimmungsvollen Musik stimmt er seine Zuschauer gut auf die Reise ein.

Walter Salles, *The Motorcycle Diaries – Die Reise des jungen Che*, 2005. Basierend auf den Tagebüchern von Che Guevara erzählt das Roadmovie mit eindrucksvollen Bildern von der Motorradtour, die der Medizinstudent 1952 zusammen mit einem Freund quer durch Südamerika unternahm. Es war diese Reise, die dem späteren Revolutionär Ungerechtigkeit und Unterdrückung in Lateinamerika vor Augen führte und seinem Lebensweg die entscheidende Wendung gab.

Steven Soderberg, Che – Teil 2: Guerilla, 2009. Der zweite Teil der aufwendigen Kinoproduktion über Che Guevara spielt fast ausschließlich in Bolivien. Er erzählt eindrücklich von dem von vornherein zum Scheitern verurteilten Versuch der Revolution. Obwohl das Ende von Anfang an feststeht, ist der Film spannend.

Sprachhilfe Spanisch

Die Aussprache entspricht im Allgemeinen der Schreibweise. Vokale werden kurz gesprochen. Betont werden die Wörter auf der letzten Silbe, nur wenn sie mit einem Vokal oder „n" oder „s" enden, auf der vorletzten Silbe. Ausnahmen werden durch einen Akzent gekennzeichnet. Aussprache-Besonderheiten sind:

Schreibweise	Aussprache
ce, ci	ße, ßi, ähnl. engl. th
c vor a, o, u	k
ch	tsch
g vor e und i	ch (Kehllaut)
g vor a, o, u	g
gue, gui	ge, gi
gua	gwa
h	nicht gesprochen, immer stumm
j	ch (Kehllaut)
ll	lj
ñ	nj
que, qui	ke, ki
v	w oder b
y	j
z	ß ähnlich wie s

Kurzgrammatik

Substantive sind maskulin oder feminin, Neutrum gibt es nicht. Die männlichen (m) Artikel im Singular und Plural lauten *el* und *los,* im weiblichen (f) *la* und *las.* Der neutrale Artikel *lo* (*los*) dient zur Substantivierung von Zahl- und Fürwörtern und Adjektiven, z.B. *lo primero* = das erste. Der unbestimmte Artikel heißt männl. *un* (*unos*) und weibl. *una* (*unas*). Die m-Substantive enden meist auf -o, selten auf -e, -n, -o, -r, (Ausnahme la mano = die Hand), die f-Substantive meist auf -a, seltener auf -d, -ión, -z, (Ausnahme el día = der Tag, el clima = das Klima, el agua = das Wasser). Der Plural wird bei Vokal-Endung durch Anhängen eines -s, bei Konsonanten-Endung durch -es gebildet. Bei der Deklination wird der Genitiv mit *de* u. der Dativ mit *a* gebildet, wobei maskulin *de el* und *a el* zu *del* u. *al* zusammengezogen werden. Der Akkusativ ist wie der Nominativ.

Die Satzstellung ist Subjekt-Prädikat-Objekt (S-P-O). Adjektive stehen hinter dem Wort, mit Ausnahme von mucho = viel, poco = wenig, más = mehr, menos = weniger und otro = andere. Adjektive enden m auf -o, f auf -a, andere Endungen werden nicht verändert. Die Steigerung wird mit más und el bzw. la más gebildet.

Fragen werden mit einem Fragewort oder unter Voranstellung eines Verbums formuliert.

Ein grammatikalischer **Unterschied des lateinamerikanischen Spanisch** zum in Spanien gesprochenen Castellano ist der Wegfall von *vosotros* (ihr, 2. Person Mehrzahl); stattdessen wird **ustedes** (sie) verwendet. Dadurch entfällt auch die Verbform für „ihr" bzw. es wird die für die Höflichkeitsform gültige Endung verwendet, die der 3. Person Mehrzahl („sie") entspricht. Beispiel:

Ustedes hablan castellano? – sprecht ihr Spanisch?
Usted habla castellano? – sprechen Sie Spanisch?

Fürwörter, persönliche
ich – yo	
du – tú	
er, sie – él, ella	
Sie (Anrede Ez.) – Usted (Ud.)	
wir m / f – nosostros, -as	
sie (Mz m / f) – ellos, -as	
Sie (Anrede Mz) – Ustedes (Uds.)	

Fürwörter, besitzanzeigende
mein (meiner) – mi (mío)	
dein (usw.) – tu (tuyo)	
sein, ihr – su (suyo)	
unser – nuestro	
Ihr – su (suyo)	

Verben enden oft -ar, -er, -ir, z.B. hablar (sprechen), beber (trinken), vivir (leben).

Der **Wortstamm** bleibt immer gleich, die Endung ändert sich, z.B. (Präsens)

(ich) habl-o	beb-o	viv-o
(du) habl-as	beb-es	viv-es
(er, sie, Sie) habl-a	beb-e	viv-e
(wir) habl-amos	beb-emos	viv-imos
(ihr/sie/Sie) habl-an	beb-en	viv-en

Das **persönl. Fürwort** kann man weglassen, zur Betonung wird es hinzugefügt, z.B. ustedes viven todavía = *Ihr* lebt noch.

Das **Perfekt** wird aus *haber* (haben) und dem Partizip gebildet, dieses bei -ar aus Wortstamm und -ado, z.B. hablado, bei -er und -ir aus Wortstamm und -ido, z.B. bebido, vivido.

Als **Futur** kann man das Präsens plus ein Zeitwort wie morgen, später, in einer Woche usw. benützen, oder das Verb -ir (gehen) a und den Infinitiv, z.B. voy a regresar = ich werde zurückkehren.

Hilfszeitwörter

haber (haben)		estar (sein)	ser (sein)
he	estoy	soy	
has	estás	eres	
ha (hay)	está	es	
hemos	estamos	somos	
han	están	son	

Dabei bezeichnet *estar* einen vorübergehenden Zustand, *ser* einen Dauerzustand.

Die wichtigsten unregelmäßigen Verben

ir (gehen)	tener (haben)
voy	tengo
vas	tienes
va	tiene
vamos	tenemos
van	tienen

decir (sagen)	oir (hören)
digo	oigo
dices	oyes
dice	oye
decimos	oímos
dicen	oyen

querer (wollen, möchten)	poder (können)
quiero	puedo
quieres	puedes
quiere	puede
queremos	podemos
quieren	pueden

Im Unterschied zu *haber* wird *tener* im Sinne von *besitzen* gebraucht, zusammen mit que und dem Infinitiv eines anderen Verbs bedeutet es müssen, z.B. tengo que beber = ich muß trinken, aber: man muß trinken heißt hay que beber. Hay ist ein sehr wichtiges Wort und bedeutet *es gibt* bzw. in der Frage *gibt es?*

Zum Schluss noch: das verneinende Wort *no* steht vor dem Verb, z.B. ich habe keine Zeit = no tengo tiempo.

Allgemeine Redewendungen und wichtige Wörter

ja, nein	sí, no
bitte	por favor
danke, vielen Dank	gracias, muchas gracias
wie geht es Ihnen?	cómo está?
sehr gut (schlecht)	muy bien (mal)
das gefällt mir (nicht)	esto (no) me gusta
ich spreche kein Spanisch	no hablo castellano
sprechen Sie langsamer	hable Usted más despacio
wie heißen Sie?	Usted cómo se llama?
wie nennt man …?	cómo se llama ...?
mein Name ist	mi nombre es
wie heißt auf Spanisch?	cómo se dice en castellano?
wieviel kostet das?	cuánto vale (cuesta) esto?
das ist sehr teuer	es muy caro
gibt es hier …?	hay por aquí?
wann ist geöffnet?	a qué hora está abierto?
wann wird geschlossen?	a qué hora se cierra?
wo bekomme ich (-wird verkauft?)?	donde consigo?
wie lange wird es dauern?	cuánto tiempo va a durar?
Generalstreik	huelga general
Ausnahmezustand	estado de sitio
Ausgangsverbot	toque de queda
guten Morgen, Tag	buenos días
guten Tag (nach 12 Uhr)	buenas tardes
guten Abend, Nacht	buenas noches
auf Wiedersehen	hasta la vista (adiós)
bis später (morgen)	hasta luego (mañana)
gestern, heute, morgen	ayer, hoy, mañana
morgen früh	mañana por la mañana
wie alt sind Sie?	cuántos años tiene Usted?
20 Jahre und 6 Monate	veinte años y seis meses

Zahlen

0 cero	8 ocho	16 dieciséis	31 treinta y uno
1 un(o)	9 nueve	17 diecisiete	40 cuarenta
2 dos	10 diez	18 dieciocho	50 cincuenta
3 tres	11 once	19 diecinueve	60 sesenta
4 cuatro	12 doce	20 veinte	70 setenta
5 cinco	13 trece	21 veintiuno	80 ochenta
6 seis	14 catorce	22 veintidós	90 noventa
7 siete	15 quince	30 treinta	100 cien(to)

101 ciento uno	600 seiscientos
110 ciento diez	700 setecientos
200 doscientos	800 ochocientos
300 trescientos	900 novecientos
400 cuatrocientos	1000 mil
500 quinientos	1 Mio. – un millón

Uhrzeit

Wieviel Uhr ist es? – qué hora es?
es ist halb drei –
son las dos y media
Viertel vor neun –
un cuarto para las nueve
5 Minuten und 30 –
cinco minutos y treinta
Sekunden – segundos

Wochentage

Montag – lunes
Dienstag – martes
Mittwoch – miércoles
Donnerstag – jueves
Freitag – viernes
Samstag – sábado
Sonntag – domingo
Feiertag – feriado
diese Woche – esta semana

Monate

Januar– enero
Februar – febrero
März – marzo
April – abril
Mai – mayo
Juni – junio
Juli – julio
August – agosto
September – septiembre
Oktober – octubre
November – noviembre
Dezember – diciembre
nächsten Monat, Jahr –
el próximo mes, año

Adjektive

hell, dunkel – claro, oscuro
schwarz, weiß – negro, blanco
rot, braun, gelb –
rojo, marrón, amarillo
blau, grau, grün – azul, gris,
verde
gut, schlecht – bueno, malo
groß, klein – grande, pequeño
viel, wenig – mucho, poco
leicht, schwer – fácil, difícil
alt, neu, jung – viejo, nuevo,
joven

schnell, langsam – rápido, lento
früh, spät – temprano, tarde
billig, teuer – barato, caro
hoch, niedrig – alto, bajo
warm, kalt – caliente, frío
sauber, schmutzig – limpio, sucio

Präpositionen

und, oder, nach – y, o, a
vor, nach (örtl.) – delante de, para
vor, nach (zeitl.) –
antes de, después de
auch, auch nicht –
también, tampoco
mit, ohne – con, sin
plus, minus – más, menos
mehr oder weniger – más o
menos
noch eins mehr – otro más
aber, dann – pero, entonces
in, an, auf – en
weil, wegen – porque, por
dass, als, was – que

Sich zurechtfinden

abbiegen – dar vuelta
Adresse – la dirección
an der Ecke – en la esquina
die Straße nach …? –
el camino para …?
diese Richtung! – por aquí (allí)
dort – allí
hier – aquí
immer geradeaus –
siempre derecho (todo recto)
ist es nah? – está cerca?
ist es weit? – está lejos?
kann ich mit dem Bus dahin
fahren? – puedo ir allí en autobus?
wissen Sie … – sabe Usted
nach links – a la izquierda
nach rechts – a la derecha
nahe – cerca
Stadt, Dorf – la ciudad, el pueblo
welcher Weg – por dónde
wie habe ich zu gehen? –
cómo puedo llegar a?
wie lange? – cuánto tiempo?
wie weit? – qué distancia?

wieviele Straßenblocks von hier? –
a cuantas cuadras de aquí?
wo ist – dónde está
woher kommen Sie? –
de dónde viene?
wohin gehen Sie? – a dónde va?

Bus, Bahn, Flug

reisen, Reise – viajar, viaje
Ich möchte nach … –
quiero ir a …
welchen Bus? – cuál autobus?
gibt es einen Bus nach … –
hay un autobus para …?
um wieviel Uhr geht der Bus
(Zug) nach …? – a qué hora sale
el bus (tren) a …?
wohin fährt dieser Bus? –
a dónde va este autobus?
wieviel kostet eine Fahrkarte
nach … – cuánto cuesta un
boleto para …
Ich möchte eine (Rück-)Fahrkarte
nach … – quisiera un boleto (de
ida y vuelta) a …
1., 2. Klasse – primera,
segunda clase
sind (Sitzplätze) nummeriert? –
estan numerados?
Ich möchte einen Fensterplatz –
quisiera un asiento con ventana
Wie lange dauert die Reise –
cuánto dura el viaje?
Fahren Sie an der Plaza vorbei? –
pasa por la plaza?
Können Sie mir sagen, wenn wir
die x-Straße erreichen? –
me puede avisar cuando llegue-
mos a la avenida/calle x ?
Ich möchte aussteigen (beim) –
quisiera bajar (en)
Abfahrt, Ausgang – salida
Ankunft – llegada
Bahnhof –
la estación del ferrocarril
Bushaltestelle – la parada
Busterminal – Terminal de Buses,
Terminal Terrestre
Eisenbahn – ferrocarril
Fahrplan – horario
Flughafen – el aeropuerto

Flug – el vuelo
Flugzeug – el avión
Gepäck – equipaje
Gepäckaufbewahrung –
Documentación de equipaje /
Guardaequipaje
Preis – precio
Rundreise (hin- und zurück) –
viaje ida y vuelta
umsteigen – en tránsito
Zug – tren

Hotel

Wo ist das Hotel x? –
dónde está el hotel x?
Wo ist ein Hotel? –
dónde hay un hotel?
Kennen Sie ein gutes (billiges)
Hotel? – conoce Usted un buen
hotel (barato)?
Haben Sie ein freies Zimmer? –
tiene una habitación libre?
Wie ist der Preis für eine Nacht? –
cuál es el precio por una noche?
Alles inbegriffen? – todo incluido?
Ich möchte ein Einzelzimmer –
quisiera una habitación simple
… mit Doppelbett –
con una cama matrimonial
… mit zwei Betten –
con dos camas
Wir möchten ein Doppelzimmer
– quisiéramos una habitación
doble
mit Dusche/Bad –
con ducha, baño privado
Kann ich das Zimmer sehen –
puedo ver la habitación?
Dieses Zimmer ist zu laut – la
habitación es demasiado ruidosa
Gibt es heißes Wasser? –
hay agua caliente?
Klimanalage – aire acondi-
cionado
Ich bleibe drei Nächte –
me quedo tres noches
Wir gehen morgen –
nos vamos mañana
Ich möchte um … geweckt
werden – quisiera que me
despierten a las …

Kann ich meine Wertsachen im Safe lassen? – Puedo dejar mis cosas de valor en la caja de seguridad?

Handtuch, Seife – la toalla, el jabón

Bettwäsche, Decke – la ropa de cama, colcha

Toilettenpapier – el papel higiénico

Gepäck, Rucksack – el equipaje, la mochila

Heizung, Licht – la calefacción, la luz

Schlüssel – la llave

Bedienung – el servicio

Geld

Geld – dinero

Gibt es hier eine Wechselstube? – hay aquí una Casa de Cambio?

einen Geldautomaten? – Caja automática, Caja permanente

Wie ist der Wechselkurs? – cúal es el tipo de cambio?

Wieviel Bolivianos bekomme ich für 1 $/1 €? – cuántos Bolivianos recibo por un dolar/un Euro?

Reiseschecks – el cheque de viaje

Kann ich Reiseschecks wechseln? – puedo cambiar cheques de viajero?

Ich möchte Geld wechseln – quisiera cambiar dinero

Wann öffnet die Bank? – a qué hora se abre el banco?

Banknote – billete (de Banco)

Kreditkarte – tarjeta

Traveller-Scheck – cheques de viajero

Post

Adresse – dirección

Post – oficina de corrreos

Ich brauche Briefmarken – necesito estampillas

für Luftpost nach Deutschland – para correo aéreo a Alemania

Brief, Postkarte – la carta, la tarjeta postal

Briefkuvert – sobre

Einschreiben, per Eilboten – certificado, con urgencia

ich möchte ein Telegramm aufgeben – quiero mandar un telegrama

Postlagernd – posta-restante/lista de correos

Päckchen – paquete pequeño

Paket – paquete

Fax-Stelle – oficina de fax

Telefon

Telefon – teléfono

Telefonbuch – guía telefónica

anrufen – llamar

Hallo – hola

Ferngespräch – larga distancia

Nummer – número

Vermittlung – operadora

Mein Name ist … – me llamo …

besetzt – ocupado

Einkauf – La Compra

Kennen Sie ein Geschäft für ...? – conoce Usted una tienda de ...?

wo kann ich ... kaufen? – dónde puedo comprar ...?

Wieviel kostet das? – cuánto cuesta? Cuánto vale? Cuánto sale?

das gefällt mir nicht – no, gracias, no me gusta

das ist sehr teuer – es muy caro

das ist zu teuer – es demasiado caro

haben Sie nichts Billigeres? – no tiene Usted algo más barato?

Ich möchte nicht mehr als … bezahlen – no, no quiero pagar más de …

Ich sehe mich nur um – solo estoy mirando

billig – barato

Kreditkarte – tarjeta

mehr – más

weniger – menos

Preis – el precio

Obst – las frutas

Bäckerei, Süßwaren – panadería, confitería

Kunsthandwerk – artesanías
Markt, Handel – mercado, comercio
kaufen, verkaufen – comprar, vender
handeln, probieren – comerciar, probar
Alpakawolle – lana de alpaca
Baumwolle – algodón
Holz, Leder – madera, el cuero
Gramm, Pfund – gramo, medio kilo

Gesundheit, Krankheit – La salud, la enfermedad

Ich fühle mich nicht gut – no me siento bien
Ich habe Durchfall – tengo diarrea
Können Sie mir helfen – puede Usted ayudarme?
Ich brauche einen Doktor – necesito un médico
Wo ist ein Doktor der englisch spricht? – dónde hay un médico que hable inglés?
Zahnarzt – dentista
Krankenhaus / Apotheke – la clínica, hospital / farmacia
Ich bin krank – estoy enfermo, enferma
Ich habe hier Schmerzen – siento dolores aquí
Ich brauche ein Mittel – necesito un medicamento
gegen Husten – contra la tos (pectoral)
Erkältung, Grippe – el resfriado, la gripe
Fieber, Schmerzen – la fiebre, el dolor
Kopfschmerzen – el dolor de cabeza
Magen, Bauch – el estómago, el vientre
Durchfall – la diarrea
Krankenwagen – la ambulancia
übergeben – vomitar

Notfall / Polizei

Wo finde ich die Polizei? –
dónde encuentro la policía?
man hat mir meine Tasche gestohlen – me han robado mi bolsa
Ruf' die Polizei/einen Arzt – llame a la policía/a un doctor
Informieren Sie bitte die deutsche Botschaft (Konsulat) – informe Usted a la embajada alemana (al consulado), por favor
Ich habe mein … verloren – he perdido mi …
Ich habe meine Schecks verloren – he perdido mis cheques
Ich möchte den Diebstahl aufnehmen lassen – quiero levantar un acta de robo
eine Anzeige machen – quiero hacer una denuncia
Geld, Reisepass – la plata, el pasaporte
Fotoapparat – la cámara fotográfica
Dieb – el ladrón
Diebstahl – el robo
Überfall – el asalto
Hilfe! – auxilio!

Essen und Trinken

Wo gibt es hier in der Nähe ein Restaurant? – dónde hay un restaurante cerca de aquí?
Ein Restaurant mit lokalen Spezialitäten? – un restaurante con platos típicos?
Die Speisekarte, bitte – la carta, por favor
Was empfehlen Sie heute? – qué recomienda hoy?
Woraus besteht das? – de qué esta hecho?
Ist das scharf – es picante?
Bitte nicht scharf – no muy picante, por favor
Bringen Sie mir bitte … – traígame por favor …
Eine Portion – una porción
Die Rechnung, bitte – la cuenta, por favor
Wo ist die Toilette – dónde está el baño?

Wörter

Abendessen – la cena, la comida
Frühstück – el desayuno
Gabel – tenedor
Gedeck – el cubierto
Glas – vaso
Löffel – cuchara
Kellner/in – camarero/a
Krug – jarra
Messer – cuchillo
Mittagessen – el almuerzo
Ober – mozo
Serviette – servilleta
Speisesaal – el comedor
Teller – plato
Tasse – taza
Trinkgeld – la propina
Weinglas – copa
Zahnstocher – mondadientes

Spanische Begriffe

almuerzo – Mittagessen
bodega –
Weinkellerei, Weingut, -stube
cena – Abendessen
chichería – Chicha-Kneipe,
Schenke
chifa – bolivianisch-chinesisches
Restaurant
desayuno – Frühstück
panadería – Bäckerei
Peña – Folklorekneipe, auch typisches Wirtshaus,
picantería –
Spezialitätenrestaurant
Quinta – familiäres Wirtshaus,
meist mit Innengarten
salchichería – Wurstladen

Zubereitung, Gewürze

a la chorillana – mit gebackenen
Zwiebeln
a la jardinera – mit Gemüsesalat
a la parrillada – vom Grill
a la plancha – geröstet, gegrillt
frito – gebraten
ají – Chili
ajo – Knoblauch
locoto – Chili-Art

sal – Salz
pimienta – Pfeffer

Speisekarte
La lista, el menú

anticuchos (de corazón) –
Grillspieße (Rinderherzen)
caldo de carne – klare
Fleischbrühe
caldo de gallina –
Hühnersuppe mit Nudeln
crema de espárragos –
Spargelcremesuppe
crema de tomate –
Tomatensuppe
dieta de pollo – Hühnersuppe
mit Nudeln und Gemüse
palta a la reina –
Avocado mit Huhn
palta rellena – gefüllte Avocado
palta rellena a la jardinera – gefüllte Avocado mit Gemüsesalat
palmitos con jamón –
Palmherzen mit Schinken
papa a la huancaina – gekochte
Kartoffeln mit pikanter
Erdnusspaste
sopas y entradas –
Suppen und Vorspeisen
sopa a la criolla – mit Milch,
Nudeln, Fleisch, Ei, Toast
sopa a la minuta – mit Nudeln,
Fleisch, Gemüse

Beilagen und Gerichte

aceitunas – Oliven
arroz horneado –
gebackener Reis
ají (salsa de ají) –
scharfe Paste aus ají-Schoten
camote – Süßkartoffel
carne de cerdo, chancho –
Fleisch vom Schwein
de ternera, de res – vom Kalb, v.
Rind; de cordero (carnero) –
vom Lamm (Hammel);
de pato – von der Ente
chicharrones – geröstete
Schweinefleischwürfel mit
Schwarten

choclo – Maiskolben
chuleta, guiso –
Kotelett, Art Gulasch
churrasco, lomo, bistek –
Steak (meist dünn u. oft zäh ...)
cuy (picante de cuy) –
Meerschweinchen (pikant)
empanada (de pollo, carne) –
Teigtasche (gefüllt mit Huhn,
Fleisch)
ensalada (mixta) – Salat
(gemischt)
estofado – Fleischeintopf
frijoles, espinaca – Bohnen,
Spinat
hígado, riñones – Leber, Nieren
huevo (pasado, duro) –
Ei (weich, hart)
huevos fritos – Spiegeleier
huevos revueltos – Rührerei
lechuga, pepino –
grüner Salat, Gurke
Llajua – rote, kalte Paste aus
gemahlenen Tomaten und *locoto*, einer Chili-Art, und mit
Kräutern gewürzt
lomo milanesa – (Wiener)
Schnitzel
lomo saltado – kleingeschnit-
tenes Fleisch mit Soße
pan, mantequilla – Brot, Butter
pan tostado con queso –
Käsetoast
papas (fritas) – Kartoffeln
(Pommes frites)
pejerrey – Königsfisch
pescados y mariscos –
Fische und Meeresfrüchte
pollo dorado – Huhn vom
Drehgrill
puré – Kartoffelbrei
salchicha – Würstchen
salteñas – gefüllte Teigtaschen
mit einer Fleisch-, Gemüse- und
Eiermischung
salsa – Soße, Paste
tallarines (fideos) –
breite Nudeln (dünne Nudeln)
tortilla – Art Omelett
trucha (a la milanesa) –
Forelle (paniert)

verdura, cebolla –
Gemüse, Zwiebeln
vinagre, aceite – Essig, Öl
yuca – Maniokart

Postre – Nachspeisen

azúcar, mermelada –
Zucker, Marmelade
ensalada de fruta – Fruchtsalat
flan – Pudding
helado – Speiseeis
hielo – Eiswürfel
mazamorra morada –
spez. Maispudding, dunkelrot
panqueque (con miel) –
Pfannkuchen (mit Honig)
pie (pay) de manzana –
Apfelkuchen
torta de chocolate –
Schokoladentorte

Bebidas – Getränke

agua mineral – Mineralwasser
batida – frisch gepresster Saft
con leche – mit Milch
café – Kaffee
café con leche – Milchkaffee
cerveza – Bier
gaseosa –
kohlensäurehaltige Limonade
hielo – Eiswürfel
Inca-Cola – Limonade
jugo (de naranja) –
frisch ausgepresster Saft
(Orangen)
leche – Milch
Singani – Traubenschnaps
té – Tee
vino (tinto, blanco) –
Wein (rot, weiß)

Sprachhilfe Quechua und Aymara

Wichtige Quechua- und Aymara-Wörter

Deutsch	Aymara	Quechua
Hallo	Kamisaki	Maynalla
ja	Jisa	Ari
nein	Janiwa	Mana
danke	Mirá	dyuspagrasunki
bitte	Yuspagara	ama hina kaspa
gut	Walikiskiu	Walej-pacha
schlecht	Janiwa Walikiti	Mana-walej
wo ist?	Kaukasa?	Waypi?
Wasser	Uma	Yaku
Essen	Manka	Mikuna
Unterkunft	Korpa	pascana
Wie viel?	K'gauka?	Mai'katg?

Zahlen

1	maya	huk
2	paya	iskay
3	kimsa	kimsa
4	pusi	tawa
5	pesa	pichqa
6	zo'hta	soqta
7	pakalko	qanchis
8	quimsakalko	pusaq
9	yatunca	isqon
10	tunca	chunka
100	pataca	pachak
1000	waranka	waranqa

Weiter Quechua-Wörter, die heute noch in Bolivien als geographische Begriffe oder in Ortsnamen vorkommen:

bamba – Platz
baja – Pass
cucho – Ecke
huanca – Fels
huaylla – Wiese
llacta – Ort
marca – Hochebene
pampa – Ebene
pata – Gipfel, Abhang
picchu – Berg
raju – Gletscher
tambo – Rasthaus

Literaturempfehlung

Die Sprachführer „Spanisch für Lateinamerika" und „Quechua" aus der Kauderwelsch-Reihe des Reise Know-How Verlags enthalten jede Menge Wörterübersetzungen und Redewendungen, die während der Reise nützlich sind.

Register A–Z

Bitte schreiben oder mailen Sie (verlag@rkh-reisefuehrer.de),
wenn sich in Bolivien Dinge verändert haben oder
Sie Neues wissen. Wir beantworten jede Zuschrift. Danke!

Ihr Reisespezialist für:

- **Lateinamerika**
- **Nordamerika**
- **Karibik**
- **Antarktis**

Lateinamerika - erfahren!

Tourismus Schiegg
Kreuzweg 26
D-87645 Schwangau

Tel.:   0 8362 9301 0
Fax: 0049 8362 9301 23
info@lateinamerika.de

www.lateinamerika.de
www.american-tours.com
www.antarktis-kreuzfahrt.de

Wir arbeiten Ihre Traumreise individuell für Sie aus!

Rad- und andere Abenteuer aus aller Welt

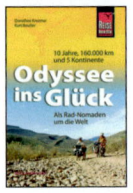

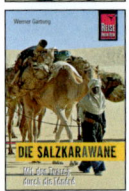

Edition Reise Know-How

In der Edition Reise Know-How erscheinen außergewöhnliche Reiseberichte, Reportagen und Abenteuerberichte, landeskundliche Essays und Geschichten. Gemeinsam ist allen Titeln dieser Reihe: Sie unterhalten, sei es unterwegs oder zu Hause – auch als ideale Ergänzung zum jeweiligen Reiseführer.

Abenteuer Anden - Eine Reise durch das Inka-Reich.
ISBN 3-89662-307-9 · € 17,50
Auf Heiligen Spuren - 1700 km zu Fuß durch Indien.
ISBN 3-89662-387-7 · € 17,50
Die Salzkarawane - Mit den Tuareg durch die Ténéré.
ISBN 3-89662-380-X · € 17,50
Durchgedreht – Sieben Jahre im Sattel
ISBN 3-89662-383-4 · € 17,50
Myanmar/Burma – Reisen im Land der Pagoden.
ISBN 3-89662-196-3 · € 17,50
Odyssee ins Glück – Als Rad-Nomaden um die Welt
10 Jahre, 160.000 km und 5 Kontinente
ISBN 978-3-89662-520-5 · € 17,50
Please wait to be seated – Bizzares und Erheiterndes
von Reisen in Amerika. ISBN 3-89662-198-X · € 12,50
Rad ab – 71.000 km mit dem Fahrrad um die Welt.
ISBN 3-89662-383-4 · € 17,50
Südwärts – von San Francisco nach Santiago de Chile.
ISBN 3-89662-308-7 · € 17,50
Suerte – 8 Monate auf Motorrädern durch Südamerika.
ISBN 978-3-89662-366-9 · € 17,50
Taiga Tour – 40.000 km allein mit dem Motorrad von München durch
Russland nach Korea und Japan · ISBN 3-89662-308-7 · € 17,50
USA Unlimited Mileage – Abgefahrene Episoden einer Reise durch
Amerika. ISBN 3-89662-189-0 · € 14,90
Völlig losgelöst – Panamericana Mexiko–Feuerland in zwei Jahren
ISBN 978-89662-365-2 · € 14,90
Die goldene Insel – Geschichten aus Mallorca
ISBN 3-89662-308-7 · € 10,50
Eine Finca auf Mallorca oder Geckos im Gästebett
ISBN 3-89662-176-9 · € 10,50
Eine mallorquinische Reise – Mallorca 1929
ISBN 3-89662-308-7 · € 10,50
Geschichten aus dem anderen Mallorca
ISBN 3-89662-308-7 · € 10,50
Mallorca für Leib und Seele – Schlange im Schneckensud und
andere Köstlichkeiten · ISBN 3-89662-195-5 · € 14,90

„Rad & Bike"

Fahrrad Weltführer – Das Standardwerk für Fernreiseradler,
2. Aufl., 744 Seiten. ISBN 3-89662-304-4 · € 23,50
BikeBuch USA/Canada – 624 S., über 170 Fotos und 45 Karten
ISBN 3-89662-389-3 · € 23,50
Fahrrad-Europaführer– 3. Auflage, 648 S., über 50 Karten und
200 Fotos und Abb. · ISBN 978-3-89662-384-3 · € 25,00
Das Lateinamerika BikeBuch 696 S., 92 SW- und 32 Farbfotos,
27 Karten · ISBN 978-3-89662-388-1 · € 25,00

Bestseller 4. Auflage

Peter Smolka

71.000 km mit dem Fahrrad um die Welt:

Rad ab!

Vier Jahre lang radelte der Erlanger Globetrotter Peter Smolka um den Erdball. Zunächst durchquert er den Nahen Osten und Afrika, wo er nur knapp den Angriff eines Elefanten überlebt. In Kapstadt heuert er auf einer Segelyacht an, die nach Brasilien bringt. Nach neun Monaten Südamerika sind die nächsten Stationen Neuseeland und Australien. Bereits seine Fahrt durch Saudi-Arabien hatte in der Reiseszene für Aufsehen gesorgt. In Südostasien erhält Peter Smolka nach zähen Verhandlungen auch die Genehmigung Mynamer (Ex-Birma) auf dem Landweg zu durchqueren. Vor der Rückreise nach Europa wagt er sich schließlich nach Afghanistan hinein … Spannend, detailliert, einfühlsam und humorvoll – ein Buch für jeden, der gern reist.

Hardcover mit Schutzumschlag, 360 Seiten, plus 16 Seiten Farbfototeil

REISE KNOW-HOW Verlag · ISBN 3-89662-383-4 · € 17,50

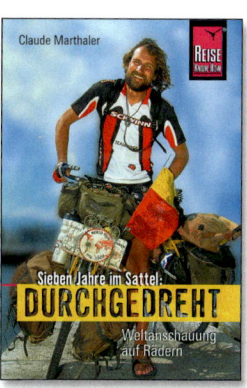
Bestseller 4. Auflage

Claude Marthaler

Sieben Jahre im Sattel:

Durchgedreht

Weltanschauung auf Rädern

Claude Marthaler verließ seine Heimatstadt Genf am 12. März 1994, Kurs Ostasien. Er radelte durch die südlichen Länder der ehemaligen Sowjetunion, durch Indien, Tibet, China und Südkorea. Über Japan erreichte er Alaska, von dort ging es durch Nord-, Mittel- und Südamerika, und beim Kilometerstand 87.750 wurde Ushuaia auf Feuerland erreicht. Von Buenos Aires gelang ihm der Sprung nach Südafrika, und danach rollte der »Yak«, wie Claude sein Fahrrad in Asien getauft hatte, weitere Zehn,tausende Kilometer über die staubigen Pisten Ost- und Westafrikas zurück nach Europa … der Kreis einer beispiellosen Bike-Odysee hatte sich geschlossen - nach 7 Jahren, 60 Ländern und 122.000 Kilometern …

Hardcover mit Schutzumschlag, 320 S., 16 Seiten Farbfototeil, über 50 Fotos und Illustrationen

REISE KNOW-HOW Verlag · ISBN 3-89662-305-2 · € 17,50

Dorothee Krezmar und Kurt Beutler

10 Jahre, 160.000 km und 5 Kontinente

Odyssee ins Glück

Als Rad-Nomaden um die Welt

10 Jahre lang radelten Dorothee Krezmar und Kurt Beutler kreuz und quer über den Globus. Für sie war das Fahrrad das ideale Verkehrsmittel, um sich fremden Menschen und Kulturen zu nähern. Natürlich gab es auch Tiefschläge. Sie berichten von einem Bienenüberfall, in Afrika wurden sie von bewaffneten Buschmännern abgeführt und entkamen in Argentinien nur knapp den Banditen. Trotz allem stand diese Mammut-Reise unter einem Glücksstern. Auf ihrer Odyssee lernten sie eine viel bessere Welt kennen als die von den Medien gezeichnete. Beide erzählen ihre persönliche Geschichte, die gemeinsamen Erlebnisse brachten Dorothee und Kurt immer näher zusammen und sie entdeckten für sich die Langsamkeit, schließlich stand ihre Reise unter dem Motto reduce speed.

Hardcover mit Schutzumschlag, 384 Seiten, 16 S. Farbteil,
mehr als 70 s/w-Fotos, 10 Karten
Reise Know-How Verlag · ISBN 978-3-89662-520-5 · € 19,90

Joachim Held

Abenteuer Anden

Eine Radreise
durch das Inka-Reich

Ein Jahr mit dem Fahrrad durch die faszinierende Welt der südamerikanischen Anden zwischen Chile und Peru – das sind 10.000 km durch Sturm, Sand und Schnee, über 5000 m hohe Gebirgspässe und staubtrockene Wüstenplateaus. Aber es sind auch 10.000 km durch das alte Inka-Reich, 10.000 packende Kilometer in die Vergangenheit.

Joachim Held entführt den Leser in den geheimnisvollen Zauber eine Kultur, in der noch immer Naturverbundenheit und uralte Mythen das Leben bestimmen. Zahllose Begegnungen verdichten sich zu einem einfühlsamen, vielschichtigen Porträt mit zahllosen historischen und kulturellen Aspekten. Eine aufrichtige Reportage, ein fesselndes Buch.

Hardcover, 320 S., über 100 Farb- u. s/w-Fotos, Abb. und Karten
Reise Know-How Verlag   ISBN 3-89662-307-9 · € 17,50

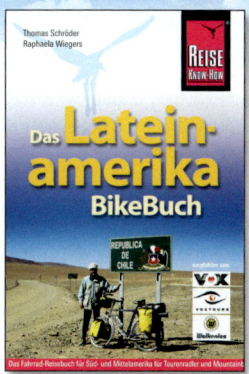

Thomas Schröder, Raphaela Wiegers

Das Lateinamerika BikeBuch

Süd- und Mittelamerika für Tourenradler und Mountainbiker

Ein unentbehrliches Buch für alle, die mit ihrem Bike oder Tourenrad die Länder zwischen Rio Grande in Mexiko und Feuerland an der Südspitze des amerikanischen Kontinents entdecken wollen. Thomas Schröder und Raphaela Wiegers haben mit 18 Co-Autoren auf fast 700 Seiten eine Fülle an Informationen rund um Radreisen auf diesem Kontinent zusammengetragen. Jedes lateinamerikanische Land wird mit möglichen Radtouren und Rad-Besonderheiten vorgestellt. Das Lateinamerika Bike-Buch wird ständig aktualisiert und ergänzt auf www.bikeamerica.de.

696 Seiten, 150 Abbildungen und Fotos,
27 Übersichtskarten zu Ländern Regionen und Routen
Reise Know-How Verlag · ISBN 978-3-89662-388-1 · € 25,00

Gudrun Ziermann

Panamericana Mexiko–Feuerland in zwei Jahren:

Völlig losgelöst

Über 100.000 Kilometer und zwei Jahre lang sind Gudrun Ziermann und Tobias Groenen mit einem expeditionstauglichen Landrover unterwegs. Ihr Weg führt durch knochentrockene Wüsten und tropische Regenwälder, über riesige Salzseen und verschneite Andenpässe, hinauf aufs Altiplano, hinein in die heiße Hölle des Chaco und immer wieder zu den kleinen Orten abseits der Hauptstraßen, wohin sich nur selten ein Fremder verirrt. Im Schritttempo fahren sie durch den nahezu weglosen Kupfercanyon in Mexiko. In Belize werden sie gebeten, einen Militärkonvoi anzuführen. In Kolumbien gelangen sie nur über Umwege zu einer Ausgrabungsstätte mitten im Guerilla-Gebiet. In Bolivien stecken sie mehrere Tage in Straßenblockaden fest. Auf einer Sandpiste durchqueren sie das Feuchtgebiet des Pantanal. Ob beim Schamanenritual in den Anden oder bei der Kaiman-Jagd im brasilianischen Dschungel - die Gastfreundschaft und Offenheit der Menschen erlaubt es Gudrun Ziermann immer wieder, hinter die Kulissen zu blicken. Das Ergebnis ist ein spannender Reisebericht mit außergewöhnlichen Einblicken in fremde Länder. Es sind die Begegnungen mit den Menschen, die einer Reise Leben einhauchen.

Hardcover mit Schutzumschlag, mehr als 100 Farb- und s/w-Fotos, 7 Karten
REISE KNOW-HOW Verlag   ISBN 978-3-89662-365-2 · € 17,50

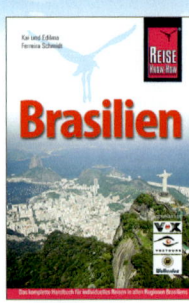

Brasilien

Mit diesem Reisehandbuch ganz Brasilien entdecken:

Ein Reise-Know-How Handbuch mit hoher Informationsdichte, konzipiert für Reisende, die auf eigene Faust das größte Land Südamerikas entdecken und erleben wollen:

▸ Alle Reisehöhepunkte und Attraktionen in den fünf Großregionen.

▸ Detaillierte Routenvorschläge und Beschreibungen und lohnende Abstecher, Streckenbeschreibungen für Selbstfahrer, Zug- und Schiffsfahrten. Umfangreiche Städtekapitel mit Stadtplänen und Karten, eng mit dem Inhalt verzahnt.

▸ Die besten Adressen für die Reise durchs Land, Restaurant-Tipps, Aktivitäten und Feste, kombiniert mit unterhaltsamen Exkursen über Land und Leute und visualisiert durch viele Fotos und Abbildungen.

▸ Ausführliche Kapitel zur Reisevorbereitung, zahllose Internet-Adressen, alles über Geschichte, Kultur und das Alltagsleben in Brasilien.

Kai und Edilma Ferreira Schmidt

Brasilien
2. Auflage

888 S., strapazierfähige PUR-Bindung, mehr als 80 Stadtpläne und Karten, über 240 Farbfotos u. Abb., Griffmarken, Seiten- und Kartenverweise, Register

ISBN 978-3-89662-351-5
€ 25,00 [D]

Brasilien kompakt

Brasilien kompakt stellt das größte Reiseland Südamerikas in kompakter Form vor, ganz in Farbe. Beschrieben werden alle Reisehöhepunkte und Attraktionen in den fünf Großregionen des Landes, wie Rio de Janeiro, Iguaçu-Wässerfälle, Salvador da Bahía, Nationalparks, Recife, die Amazonas-Städte Manaus, Santarem und Belém. Außerdem die schönsten Barockstädte, das Tierparadies Pantanal, der Regenwald und die attraktivsten Strände und Strandorte zwischen Rio de Janeiro und der Amazonasmündung. Brasilien kompakt …

▸ ist ein Reiseführer mit hoher Informationsdichte – für organisiert Reisende der optimale Reisebegleiter

▸ kombiniert detailgenaue, verlässliche Reiseinformationen mit unterhaltsamen Themen über Land und Leute, visualisiert durch zahlreiche Fotos und Illustrationen

▸ enthält viele Karten und Stadtpläne, die eng mit dem Inhalt verzahnt sind, Restaurant-Empfehlungen, Ausflugsvorschläge, Feste und Kulte, Tänze und Musik

▸ beinhaltet Tipps und praktischen Hinweise zur Reisevorbereitung auf dem aktuellsten Stand

Kai Ferreira Schmidt

Brasilien kompakt
1. Auflage

384 S., strapazierfähige PUR-Bindung, 35 detaillierte Stadtpläne und Karten, über 200 Farbfotos u. Abb., Griffmarken, Seiten- und Kartenverweise, Register

ISBN 978-3-89662-359-1
€ 14,90 [D]

Unterwegs mit REISE KNOW-HOW: Wissen, wo's langgeht. Weltweit.

Peru / Boliven

Mit diesem kompletten Reisehandbuch Peru und Boliven entdecken. Die 6. Auflage dieses Buches …

▶ wurde überarbeitet, aktualisiert und erweitert und nennt die besten Adressen für Ihre Reise

▶ enthält zahlreiche informative Karten, eng mit dem Inhalt verzahnt

▶ listet zahllose eMail- und Homepage-Adressen zur aktiven Reiseplanung

▶ ist zusätzlich ein Kunst- und Kulturführer für die Welt der Inka mit hoher Informationsdichte

▶ kombiniert detailgenaue, verlässlich vor Ort recherchierte Reiseinformationen mit unterhaltsamen Exkursen über Land & Leute – visualisiert durch Fotos und viele Illustrationen

▶ wurde auch für Autofahrer konzipiert – Beschreibung lohnender Strecken, Campingplätze etc.

Reisen Sie mit dem Original der Peru/Bolivien-Individualreiseführer! Dieses Handbuch erscheint seit über 20 Jahren (Vorgänger-Autor: Rainer Lössl) und wurde durch all die Jahre kontinuierlich aktualisiert.

Kai Ferreira Schmidt
Peru / Bolivien
6. Auflage

888 S., strapazierfähige PUR-Bindung, über 90 Stadtpläne und Karten, über 200 Farbfotos u. Abbildunge, Griffmarken, Seiten- und Kartenverweise, Register

ISBN 978-3-89662-335-5
€ 25,00 [D]

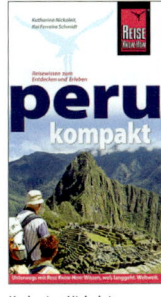

Peru kompakt

Top-aktuelles Reise-Know-How für Peru mit Abstecher nach La Paz (Bolivien)

Peru kompakt ist ein Reiseführer für das beliebteste Andenland Südamerikas, Peru. Beschrieben werden alle Reise-Highlights wie Cusco, Machupicchu, Arequipa, Titicacasee, Amazonas-Tiefland, Kulturstätten in Nordperu, berühmte Kolonialstädte, Tiwanaku sowie La Paz in Bolivien. **Das kompakte Reisehandbuch …**

▶ kombiniert detailgenaue, verlässliche Reiseinformationen mit unterhaltsamen Themen über Land und Leute, visualisiert durch zahlreiche Fotos und Illustrationen.

▶ nennt die besten Adressen für Ihre Reise, ausgewählte Unterkünfte und Restaurants.

▶ enthält viele Karten und Stadtpläne, die alle eng mit dem Inhalt verzahnt sind und wurde von kompetenten Autoren mit langer Peru-Erfahrung verfasst.

▶ ist zusätzlich ein Kulturführer für die Welt der Inka, weist auf Fiestas und kulturelle Bräuche hin, beleuchtet geschichtliche Hintergründe und historische Zusammenhänge.

Katharina Nickoleit
Kai Ferreira Schmidt
Peru
4. Auflage

288 S., strapazierfähige PUR-Bindung, 36 Stadtpläne und Karten, über 140 Farbfotos u. Abbildungen, Griffmarken, Seiten- und Kartenverweise, Register

ISBN 978-3-89662-336-2
€ 14,90 [D]

Die optimalen Reisebegleiter für Südamerika

INTI Tours
Ihr Spezialist für Reisen nach Lateinamerika

PERU - ARGENTINIEN - CHILE - ECUADOR
BOLIVIEN - BRASILIEN - PARAGUAY

- Individualreisen
- Gruppenreisen
- Reisebausteine
- Bahnreisen
- Familienreisen
- Projekt- und Studienreisen
- Sprachkurse
- Wander- und Trekkingreisen
- Nachhaltiges Reisen

Hauffstr. 15 ● 73326 Deggingen ● Tel: 07334 959741
E-Mail: info@inti-tours.de ● Internet: www.inti-tours.de

Mittel- und Südamerika

Natur ● Kultur ● Erlebnis

Ihr Spezialist für Individual- und Gruppenreisen

- *auserwählte Rundreisen*
- *vielseitige Bausteinprogramme*
- *Fachreisen, Trekking, Naturbeobachtung*
- *qualifizierte, deutschsprachige Reiseleitung*
- *preisgünstige Angebote*
- *25-jährige Erfahrung*

Fordern Sie unseren Katalog an oder besuchen Sie uns im Internet:

SOMMER FERNREISEN GmbH
Nelkenstr. 10 ● 94094 Rotthalmünster ● Tel: 08533/91 91 61 ● Fax: 91 91 62
sommer.fern@t-online.de ● **www.sommer-fern.de**

www.reise-know-how.de

Unser Kundenservice auf einen Blick:

Vielfältige Suchoptionen, einfache Bedienung

Alle Neuerscheinungen auf einen Blick

Schnelle Info über Erscheinungstermine

Zusatzinfos und Latest News nach Redaktionsschluss

Buch-Voransichten, Blättern, Probehören

Shop: immer die aktuellste Auflage direkt ins Haus

Versandkostenfrei ab 10 Euro (in D), schneller Versand

Downloads von Büchern, Landkarten und Sprach-CDs

Newsletter abonnieren, News-Archiv

Die Informations-Plattform für aktive Reisende

REISE Know-How online

Papaya Tours
leidenschaftlich reisen

Ihr Spezialist für Reisen nach Bolivien

Natur und Kultur aktiv erleben

- Kleingruppenreisen (max. 15 Pers.)
- Individualreisen ab 1-2 Teilnehmer
- Flexible Bausteinprogramme
- Maßgeschneiderter Rundreisen
- Persönliche Beratung
- Papaya Agentur vor Ort

www.papayatours.de
Tel.: +49 (0)221 - 35 55 77 0
Papaya Tours GmbH - Im Mediapark 2 - 50670 Köln

Wir kennen uns wirklich aus.

atambo tours

Ihr Bolivien-Spezialist
in Frankfurt am Main

Individuelle Urlaube
und Gruppenreisen.

www.atambo-tours.de

WENDY - PAMPA - TOURS®

BOLIVIEN – PERU – ECUADOR
ARGENTINIEN – CHILE – MEXIKO – PANAMA

Planen Sie Ihre eigene Reise nach **Bolivien?** Wir organisieren
individuelle Reisen in Mittel- und Südamerika und bieten:

- Geführte Touren in La Paz und Tiahuanaco
- Inselaufenthalte bei Aymarás im Titikaka-See
- Exkursionen zur Uyuni-Salzwüste und bis San Pedro
- Urwaldlodge-Aufenthalt im Nationalpark Madidi
- Kombinationen Bolivien & Peru mit Macchu Picchu
- Touren zu den Jesuitenmissionen in Chiquitana
  und vom Tiefland in Santa Cruz ins Valle Grande

In unserem Katalog finden Sie Natur- und Kultur-Bausteine von der Karibik bis
Feuerland. Für die „authentische spielerische Bereisung Südamerikas" haben wir
Wendys „Anden-Überquerung" und das Südamerika-Quartett (limitied editions)

www.Wendy-Pampa-Tours.de
Oberer Haldenweg 4, 88696 Billafingen bei Überlingen/Bodensee,
Telefon 0 75 57 - 92 93 74, Telefax -76

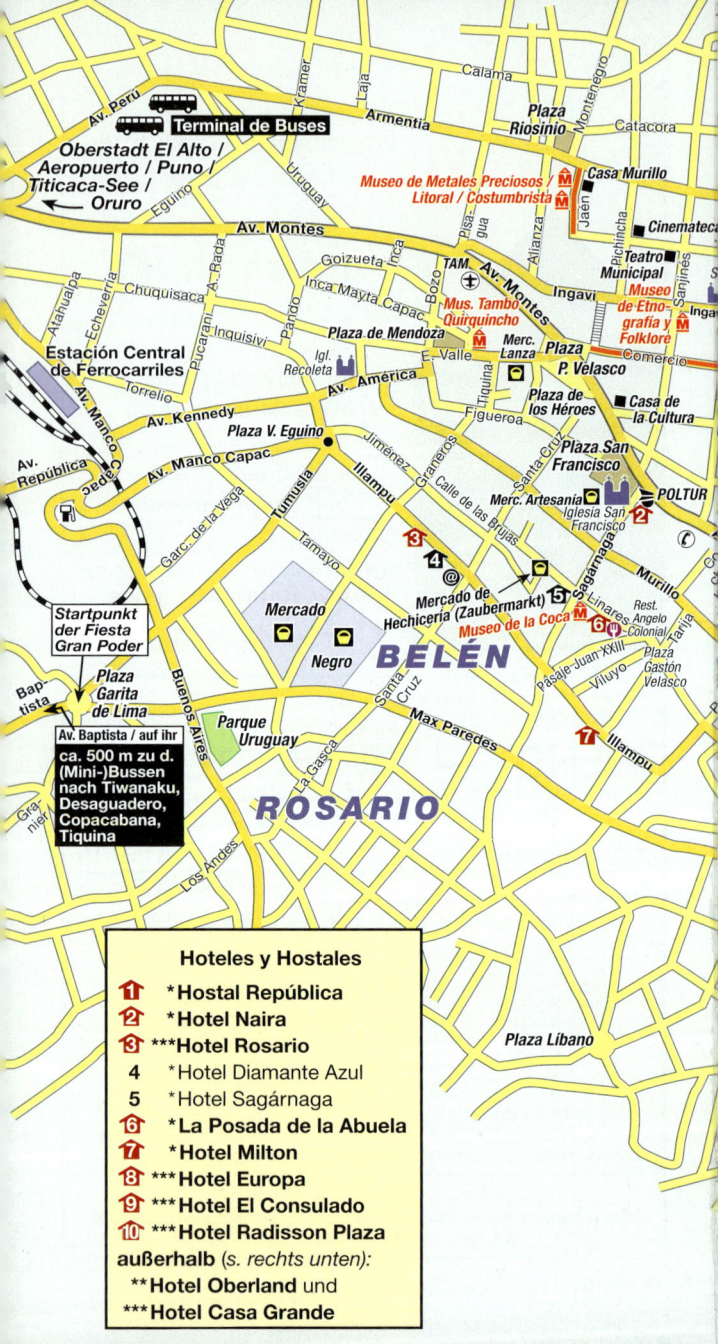

Hoteles y Hostales

1 *Hostal República
2 *Hotel Naira
3 ***Hotel Rosario
4 *Hotel Diamante Azul
5 *Hotel Sagárnaga
6 *La Posada de la Abuela
7 *Hotel Milton
8 ***Hotel Europa
9 ***Hotel El Consulado
10 ***Hotel Radisson Plaza
außerhalb (s. rechts unten):
**Hotel Oberland und
***Hotel Casa Grande